宋元學案

四部備要

子部

中華書局據清道光道州
何氏刻本校刊

桐鄉　陸費逵總勘
杭縣　高時顯
　　　吳汝霖輯校
杭縣　丁輔之監造

宋元學案敘

周官經曰師以賢得民儒以道得民鄭注以德行六藝分屬師儒蓋以小成大成別之實非有區域也然魯論孔子及門分爲四科小戴記儒行列爲十五韓非子曰孔子之後儒分爲八蓋道合於一者聖也其分而屬者儒也各就其性以成爲學而傳授淵源遂亦不能強同漢書儒林傳專主傳經其言曰六學者王教之典籍先聖所以明天道正人倫致至治之成法也豈非以聖人之道悉備於經不待舍文章而別求性道哉歷代史家悉從其例唐書始易爲儒學至宋史而道學儒林肊分本末識者歎之故元史仍爲儒學至我
朝纂修明史仍從班掾統以儒林夫漢代醇儒皆敦行義有宋大儒無不治經或持所專習互相詆諆編目閡矣何與聞道乎余生於濂溪之鄉幼稟庭訓讀宋五子書後乃從事漢儒傳注自知所造匪深而於立身行事植矩度繩斤斤有以自守者於漢宋儒先遺緒不無萬一之得焉昔讀結埼亭集知黃棃洲先生於明儒學案外尚有宋元儒學案未及成編其子耒史先生暨全謝山先生後先修補而世無傳本道光辛卯奉
命典試浙江留督學事壬辰春按試至甯波得樸學士王生梓材因

以叩之以未見對甬上多藏書家屬其勤爲蒐訪歲試未畢余奉
召還京然未嘗一日忘是書也今茲戊戌王生再入都門居然以校
刻宋元學案百卷定本至欣然詢其所自始知陳碩士少宗伯繼視
浙學先得梨洲後人補本八十六卷而謝山原本之藏於月船盧氏
樗庵蔣氏珍祕不示人者亦次第出之王生乃與馮生雲濠合而定
之整比譌舛修輯缺遺謝山序錄百卷頓還舊觀馮生復獨任梨棗
之費剋日告成可不謂儒林之盛事乎抑論先河後海之義漢儒之
功實先宋儒自先秦以迄有唐六藝源流具有端緒余門下士自王
生馮生外若許生瀚沈生垚諸子皆研覃傳注能推明學術梨洲之
於學案由明儒以及宋元然則由宋元以上溯漢唐綜其師承門徑
輯成一書其可少也哉余日望之矣

道光十有八年戊戌夏六月道州何淩漢撰

先文安公生平服膺許鄭之學而於宋儒之言性理者亦持守甚
力嘗命仲子紹業畫康成先生像及周子邵子司馬公兩程子朱
子像懸之齋壁以明祈嚮俗儒小生有訾議儒先者必正色訓戒
之道光壬辰督浙學至甯波以宋元儒學案發策浙士始知有此
書越七年戊戌王君騰軒馮君五橋蒐得各本合校栞成以印本

攜呈此事實自先公發之故嘉其有成欣然作敘也及庚子仲春先公見背壬寅春馮氏書版燬於兵火幸䕶軒所呈印本尚存余家是歲秋余服闋入都思有以卒成先志䕶軒曰果擬重刊且宜少待乃復精心勘閱又爲補脫正誤至甲辰冬而竣事適余方典黔試歸傾使橐以營剞劂先是癸卯之夏余集同人醵資創建顧亭林先生祠於城西慈仁寺之隙地軒亭靜奧因請䕶軒下榻其中悉檢家中藏書有係學案者移庋祠屋供其尋討余亦竭力襄事校出譌漏甚多手民亦悉萃居於是隨校隨刻至丙午夏而事竣海內同志諸君子若湯敦甫協揆丈潘芸閣河帥師賀耦庚制府丈祁淳甫大司農李石梧中丞但雲湖都轉唐子方方伯羅蘇溪方伯勞星皆觀察何根雲通政栗春坪太守楊墨林州牧聞有是舉均出資相助且敦促其成時仲弟紹業已先歿與校字之役者叔弟紹祺季弟紹京及兒慶涵姪慶深也烏乎先公拳拳於是書非視浙學則無以發其扃其已刻而旋燬燬而復刻固非先公所及知摩挲鉛槧逾閱歲時悚與愧俱敢云負荷邪䕶軒於重校之次徧涉四部書復成宋元學案補遺百卷與原編相埒余爲錄副墨以俟續刊此尤黃全二子之功臣恨先公未及見也丙午秋

宋元學案攷略

後學 鄞縣王梓材
慈谿馮雲濠 同輯
道州何紹基重刊

梨洲黃氏原本

全謝山吉士爲梨洲先生神道碑文云公諱宗羲字太沖海內稱爲梨洲先生浙江紹興府餘姚縣黃竹浦人也忠端公尊素長子年十四補諸生又云是時山陰劉忠介公倡道蕺山忠端公遺命令公從之遊又云工部尚書湯公斌曰黃先生論學如大禹導山脈絡分明吾黨之斗杓也又云晚年于明儒學案外又輯宋儒學案元儒學案以志七百年儒苑門戶于明文案外又輯續宋文鑑元文鈔以補呂蘇二家之闕尚未成編而卒

梓材謹案南谿鄭氏序續刻明儒學案云宋惟周子渾融罕露圭角朱陸門人各持師說入主出奴明儒沿襲而其閒各有發揮開闢精確處不可淹沒梨洲黃子臚爲學案而並錄之謂之並錄未悉其著述之先後及觀謝山所作梨洲神道碑知宋元儒學案之作實後於明儒學案猶之宋人作唐會要五代會要而後儒更有

西漢會要東漢會要之作也
雲濠謹案梨洲先生爲宋元學案未及成編而卒二老閣鄭氏校刻梨洲先生宋儒學案卷十七標云男黄百家編門人楊開沅顧諟分輯知當時分任者不一人而爲之編輯者實梨洲季子百家字主一號耒史者故主一案語較多於梨洲
鄭南谿性與沈欒城書云年前中丞在粤屬其師購覓黄梨洲先生所著宋元明儒學案且欲刊之其宋元底本已失梨洲之孫謚孫取之淮陰楊氏久而復得
梓材謹案中丞爲廣東巡撫楊公文乾其師乃姚江胡泮英中丞檣梓俱受業於胡梨洲第五孫千秋跋明儒學案云胡泮英言廣撫楊公令子某欲刻之與鄭語合第書往而泮英歿未幾而中丞亦歿故宋元底本遂致遺失後日謝山先生所修補者殆即取之淮陰久而復得之本歟

謝山全氏修補本

鄞縣志人物傳云全祖望字紹衣南工部侍郎元立六世孫四歲入塾即粗解章句十四補縣學生又云督學王蘭生極賞之以選貢入成均舉順天鄉試閣學李紱見其所答策親過其寓齋劇談

竟日出曰此深寧東發以後一人也嘗謁尚書楊名時楊稱其博雅卽遜謝曰以東萊止齋之學朱子尚議之何敢言博名時曰但見及此則進矣會 詔舉博學宏詞尚書趙殿最以其名薦乾隆元年成進士選庶吉士是年試詞科以先入館例不預次年散館歸進士班補外遂歸又云晚年兩廣總督延主端溪書院將特疏薦之因語諸生曰是以說經爲媒也託疾辭歸又云嘗輯宋元儒學案以補餘姚黃氏之所未及卒年五十一學者稱謝山先生

雲濠謹案謝山先生爲梨洲神道碑文述所著明儒學案六十二卷而宋儒學案元儒學案不言卷數未知其畫爲二書否也觀謝山所定序錄自宋及元合爲百卷宜合稱宋元學案其專稱宋儒學案者舉宋以概元也

董小鈍明府秉純編輯謝山先生年譜云雍正十一年癸丑先生二十九歲居京師紫藤軒與李臨川先生論陸氏學案凡四上書又云乾隆十年乙丑先生四十一歲續選甬上耆舊詩集十一年丙寅仍錄耆舊詩兼修南雷黃氏宋儒學案蓋春杪至湖上遂自苕上至吳門寓陸氏水木明瑟園舟中取南雷宋儒學案未成之本編次序目重爲增定夏過維揚館馬氏畬經堂編纂學案十二

年丁卯二月至湖上上巳後重過水木明瑟園謀刻宋儒學案夏返武林修宋儒學案十三年戊辰秋主蕺山講席重定黃氏遺書十四年己巳校水經注十五年庚午仍校水經注十九年甲戌先生五十歲居揚州畬經堂仍治水經兼補學案

梓材謹案謝山先生修補學案歲月之深如是其卒在乾隆二十年乙亥前歲甲戌猶治水經兼補學案是謝山之於學案雖謀刻於吳門而修補未了故月船盧氏詩稿自注云宋元學案經耒史謝山兩先生續葺尚未成書耒史即梨洲季子主一先生別號也又案小鈍先生鄞人以乾隆癸酉選拔知泰安縣爲謝山高弟謝山之卒也其年正月手定文稿刪其十七約五十卷時小鈍先生與同學張先生炳盧先生鎬全先生藻蔣先生學鏞鈔錄皆謝山門人梓材嘗聞之董茂才均曰謝山先生將卒以餘稿歸先祖先祖爲輯鮚埼亭集外編五十卷以續甬上耆舊詩集歸蔣樗庵先生樗庵亦爲輯錄成編以宋元學案屬之盧月船先生月船鈔錄未完蓋其事較難措手云茂才爲小鈍諸孫其言當有所本

二老閣鄭氏栞本

梓材謹案謝山先生蓋又以學案謀刻于鄭氏第所刻止序錄與

第十七卷橫渠學案上卷序錄爲謝山先生定本百卷之次首尾完密月船盧氏所藏底稿亦有序錄其文多異又少序錄者九葢其未定稿也橫渠學案原本完全故序錄而外先以是卷付刻其第十八卷巳刻數板而輟葢刻于謝山末年謝山卒而其事亦寢矣

雲濠謹案序錄與第十七卷並標後學全某續修鄭大節毛德基校鄭卽二老閣後人南溪先生之子也南溪之父爲高州太守寒村先生梁世家吾邑鸛浦寒村受學于梨洲其父秦川先生溱與梨洲友善隱居相與論學故名其藏書之室爲二老閣云

月船盧氏所藏底稿本

月船外翰鎬和姚江黃稚圭見贈原韻詩云南雷正學源流長亭林夏峯遙相望甬上前賢多入室蕺山俎豆傳馨香小泉翁旣不可作典型無復如中郞遺書散漫孰收拾末學執卷增傍徨區區校勘力未及敢效束晳補詩亡覃思幸藉下帷客助我尙賡求友章何期雙瀑老孫子枉顧不勞置鄭莊黃茅白葦正彌望忽見秀幹方崇強秋雨閉門共商榷足本擬續續鈔堂從今剞劂庶可望告成五緯重輝煌自注云梨洲先生宋元學案經耒史謝山兩先

生續葺尚未成書稿本今在余處久思補完之不及也又注云君力任與余共成學案謀即入梓且欲續成宋文鑑索余平園攻媿諸集

梓材謹案謝山先生卒其書多歸同邑抱經樓盧氏學案之稿亦雜入其中月船先生字配京乾隆癸酉舉人抱經之宗子而謝山高弟也任平陽學諭卸篆歸特取學案于抱經宗人而稿已不全因手錄之謄寫者半未及謄寫者半而月船又卒其稿與謄本葢庋藏于月船家者已八十年始月船外孫黃支山孝廉桐孫嘗以是本攜至安徽康中丞節署徧訪皖江諸子謀完是書未果中丞移節廣東又訪粵海諸子亦未獲克任校讎者旣支山自粵歸過西江十八灘行篋盡墮水中唯藏是書之篋獨浮水面月船之孫卓人茂才杰愈寶藏之不輕以示人已而其家被竊箱籠俱空而學案一篋棄置屋外葢是書之得存者亦幸矣

梓材又案月船先生謄寫學案十餘本有濂溪而無百源有明道而無伊川有晦翁而無三陸葢皆梨洲原本所有而未錄或遺失者又所藏謝山手稿字迹稠密而月船未及謄寫者三百餘頁其中又有梨洲季子主一先生手鈔本而謝山修補之迹宛然可據

者數本又陸門諸子小傳謝山筆迹稍異蓋與臨川李氏論陸氏學案時所爲月船與梨洲後人相往還又以共成學案是任故主一鈔本有在盧氏者

雲濠謹案梨洲先生嘗寓吾邑鸛浦其在甬上則自幼從忠端公館于洞橋董氏後梨洲亦館于董氏與月湖張氏又館于管村萬氏別業舉證人講社謝山述其講社弟子二十七人爲陳環村先生赤衷張學齋先生汝翼馮躋仲先生囗囗陳非園先生紫芝范筆山先生光陽陳怡庭先生錫嘏董在中先生允瑫與其弟莪山先生允珂董巽子先生道權陳夔山先生自舜董俟真先生允瑋鄭寒村先生梁萬公擇先生斯選與其弟充宗先生斯大董吳仲先生允璘仇石濤先生雲蛟萬貞一先生言仇滄柱先生兆鰲王忝堂先生之坪萬季野先生斯同張天因先生士培與其弟雪汀先生士塤張梅先先生九英李子寶先生開張壁鷹先生九林陳和仲先生寅衷錢果齋先生魯恭寒村而外多爲鄞人故月船詩云甬上前賢多入室詩中又云續鈔堂者謝山所作梨洲神道碑言其建續鈔堂于南雷思承東發之緒蓋欲續其日鈔云爾梨洲紹蕺山正傳而姚江黄氏文獻之傳實源于菊東先生珏乃東發

先生再傳弟子也蓋亦同出一派故梨洲未史之爲學案往往稱

先文潔公云

槜庵蔣氏所藏底稿殘本

梓材謹案蔣氏藏本後歸槜庵孫壻董茂才瀚董又歸之同邑阮明經訓顧其本多與盧氏本複然其不複者如張南軒弟子李悅齋憲傳徐宏父弟子趙時隱希館傳謝山著錄甚詳吉光片羽皆可寶貴不得以殘本少之其本帙尾有六十卷之目是謝山未定序錄時之目或即未史所編之目也

梓材又案槜庵先生名學鏞乾隆辛卯舉人爲謝山母氏同懷弟蓼厓先生拭之之子蛾野先生學鏡之弟嘗受學于謝山謝山諸弟子小鈍月船多宦遊于外而槜庵先生則以名孝廉家居授徒者最久梓材先高祖太學鈍夫公諱炳學于王忝堂先生爲梨洲再傳弟子大父郡學都講漁村公諱鍔則嘗從槜庵遊而梓材先君子縣學都講夢僧公諱謨之受業師范外翰耐軒先生懋裕早學于漁村公後又及蔣門是祖父師承所自出謹附識于此

餘姚黃氏校補本

梨洲七世孫直垕跋云先遺獻公于明儒學案外又輯宋元儒學

案尚未成編而卒命季子主一公纂輯之其後謝山全庶常又續修之大父曾向全氏索觀而不得全氏歿配京盧氏寄示底稿二十冊續寄序錄一卷大父得之欣同拱璧晚歲里居爲之鈔輯者有年無如展轉鈔寫多有闕略舛誤魯魚亥豕更不待言而全氏手筆又多蠅頭細草零星件繫幾不可識別先子于歸田後復爲之正其舛誤補其闕略併其件繫命直垕鈔錄而次第之是書始克成編

雲濠謹案梨洲先生之元孫璋號大俞卽月船盧氏所與和韻黃稚圭者也六世孫徵乂號平黼嘗校孫燭湖集而刻之其拳拳于學案固宜所云大父向全氏索觀而不得蓋謝山逐年修補其稿時置行篋故欲觀而不得也抑梨洲之孫證孫既得原本于淮陰楊氏迺大俞平黼父子校補猶待盧氏所藏底稿是亦知學案之當如全氏修補矣

梓材謹案謝山稿底零星件繫誠如所云然悉心尋究仍復脈絡貫通梨洲後人校補本爲卷八十有六而冠謝山百卷序錄于首蓋亦以學案次第當遵序錄特欲如謝山卷數而不得故以泰山徂徠各爲一卷而不知徂徠之當合泰山也高平廬陵底稿無存

卽缺其卷而不知高平家學可分自安定廬陵學派間見于盧氏藏稿也華陽景迂說齋皆在藏稿而是本無之兼山流派與陳鄒諸儒藏稿有之而是本亦無劉李滄洲嶽麓麗澤槐堂可自伊川晦翁南軒東萊象山分卷而未別其卷蛟峯江漢卷第所無而不知蛟峯之當附北山江漢之當冠魯齋北山四先生合爲一卷而分卷者四李張胡熊李俞九江亦卷第所無不知各歸學派而徒冠序錄于首亦贅矣然盧氏藏底所遺如百源伊川三陸固具有之則是本亦安可少哉

校刊宋元學案條例

一古人著書必有凡例是書刱自梨洲黃氏標舉數案未盡發凡至謝山全氏修補之乃有百卷序錄之作卽是書之凡例也今欲校理是書舍序錄無以得其宗主故仍二老閣序錄刊本之舊冠諸卷首又分載序錄于各學案之端庶使學者睹其大要瞭如指掌

一是書旣經謝山歷年修補自當從謝山百卷之目梨洲後人亦列謝山于續修而別爲八十六卷之目于序錄未能印合故是刻以百卷爲準取盧氏藏稿細心校理具見百卷條目井然不紊

一梨洲原本無多其經謝山續補者十居六七故有梨洲原本所有而爲謝山增損者則標之曰黃某原本全某修定有梨洲原本所無而爲謝山特立者則標之曰全某補本又有梨洲原本謝山唯分其卷第者則標之曰黃某原本全某次定亦有梨洲原本謝山分其卷第而特爲立案者則標之曰黃某原本全某補定蓋次定無所謂修補補本無所謂原本修定必有所由來補定兼著其特立也其曰定者謝山稿底嘗自標之

一每學案中所采語錄文集各條有知爲梨洲原本者則注明黃氏原本有知爲謝山所補者則注明全氏補至于學派諸小傳有梨

洲有傳而謝山修之加詳者則注修字有梨洲無傳幷無其名而謝山特補之者則注補字庶使一覽瞭然不至兩家混淆

一初觀是書似有門戶之見細閱梨洲主一以及謝山諸案語往往和會諸家總歸聖道之一但既各爲學案不得不標其門人私淑與再傳三傳之派別亦由體例使然而宋元儒諸派傳授尤紛然錯出故細爲標目初非有門戶之見也

一宋元儒異于明儒明儒諸家派別尚少宋元儒則自安定泰山諸先生以及濂洛關閩相繼而起者子目不知凡幾故明儒學案可以無表宋元學案不可無表以揭其流派梨洲謝山原表僅存數頁餘竊爲之仿補以便觀覽

一謝山原底未全有采錄文集粹語而其傳已佚者有事載史策未及作傳而僅舉其名者有再傳三傳之門人有傳而其師反無傳者有著稱于別學案而本卷反失其傳者凡可攷見謹爲參補惟于各條下注明參某書以別之

一謝山著述之功莫精于七校水經注莫專于修補宋元學案董小鈍明府謂七校水經注之未就者可取鮚埼亭集水經題跋整理之而宋元學案不無殘缺失次自當就鮚埼亭內外集諸作之有

關學案者分附其中亦以全氏著書語相通貫自可參攷而見爾

一是書修補謝山兼爲修宋史而作故有宋史所略而是書列傳特加精詳語多本之永樂大典其中經濟著述閒或采入蓋聖門列四科意也觀者勿以無關學案少之

一宋元學案之末謝山特立新學蜀學屏山諸略以著雜學之紛歧大都重闢禪學終之以三略具有深意至若元祐慶元黨案爲兩宋道學興廢所關謝山序錄謂以道命錄爲底本仿春秋大事表以書之特其稿無存今本其說而爲之編補賢否具見灼然千古亦觀學案者所不可廢

一梨洲原本有待于謝山之修補卽謝山逐時修補亦未始不望後來之廣爲蒐輯也故有謝山之所遺而顯有可據者別爲補遺以俟續刊

一校刊是書頗費心力其閒頭緒紛繁訛舛迭出有非一二人所能周至者彙錄諸本蓋董逸莊岡范小鄭邦魯馮雲坡章之力爲多而盧卓人茂才杰臧醒樓都講炳相與讐對兼事繙閱至所參諸傳則張鐵峯孝廉恕分任之有所資益是皆宜書

宋元學案總目

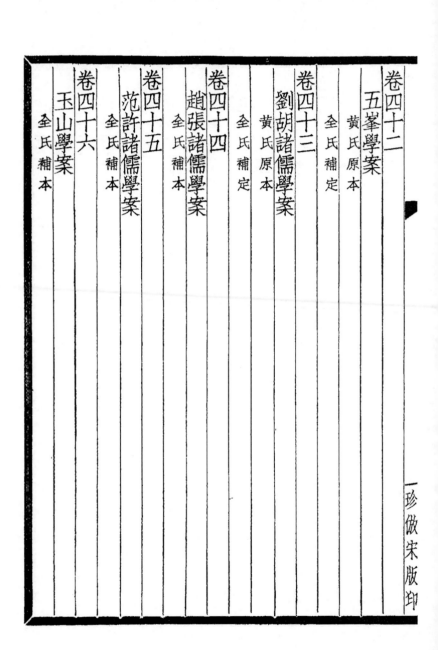

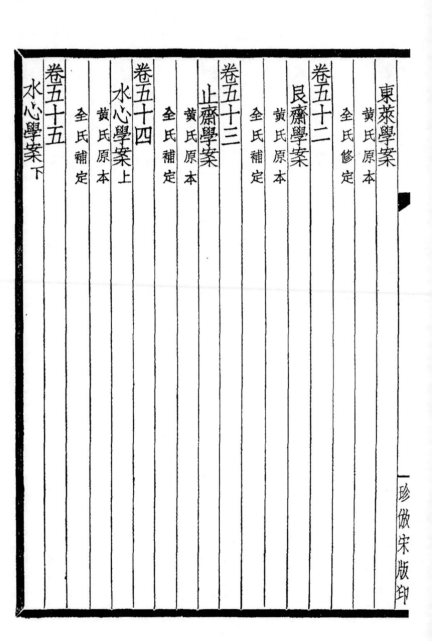

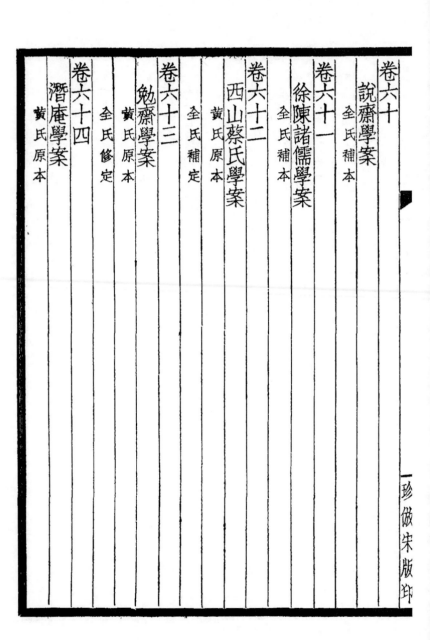

右宋元學案一百卷吾鄞全謝山吉士因姚江黃氏本而修補之者也其詳具見慈水馮君五橋所與同輯攷略蓋黃氏原本創于梨洲纂于其子主一謝山修補之其稿輾轉歸于及門月

船盧氏別見數帙于同門樗庵蔣氏而梨洲後人又有八十六卷校補之本要之梨洲謝山皆為未成之書黃氏補本則雖成而猶未成也比歲壬辰何大司空仙槎師按試吾郡首進梓材而問及是書梓材對以明儒學案見有數刻宋元諸儒學案則未之見也退而徧訪始知是書原委其明年陳少宗伯碩士師代督學事又以是書命題俾爲之攷馮君五橋同在試院互言其詳旣而同出碩士師之門碩士師已獲黃氏補本思得謝山修補原稿參校之月船之孫卓人茂才又深護之不肯出而碩士師亦遂謝世嗚呼兩美之合其難也如是自是厥後賢士大夫泣吾郡者每訪求是書而卓人茂才亦慮是書藏稿之終歸散佚也馮君五橋慨然以剞劂自任而梓材適有晉都之役勉爲留行出其藏稿與馮君散者整之雜者釐之兼以黃氏補本參互考訂蓋自孟春至季夏而謝山百卷之書凡六閱月而始克成編惜乎碩士師之不克見其成也行將教習北學敬奉是書晉謁仙槎師而鑒裁之必有以教其不及益以見藹然垂問之非偶然矣道光十七年丁酉六月望日甬上後學王梓材謹識

宋元儒之有學案也姚江黃梨洲先生旣輯明儒學案因溯宋元諸儒而爲之述其學派也顧梨洲僅舉大要至其子主一耒史先生始編輯之其稿嘗歸吾邑南谿鄭氏而旋失梨洲之孫證孫復得之淮陰楊氏厥後吾郡謝山全先生續修之以補黃氏所未及攷其年譜蓋自乾隆丙寅以至甲戌之春幾無歲不修學案明年乙亥遂卒而其編次序目草創甫定修補之稿遞歸及門盧月船氏月船慮思完補旣任平陽學博歸卽取稿本手鈔之以冀成編且與梨洲元孫稚圭號大兪者往還商榷未卒業而月船以乙巳卒距謝山之歿蓋已三十一年其原稿與鈔本庋藏于家世守之迄今又五十餘年始出諸其孫卓人而盡錄之蓋謝山手稿字迹致密其未爲月船所鈔者猶三百餘頁月船同門蔣樗庵氏亦有學案殘本多與盧氏複其不複者今亦附入卷中第黃氏原稿不言卷數謝山修定序錄列爲百卷而蔣氏藏稿帙尾乃有六十卷之目黃氏大兪及其子平黼別見校補本分卷八十有六案其跋語蓋嘗見盧氏藏本者特大兪平黼所補原本有盧氏藏之而黃氏遺之者亦有謝山修補之本黃氏補本有之而盧氏藏本無之者互見雜出端宜歸

一是用不揣固陋與同志王君膢軒悉心參校彙爲一編適如序錄百卷以付剞劂經始于丁酉之春告竣于戊戌之夏海內君子得有所藉以資觀覽庶梨洲未史謝山諸先生拳拳示學之意不至湮沒云道光戊戌歲七月既望慈溪後學馮雲濠謹識

戊戌之夏是書百卷刻竣于谿上版中譌脫犄已攷訂是年冬梓材以內艱歸自京師五橋同年屬再爲校正因相與講習舊業隨輯補遺亦至百卷而是刻版本之宜整次者又復層見疊出遂于初刷本逐一標識以備修改辛丑二月梓材服闋北上亦照寫一本弁攜補遺稿本而行時海氛不靖未克命工修理版藏五橋家既慎且固而是刻之不即印刷行世者亦以昭慎重也未幾夷匪深入吾郡延及慈水壬寅二月初旬五橋居室被燒是版亦燬幸而梓材行篋所留一部歸然尚在五橋復思重刻敦屬梓材勿輕旁借其志甚決而道州何子貞編修與日下諸君子亦謀刻于都中以公諸宇內梓材因以學事之餘重爲校訂其有明爲正編之遺漏與補編之必當歸入而前此攷訂時所未見及者皆爲錄入又其學派初未審定者亦多爲更

正蓋自壬寅之秋以至甲辰之冬再期而畢事始克重付剞劂焉道光二十五年乙巳春二月初吉後學王梓材更名楚材重識于都門宣南坊香爐營頭條衚衕之寓齋

宋元學案卷首

鄞縣全祖望定本

後學慈谿馮雲濠校刊
鄞縣王梓材重校
道州何紹基重刊

宋元儒學案序錄

梓材謹案學案序錄刊本得之慈谿鄭氏二老閣玆檢盧氏所藏原底閒有異同詳略特與馮君雲濠附識于各條之後

祖望謹案宋世學術之盛安定泰山爲之先河程朱二先生皆以爲然安定沈潛泰山高明安定篤實泰山剛健各得其性稟之所近要其力肩斯道之傳則一也安定似較泰山爲更醇小程子入太學安定方居師席一見異之講堂之所得不已盛哉述安定學案第一卷

泰山之與安定同學十年而所造各有不同安定冬日之日也泰山夏日之日也故如徐仲車宛有安定風格而泰山高弟爲石守道以振頑懦則巖巖氣象倍有力焉抑又可以見二家淵源之不紊也述泰山學案第二卷

晦翁推原學術安定泰山而外高平范魏公其一也高平一生粹然無疵而導橫渠以入聖人之室尤爲有功孝宗嘗以朝臣之請將與

歐陽兗公並入澤宮已而不果今卒舉行之公是爲不泯矣述高平學案第三卷

楊文靖公有言佛入中國千餘年秖韓歐二公立得定耳說者謂其因文見道夫見道之文非聖人之徒亦不能也兗公之沖和安靜蓋天資近道稍加以學遂有所得使得遇聖人而師之豈可量哉述廬陵學案第四卷

梓材謹案高平行輩不後于安定泰山而廬陵亦當時斯道之疏附也謝山以梨洲編次學案託始于安定泰山者其意遠有端緒故以高平廬陵次之

安定泰山並起之時閩中四先生亦講學海上其所得雖未能底于粹深然而略見大體矣是固安定泰山之流亞也宋人溯導源之功獨不及四先生似有闕焉或曰陳烈亦嘗師安定未知所據述古靈四先生學案第五卷

慶歷之際學統四起齊魯則有士建中劉顏夾輔泰山而興浙東則有明州楊杜五子永嘉之儒志經行二子浙西則有杭之吳存仁皆與安定湖學相應閩中又有章望之黃晞亦古靈一輩人也關中之申侯二子實開橫渠之先蜀有宇文止止實開范正獻公之先筆路

藍縷用啓山林皆序錄者所不當遺述士劉諸儒學案第六卷

雲濠謹案序錄底本古靈一輩句下有江楚則有李覯六字而定本無之者蓋以旴江學派併入高平故也

小程子謂閱人多矣不雜者司馬邵張三人耳故朱子有六先生之目然于涑水微嫌其格物之未精于百源微嫌其持敬之有歉伊洛淵源錄中遂祧之今本補入康節非朱子原本也草廬因是敢謂涑水尙在不著不察之列有是哉其妄也述涑水學案第七卷八卷

康節之學別爲一家或謂皇極經世衹是京焦末流然康節之可以列聖門者正不在此亦猶温公之造九分者不在潛虛也述百源學案第九卷十卷

濂溪之門二程子少嘗遊焉其後伊洛所得實不由于濂溪是在高弟滎陽呂公已明言之其孫紫微又申言之汪玉山亦云然今觀二程子終身不甚推濂溪並未得與馬邵之列可以見二呂之言不誣也晦翁南軒始確然以爲二程子所自出自是後世宗之而疑者亦踵相接焉然雖疑之而皆未嘗攷及二呂之言以爲證則終無據予謂濂溪誠入聖人之室而二程子未嘗傳其學則必欲溝而合之良無庸矣述濂溪學案第十一卷十二卷

梓材謹案涑水與二程同行輩百源在程氏父子之閒若濂溪則二程父執也視安定稍後而與高平爲講友宜在高平廬陵之次而謝山序錄與二程相比反在馬邵後者殆以序論爲次不盡拘其先後輩爾

大程子之學先儒謂其近于顏子蓋天生之完器然哉然哉故世有疑小程子之言若傷我者而獨無所加于大程子述明道學案第十三卷十四卷

雲濠謹案底本然哉句上有伊川則先儒謂其近于曾子十一字

大程子早卒向微小程子則洛學之統且中衰矣蕺山先生嘗曰小程子大而未化然發明有過于其兄者信哉述伊川學案第十五卷十六卷

雲濠謹案底本是條作祖望謹案伊川于六先生爲晚出亦最後死不特明道弟子大半成就于伊川之手卽橫渠康節之徒亦多歸之者其功大矣與此異

橫渠先生勇于造道其門戶雖微有殊于伊洛而大本則一也其言天人之故閒有未當者梨洲稍疏證焉亦橫渠之忠臣哉述橫渠學案第十七卷十八卷

梓材謹案朱子有司馬邵張之稱橫渠當次于馬邵之後且爲二
程表叔亦宜在二程之前謝山亦以序論次之

慶歷以後尚有諸魁儒焉于學統或未豫而未嘗不于學術有功者范蜀公呂申公韓持國一輩也呂汲公王彥霖又一輩也豐相之李君行又一輩也尚論者其敢忽諸述范呂諸儒學案第十九卷

雲濠謹案底本是條中數語作范蜀公呂申公之于涑水韓持國王彥霖之于明道呂汲公之于橫渠皆有切磋之功以至李公擇李君行之徒皆學者也

涑水弟子不傳者多其著者劉忠定公得其剛健范正獻公得其純粹景迂得其數學而劉范尤爲眉目忠定之語錄譚錄道護錄今皆無完本然大略可攷見矣述元城學案第二十卷

范正獻公之師涑水其本集可據也其師程氏則出自鮮于綽之譌伊洛淵源錄既疑之而又仍之誤矣陳默堂答范益謙曰向所聞于龜山乃知先給事之學與洛學同則其非弟子明矣述華陽學案第二十一卷

涑水嘗令景迂續成潛虛景迂謝不敢然易玄星紀之譜足以紹師門矣景迂又私淑康節惜其晚年之好佛也然元城亦不免此呂成

公曰景迂雖駁其學有不可廢者述景迂學案第二十二卷

滎陽少年不名一師初學于焦千之廬陵之再傳也已而學于安定學于泰山學于康節亦嘗學于王介甫而歸宿于程氏集益之功至廣且大然晚年又學佛則申公家學未醇之害也要之滎陽之可以爲後世師者終得力于儒述滎陽學案第二十三卷

雲濠謹案是條底本然字以下作然其晚年之差亦有甚于諸公者東發言之詳矣

梓材謹案滎陽之于小程子在師友之閒故宜在程門諸子之前猶西山蔡氏之先于朱門也

洛學之魁皆推上蔡晦翁謂其英特過于楊游蓋上蔡之才高也然其墮入葱嶺處決裂亦過于楊游或曰是江民表之書誤入上蔡語錄中述上蔡學案第二十四卷

明道喜龜山伊川喜上蔡蓋其氣象相似也龜山獨邀耆壽遂爲南渡洛學大宗晦翁南軒東萊皆其所自出五峯紫微皆嘗學于龜山之門然龜山之夾雜異學亦不下于上蔡述龜山學案第二十五卷

廌山游肅公在程門鼎足謝楊而遺書獨不傳其弟子亦不振五峯有曰定夫爲程門罪人何其晚謬一至斯與予從諸書稍搜得其粹

言之一二述廌山學案第二十六卷

和靖尹肅公于洛學最爲晚出而守其師說最醇五峯以爲程氏後起之龍象東發以爲不失其師傳者良非過矣述和靖學案第二十七卷

兼山以將家子知慕程門卒死王事白雲高蹈終身和靖所記黨錮後事恐未然也郭門之學雖孤行然自謝艮齋至黎立武綿綿不絕述兼山學案第二十八卷

洛學之入秦也以三呂其入楚也以上蔡司教荊南其入蜀也以謝湜馬涓其入浙也以永嘉周劉許鮑數君而其入吳也以王信伯信伯極爲龜山所許而晦翁最貶之其後陽明又最稱之予讀信伯集頗啓象山之萌芽其貶之者以此其稱之者亦以此象山之學本無所承東發以爲遙出于上蔡予以爲兼出于信伯蓋程門已有此一種矣述震澤學案第二十九卷

梓材謹案震澤以楊門而入程門故次于程門諸子專學案之末

程子弟子最著者劉李諸公以早卒故其源流未廣晉陵周氏兄弟亦爲和靖所許其後馬伸吳給以大節見亦有不稱其薪傳者如邵溥之委蛇僞命李處廉之以墨敗至于邢恕則古公伯寮之倫也與

述劉李諸儒學案第三十卷

關學之盛不下洛學而再傳何其寥寥也亦由完顏之亂儒術幷爲之中絶乎伊洛淵源錄略于關學三呂之與蘇氏以其曾及程門而進之餘皆亡矣予自范侍郎育而外于宋史得游師雄种師道于胡文定公語錄得潘拯于樓宣獻公集得李復于童蒙訓得田腴于閩書得邵清及讀晁景迂集又得張舜民又于伊洛淵源錄註中得薛昌朝稍爲關學補亡述呂范諸儒學案第三十一卷

世知永嘉諸子之傳洛學不知其兼傳關學攷所謂九先生者其六人及程門其三則私淑也而周浮沚沈彬老又嘗從藍田呂氏遊非橫渠之再傳乎鮑敬亭輩七人其五人及程門晦翁作伊洛淵源錄累書與止齋求事蹟當無遺矣而許橫塘之忠茂竟不列其人何也予故謂爲晦翁未成之書今合爲一卷以志吾浙學之盛實始于此而林竹軒者橫塘之高弟也其學亦頗啓象山一派述周許諸儒學案第三十二卷

梓材謹案呂范諸儒兼承張程之學而周許諸儒有以橫渠再傳而及程門者故又次之

百源弟子承密授者曰王豫曰張崏皆早死故不傳伯温雖授辟咡

負劍之教然所得似淺東發謂漁樵問答乃伯温作其中亦有名言所惜者聞見錄之溺于輪迴也子又爲旁搜得楊周等數人述王張諸儒學案第三十三卷

雲濠謹案底本是條末云且趙豐公從子文遊卒能成中興昌明正學之功則源流有不可沒者

私淑洛學而大成者胡文定公其人也文定從謝楊游三先生以求學統而其言曰三先生義兼師友然吾之自得于遺書者爲多然則後儒因朱子之言竟以文定列謝氏門下者誤矣今溝而出之南渡昌明洛學之功文定幾侔于龜山蓋晦翁南軒東萊皆其再傳也朱呂皆嘗從籍溪述武夷學案第三十四卷

私淑洛學而未純者陳了齋鄒道鄉也唐充之關止叔又其次也了齋兼私淑涑水康節學徒最盛建炎後多歸龜山述陳鄒諸儒學案第三十五卷

大東萊先生爲滎陽冢嫡其不名一師亦家風也自元祐後諸名宿如元城龜山廌山了翁和靖以及王信伯之徒皆嘗從遊多識前言往行以畜其德而溺于禪則又家門之流弊乎述紫微學案第三十六卷

上蔡之門漢上朱文定公最著二易象數之說未嘗見于上蔡之口而漢上獨詳之尹和靖胡文定范元長以洛學見用于中興漢上實連茹而出顧世之傳其學者稍寡焉述漢上學案第三十七卷

梓材謹案全本原底無漢上學案序錄

龜山弟子偏天下默堂以愛壻爲首座其力排王氏之學不愧于師門矣惜其早侍了齋禪學深入之而龜山亦未能免于此也所以不得不輸正統于豫章述默堂學案第三十八卷

豫章之在楊門所學雖醇而所得實淺當在善人有恆之閒一傳爲延平則邃矣再傳爲晦翁則大矣豫章遂爲別子甚矣弟子之有光于師也述豫章學案第三十九卷

梓材謹案默堂豫章並及伊川之門與震澤同第震澤先事龜山而卒業于伊川默堂豫章則及事伊川而卒業于龜山故列于此

龜山弟子以風節光顯者無如橫浦而駁學亦以橫浦爲最晦翁斥其書比之洪水猛獸之災其可略哉然橫浦之羽翼聖門者正未可泯也述橫浦學案第四十卷

武夷諸子致堂五峯最著而其學又分爲二五峯不滿其兄之學故致堂之傳不廣然當洛學陷入異端之日致堂獨皭然不染亦已賢

哉故朱子亦多取焉述衡麓學案第四十一卷

紹興諸儒所造莫出五峯之上其所作知言東萊以爲過于正蒙卒開湖湘之學統今豫章以晦翁故祀澤宮而五峯闕焉非公論也述五峯學案第四十二卷

白水籍溪屏山三先生晦翁所嘗師事也白水師元城兼師龜山籍溪師武夷又與白水同師譙天授獨屏山不知所師三家之學略同然似皆不能不雜于禪故五峯所以規籍溪者甚詳其時閩中又有支離先生陸祐者亦于三先生爲學侶焉述劉胡諸儒學案第四十三卷

中興二相豐國趙公嘗從邵子文遊魏國張公嘗從譙天授遊豐公所得淺而魏公則惑于禪宗然伊洛之學從此得昌魏公以曾用陳公輔得謗或遂疑其阻塞伊洛之學與豐公有異同未必然也陳公艮翰芮公煜之徒亦吾道之疏附也述趙張諸儒學案第四十四卷

雲濠謹案底本豐公所得淺四句作二公所得並疏雖不足以望元祐之馬呂而尹胡朱范之得以同升者則其功也

伊洛既出諸儒各有所承范香溪生婺中獨爲崛起其言無不與伊洛合晦翁取之又有襄陵許吏部得中原之文獻別爲一家蕭三顧

則嘗學于伊洛而不肯卒業自以其所學孤行亦猶者邪述范許諸儒學案第四十五卷

梓材謹案原底無范許諸儒學案序錄

玉山汪文定公少受知于端石其本師爲橫浦又嘗從紫微然橫浦紫微並佞佛而玉山粹然一出于正斯其爲幹蠱之弟子也述玉山學案第四十六卷

和靖高弟如呂如王如祁皆無門人可見鹽官陸氏獨能傳之艾軒于是紅泉雙井之閒學派興焉然愚讀艾軒之書似兼有得于王信伯蓋陸氏亦嘗從信伯遊也且艾軒宗旨本于和靖者反少而本于信伯者反多實先槐堂之三陸而起特槐堂貶及伊川而艾軒則否故晦翁于艾軒無貶詞終宋之世艾軒之學別爲源流述艾軒學案第四十七卷

雲濠謹案底本槐堂之三陸作二陸

楊文靖公四傳而得朱子致廣大盡精微綜羅百代矣江西之學浙東永嘉之學非不岸然而終不能諱其偏然善讀朱子之書者正當偏求諸家以收去短集長之益若墨守而屏棄一切焉則非朱子之學也述晦翁學案第四十八卷四十九卷

梓材謹案自楊而羅而李而朱僅得三傳其云四傳者統言之也

南軒似明道晦翁似伊川向使南軒得永其年所造更不知如何也北溪諸子必欲謂南軒從晦翁轉手是猶謂橫渠之學于程氏者欲尊其師而反誣之斯之謂矣述南軒學案第五十卷

小東萊之學平心易氣不欲逞口舌以與諸公角大約在陶鑄同類以漸化其偏宰相之量也惜其早卒晦翁遂日與人苦爭并詆及婺學而宋史之陋遂抑之于儒林然後世之君子終不以爲然也述東萊學案第五十一卷

永嘉之學統遠矣其以程門袁氏之傳爲別派者自艮齋薛文憲公始艮齋之父學于武夷而艮齋又自成一家亦人門之盛也其學主禮樂制度以求見之事功然觀艮齋以參前倚衡言持敬則大本未嘗不整然述艮齋學案第五十二卷

梓材謹案艮齋爲伊川再傳弟子其行輩不後于朱張而次于朱張呂之後者蓋永嘉之學別起一端爾

永嘉諸子皆在艮齋師友之閒其學從之出而又各有不同止齋最稱醇恪觀其所得似較艮齋更平實占得地步也述止齋學案第五十三卷

水心較止齋又稍晚出其學始同而終異永嘉功利之說至水心始一洗之然水心天資高放言砭古人多過情其自曾子子思而下皆不免不僅如象山之詆伊川也要亦有卓然不經人道者未可以方隅之見棄之乾淳諸老既歿學術之會總爲朱陸二派而水心斷斷其閒遂稱鼎足然水心工文故弟子多流于辭章述水心學案第五十四卷五十五卷

永嘉以經制言事功皆推原以爲得統于程氏永康則專言事功而無所承其學更粗莽掄魁晚節尤有慚德述龍川學案第五十六卷

梓材謹案永嘉之學以鄭景望爲大宗止齋水心皆鄭氏門人鄭本私淑周浮沚以追程氏者也而龍川亦嘗及鄭門宜次陳葉之後

三陸子之學梭山啓之復齋昌之象山成之梭山是一樸實頭地人其言皆切近有補于日用復齋卻嘗從襄陵許氏入手喜爲討論之學宋史但言復齋與象山和而不同攷之包恢之言則梭山亦然今不盡傳其可惜也述梭山復齋學案第五十七卷

象山之學先立乎其大者本乎孟子足以砭末俗口耳支離之學但象山天分高出語驚人或失于偏而不自知是則其病也程門自謝

上蔡以後王信伯林竹軒張無垢至于林艾軒皆其前茅及象山而大成而其宗傳亦最廣或因其偏而更甚之若世之耳食雷同自以爲能羽翼紫陽者竟詆象山爲異學則吾未之敢信述象山學案第五十八卷

朱張呂三先生講學時最同調者清江劉氏兄弟也敦篤和平其生徒亦偏東南近有妄以子澄爲朱門弟子者謬矣述清江學案第五十九卷

永嘉諸先生講學時最同調者說齋唐氏也而不甚與永嘉相往復不可解也或謂永嘉之學說齋實倡之則恐未然述說齋學案第六十卷

三陸先生講學時最同調者平陽徐先生子宜青田陳先生叔向也陸氏之譜竟引平陽爲弟子則又謬矣述徐陳諸儒學案第六十一卷

西山蔡文節公領袖朱門然其律呂象數之學蓋得之其家庭之傳惜夫翁季錄之不存也述西山蔡氏學案第六十二卷

嘉定而後足以光其師傳爲有體有用之儒者勉齋黃文肅公其人與玉峯東發論道統三先生之後勉齋一人而已述勉齋學案第六

十三卷

慶源輔氏亦滄洲之最也遺書散佚世所葺語溪宗輔錄者特其糟粕述潛庵學案第六十四卷

雲濠謹案是條序錄底本云勉齋之外慶源輔氏其庶幾乎故再傳而得黃東發韓恂齋有以綿其緒焉

永嘉爲朱子之學者自葉文修公與潛室始文修之書不可攷木鐘集猶有存焉自是而永嘉學者漸祧艮齋一派矣述木鐘學案第六十五卷

南湖杜氏兄弟之在滄洲亦其艮也再傳而有立齋爲嘉定以後宰輔之最聲望幾侔于涑水矣其學傳之車氏是時天台學者皆襲箕窗荊溪之文統車氏能正之述南湖學案第六十六卷

蔡氏父子兄弟祖孫皆爲朱學干城而文正之皇極又自爲一家述九峯學案第六十七卷

雲濠謹案底本作文正之象數則西山之嫡傳也

滄洲諸子以北溪陳文安公爲晚出其衛師門甚力多所發明然亦有操異同之見而失之過者述北溪學案第六十八卷

朱門授受偏于南方李敬子張元德廖槎溪李果齋皆宿老也其餘

亦多下中之士存之以附青雲耳李張諸子之書吾不得而見之矣
述滄洲諸儒學案第六十九卷七十卷
雲濠謹案是條底本附青雲句下云續伊洛淵源錄者牽合諸儒
門下盡歸之朱子可爲軒渠今皆釐而正之
宣公身後湖湘弟子有從止齋岷隱遊者然如彭忠肅公之節概吳
文定公之勛名二游文清莊簡公之德器以至胡盤谷輩嶽麓之巨
子也再傳而得漫塘實齋誰謂張氏之後弱于朱乎述嶽麓諸儒學
案第七十一卷
雲濠謹案底本胡盤谷上有項平甫三字
宣公居長沙之二水而蜀中反疏然自宇文挺臣范文叔陳平甫傳
之入蜀二江之講舍不下長沙黃兼山楊浩齋程滄洲砥柱岷峨蜀
學之盛終出于宣公之緒述二江諸儒學案第七十二卷
明招學者自成公下世忠公繼之由是遞傳不替其與嶽麓之澤並
稱克世長沙之陷嶽麓諸生荷戈登陴死者十九惜乎姓名多無攷
而明招諸生歷元至明未絕四百年文獻之所寄也述麗澤諸儒學
案第七十三卷
雲濠謹案底本有云宋之公相家講學以永其世者莫如呂氏

象山之門必以甬上四先生爲首蓋本乾淳諸老一輩也而壞其教者實慈湖然慈湖之言不可盡從而行則可師黃勉齋曰楊敬仲集皆德人之言也而未聞道予因采其最粹且平易者以志去短集長之意則固有質之聖人而不謬者述慈湖學案第七十四卷

慈湖之與絜齋不可連類而語慈湖泛濫夾雜而絜齋之言有繩矩東發先我言之矣述絜齋學案第七十五卷

雲濠謹案是條底本有再傳而有蒙齋六字

楊袁之年輩後于舒沈而其傳反盛豈以舒沈之名位下之與嘻是亦有之然舒沈之平實又過于楊袁也四先生中沈先生師復齋宋史混而列之述廣平定川學案第七十六卷

梓材謹案四先生定川最先卒後八年而廣平卒又二十五年而絜齋卒又二年而慈湖卒其生年則定川僅長慈湖二年謂楊袁之年輩後于舒沈尚未的實其先舒後沈者以楊袁舒皆象山門人以類相比非有軒輊也

槐堂之學莫盛于吾甬上而西江反不逮如曾潭如琴山以及黃鄧之徒今其緒言渺矣甬上之西尚有嚴陵亦一大支也述槐堂諸儒學案第七十七卷

康節之學不得其傳牛氏父子自謂有所授受世弗敢信也張行成疏通其紕繆遂成一家玉山汪文定公雅重之其後如祝子涇又稍不同至于廖應淮之徒則益誕矣康節本出于希夷其後卒流而爲應淮所謂必復其始者與述張祝諸儒學案第七十八卷

梓材謹案張觀物亦譙天授之徒且與玉山同時則是卷當在趙張玉山之閒

自淳熙至嘉定疏附先後諸家者有若邱忠定公劉文節公樓宣獻公之徒雖不入諸先生之學派然皆能用先聖之道而柴獻肅公尤醇述邱劉諸儒學案第七十九卷

梓材謹案原底無張祝諸儒邱劉諸儒二學案序錄

嘉定而後私淑朱張之學者曰鶴山魏文靖公兼有永嘉經制之粹而去其駁世之稱之者以並之西山有如溫公蜀公不敢軒輕梨洲則曰鶴山之卓犖非西山之依門傍戶所能及予以爲知言述鶴山學案第八十卷

西山之望直繼晦翁然晚節何其委蛇也東發于朱學最尊信而不滿于西山理度兩朝政要言之詳矣宋史亦有微辭述西山真氏學案第八十一卷

勉齋之傳得金華而益昌說者謂北山絕似和靖魯齋絕似上蔡而金文安公尤爲明體達用之儒浙學之中興也述北山四先生學案第八十二卷

雙峯亦勉齋之一支也累傳而得草廬說者謂雙峯晚年多不同于朱子以此詆之予謂是未足以少雙峯也獨惜其書之不傳述雙峯學案第八十三卷

鄱陽湯氏三先生導源于南溪傳宗于西山而晦靜由朱而入陸傳之東澗晦靜又傳之徑畈楊袁之後陸學之一盛也方回以爲東澗晚年始宗陸誤也述存齋晦靜息庵學案第八十四卷

梓材謹案是卷序錄原底所無而二老閣刊本有之但其作息庵晦靜存齋學案息庵與存齋互譌今特爲正之而具其辯說于本卷

四明之學多陸氏深寧之父亦師史獨善以接陸學而深寧紹其家訓又從王子文以接朱氏從樓迂齋以接呂氏又嘗與湯東澗遊東澗亦兼治朱呂陸之學者也和齊斟酌不名一師宋史但夸其辭業之盛予之微嫌于深寧者正以其辭科習氣未盡耳若區區以其玉海之少作爲足盡其底蘊陋矣述深寧學案第八十五卷

四明之專宗朱氏者東發爲最日鈔百卷躬行自得之言也淵源出于輔氏晦翁生平不喜浙學而端平以後閩中江右諸弟子支離舛戾固陋無不有之其能中振之者北山師弟爲一支東發爲一支皆浙產也其亦足以報先正惓惓浙學之意也夫述東發學案第八十六卷

四明史氏皆陸學至靜清始改而宗朱淵源出于蓮蕩晏氏然嘗聞深寧不喜靜清之說易以其嗜奇也則似乎未必盡同于朱其所傳爲程畏齋兄弟則純于朱者述靜清學案第八十七卷

巽齋之宗晦翁不知所自攷之滄洲弟子廬陵有歐陽謙之實嘗從遊巽齋其後人邪其遺書宗旨不可攷見然巽齋之門有文山徑畈之門有疊山可以見宋儒講學之無負于國矣述巽齋學案第八十八卷

雲濠謹案是錄底本云講學至殘宋朱陸兩家其流弊皆甚矣所謂愈失其眞者也歐陽巽齋之爲朱學不知所出而所得甚醇其弟子之最著者曰文山徐徑畈之爲陸學不知所出而其節甚高其弟子之最著者曰疊山兩家其有光于先師者乎世多推巽齋而詆徑畈予特合之述歐徐二先生學案及定刊本專爲巽齋學

案蓋徑畈疊山別見存齋晦靜息庵學案中矣

梓材謹案巽齋與江古心同時蓋亦晦翁再傳也當次于介軒而前于三湯

勉齋之傳尚有自鄱陽流入新安者董介軒一派也鄱陽之學始于程蒙齋董盤澗王拙齋而多卒業于董氏然自許山屋外漸流爲訓詁之學矣述介軒學案第八十九卷

梓材謹案介軒爲晦翁再傳與雙峯同爲勉齋之傳當次于雙峯

河北之學傳自江漢先生曰姚樞曰竇默曰郝經而魯齋其大宗也元時實賴之述魯齋學案第九十卷

雲濠謹案底本于魯齋云當元之時至與二程橫渠南軒並加公爵從祀廟庭則似少過焉

靜修先生亦出江漢之傳又別爲一派蕺山先生嘗曰靜修頗近乎康節述靜修學案第九十一卷

草廬出于雙峯固朱學也其後亦兼主陸學蓋草廬又師程氏紹開程氏嘗築道一書院思和會兩家然草廬之著書則終近乎朱述草廬學案第九十二卷

徑畈歿而陸學衰石塘胡氏雖由朱而入陸未能振也中興之者江

西有靜明浙東有寶峯述靜明寶峯學案第九十三卷

繼草廬而和會朱陸之學者鄭師山也草廬多右陸而師山則右朱斯其所以不同述師山學案第九十四卷

有元立國無可稱者惟學術尚未替上雖賤之下自趨之是則洛閩之沾溉者宏也如蕭勤齋同榘庵輩其亦許劉之徒乎述蕭同諸儒學案第九十五卷

梓材謹案原底無蕭同學案序錄又案勤齋榘庵與許魯齋同行輩而殿于有元諸儒者以所附諸儒不一故統載于此耳

元祐之學二蔡二惇禁之中興而豐國趙公弛之和議起秦檜又禁之紹興之末又弛之鄭丙陳賈忌晦翁又啓之而一變爲慶元之錮籍矣此兩宋治亂存亡之所關嘉定而後陽崇之而陰摧之而儒術亦漸衰矣其事蹟已散見諸公傳又放大事表之意述元祐慶元黨案大略用道命錄爲底本以至晚宋如周密之徒凡詆詈諸儒者皆附之第九十六卷九十七卷

梓材謹案自元祐慶元黨案以下原底並失序錄茲所錄者鄭氏刊本也

荆公淮南雜說初出見者以爲孟子老泉文初出見者以爲荀子已

而聚訟大起三經新義累數十年而始廢而蜀學亦遂爲敵國上下學案者不可不窮其本末也且荆公欲明聖學而雜于禪蘇氏出于縱横之學而亦雜于禪甚矣西竺之能張其軍也述荆公新學及蜀學略第九十八卷九十九卷

關洛陷于完顏百年不聞學統其亦可嘆也李屏山之雄文而溺于異端敢爲無忌憚之言盡取涑水以來大儒之書恣其狂舌可爲齒冷然亦不必辯也略舉其大旨使後世學者見而嗤之其時河北之正學且起不有狂風怪霧無以見皎日之光明也述屏山鳴道集說略第一百卷

宋元學案卷首

安定學案表

胡瑗 高平講友

程頤 別為伊川學案

范純祐

范純仁 並見高平學案

徐積

江端禮

馬存

呂希哲 別為滎陽學案

呂希純 別見范呂諸儒學案

錢公輔

孫覺 附弟覽

邢居實

李昭玘

傅楫 別見古靈四先生學案

滕元發

顧臨

汪澥別見荊公新學略

徐中行

子庭筠

鄭伯熊別見周許諸儒學案

曾孫日升

子庭槐

子庭蘭

劉彝

子淮夫別見古靈四先生學案

鄒㚆

鄒棐

弟括

錢藻

苗授

歐陽發別見廬陵學案

朱臨

子服

翁仲通

子彥約

子彥深

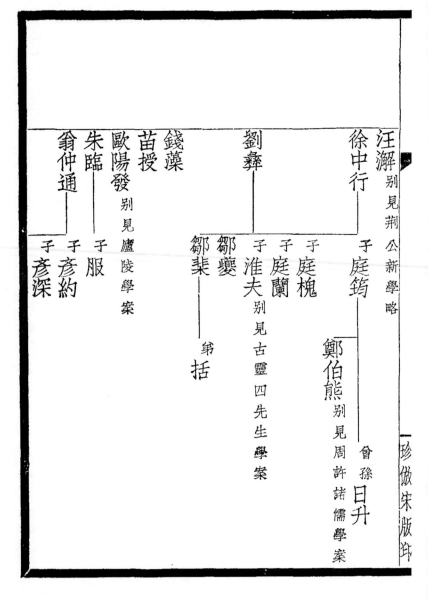

杜汝霖

子 彥國

孫 陵

曾孫 旗 別見滄洲諸儒學案

曾孫 旃

曾孫 斿 別見滄洲諸儒學案

曾孫 旝

曾孫 旝 別見滄洲諸儒學案

莫君陳

子 砥

孫 伯虛

張堅

祝常

管師復 別見古靈四先生學案

管師常 別見古靈四先生學案

盧秉

林晟 子玉勝 孫俊民
孫朝价

子用

游烈

徐唐
附師吳杲

饒子儀別見泰山學案

陳舜俞

周頳

翁升

江致一

陳敏

戚僑

倪天隱——彭汝礪

吳孜

張巨 別見廬陵學案

田述古——呂好問
　　　　呂切問 並見滎陽學案

潘及甫

莫表深

陳高

陳貽範 別見古靈四先生學案

安燾

朱光庭 別見劉李諸儒學案

□□□

趙君錫 別見高平學案

節孝同調

私淑羅適
附師朱絳

孫復別爲泰山學案

石介別見泰山學案

阮逸

並安定學侶

陳襄別爲古靈四先生學案

楊適別見士劉諸儒學案

並安定同調

吳儆別見嶽麓諸儒學案

以下安定續傳

汪深別見象山學案

宋元學案卷一

餘姚黃宗羲原本　　後學慈谿馮雲濠校刊
男百家纂輯　　鄞縣王梓材重校
鄞縣全祖望修定　　道州何紹基重刊

安定學案

祖望謹案宋世學術之盛安定泰山爲之先河程朱二先生皆以爲然安定沈潛泰山高明安定篤實泰山剛健各得其性稟之所近要其力肩斯道之傳則一也安定似較泰山爲更醇小程子入太學安定方居師席一見異之講堂之所得不已盛哉述安定學案　梓材案全氏序錄本爲卷首可以見全書之脈絡茲復分列各學案之端俾學者得見每卷要領猶周易序卦傳本十翼之一後之說易者往往分列各卦也

高平講友

文昭胡安定先生瑗

胡瑗字翼之泰州如皋人七歲善屬文十三通五經卽以聖賢自期許鄰父見而異之謂其父曰此子乃偉器非常兒也家貧無以自給往泰山與孫明復石守道同學攻苦食淡終夜不寢一坐十年不歸

得家書見上有平安二字即投之澗中不復展恐擾心也以經術教授吳中范文正愛而敬之聘爲蘇州教授諸子從學焉景祐初更定雅樂文正薦先生以白衣對崇政殿授試秘書省校書郎辟丹州軍事推官歷保寧節度推官滕宗諒知湖州聘爲教授先生倡明正學以身先之雖盛暑必公服坐堂上嚴師弟子之禮視諸生如子弟諸生亦愛敬如父兄其教人之法科條纖悉具備立經義治事二齋經義則選擇其心性疏通有器局可任大事者使之講明六經治事則一人各治一事又兼攝一事如治民以安其生講武以禦其寇堰水以利田算歷以明數是也凡教授二十餘年慶歷中天子詔下蘇湖取其法著爲令于太學召爲諸王宮教授辭疾不行尋爲太子中舍以殿中丞致仕皇祐中更鑄太常鐘磬驛召先生與阮逸同太常官議于秘閣遂興作樂事授光祿寺丞國子監直講樂成遷大理寺丞賜緋衣銀魚袋嘉祐初擢太子中允天章閣侍講仍專管句太學四方之士歸之至庠序不能容旁拓軍居以廣之既而疾作以太常博士致仕東歸之日弟子祖帳百里不絕時以爲榮年六十七諡文昭詔購其家所著有易書中庸義景祐樂議 雲濠案謝山學案劄記安定易傳十卷又案四庫書目采錄周易口義十二卷洪範口義二卷

餘書佚學者稱爲安定先生是時禮部所得士先生弟子十常居四五隨材高下而修飾之人遇之雖不識皆知爲先生弟子也在湖學時福唐劉彝往從之稱爲高弟後熙寧二年神宗問曰胡瑗與王安石孰優對曰臣師胡瑗以道德仁義教東南諸生時王安石方在場屋中修進士業臣聞聖人之道有體有用有文君臣父子仁義禮樂歷世不可變者其體也詩書史傳子集垂法後世者其文也舉而措之天下能潤澤斯民歸于皇極者其用也國家累朝取士不以體用爲本而尙聲律浮華之詞是以風俗偷薄臣師當寶元明道之間尤病其失遂以明體達用之學授諸生夙夜勤瘁二十餘年專切學校始于蘇湖終于太學出其門者無慮數千餘人故今學者明夫聖人體用以爲政教之本皆臣師之功非安石比也帝曰其門人今在朝者爲誰對曰若錢藻之淵篤孫覺之純明范純仁之直溫錢公輔之簡諒皆陛下之所知也其在外明體達用之學教于四方之民者殆數十輩其餘政事文學粗出于人者不可勝數此天下四方之所共知也帝悅明嘉靖中從祀孔廟稱先儒胡子

百家謹案先生在太學嘗以顏子所好何學論試諸生先生得伊川作大奇之卽請相見處以學職知契獨深伊川之敬禮先

生亦至于濂溪雖嘗從學往往字之曰茂叔于先生非安定先生不稱也又嘗語人曰凡從安定先生學者其醇厚和易之氣一望可知又嘗言安定先生之門人往往知稽古愛民矣于從政乎何有

論語說

友者輔仁之任不可以非其人故仲尼嘗曰吾死商也日進賜也日退商好與勝己者處賜好與不如己者處也無友不如己者

非止聞夫子之道凡聞人之善言善行皆如是子路唯恐有聞

命者稟之于天性者命之在我在我者修之稟于天者順之愚魯辟喭皆道其所短而使修之者也愚魯辟喭

公叔文子與大夫僎同升諸公孔子曰可以為文臧文仲知柳下惠之賢而不舉孔子謂之竊位由此觀之君子以薦賢為己任臧文仲竊位

子貢之言甚而言之也孔子固學于人而後為孔子子貢言夫子不可及

慈溪黃氏曰子貢闢毀孔子者故極言之安定恐後學待孔子太高而自絕于不可學故又為之說如此

冉求有爲政之才故曰可使爲宰及其聚斂不合正道故曰小子鳴鼓而攻之可也如美管仲之功則曰如其仁如其仁至于鄙管仲之僭則曰管氏而知禮孰不知禮孔子稱冉求可使爲宰又鄙爲小子

古之取人以德不取其有言言與德兩得之今之人兩失之有德者必有言有言者不必有德

取以一時之能而不責以平生之行孔子見互鄉童子

春秋說

不書王師敗績于鄭王者無敵于天下書戰則王者可敵書敗則諸侯得禦故言伐而不言敗茅戎書敗者王師非王親兵致討取敗而書之桓五年蔡人衛人陳人從王伐鄭

蔡季者蔡桓侯之弟弟季當立歸者善辭也時多弒奪明季無惡字者諸侯之弟例書字桓十七年蔡季自陳歸于蔡

諸侯伐衛以納朔天子不先救朔卒爲諸侯所納天子威命盡矣先師謂猶愈乎不救書王人子突之救以王法尙行于此也勢旣已去烏能必勝哉莊六年王人子突救衛

八月弒君十月出奔臣子不討賊可知莊十二年宋萬出奔陳

婦人從夫者也公親迎于齊夫人不從公而至失婦道也大夫宗婦

者同宗大夫之婦非謂大夫與宗婦也覿者見夫人也用幣者爲贄不過榛栗棗脩今婦人而用男子之贄莊公以誇侈失禮也莊二十四年大夫宗婦覿用幣

伯姬乃婦人中之伯夷也襄三十年宋伯姬卒

生則書王明實爲嗣死乃稱子正未踰年未成天子之至尊昭二十二年王子猛卒

附錄

先生世居安定流寓陵州父訥爲寧海節度推官隨任生于泰州寧海鄉先生故址也人稱之爲安定先生溯其源也

先生在太學其初人未信服使其徒之已仕者盛僑顧臨輩分置執事又令孫覺說孟子中都士人稍稍從遊日升堂講易音韻高朗旨意明白衆皆大服五經異論弟子記之目爲胡氏口義

先生在學時每公私試罷掌儀率諸生會于肯善堂合雅樂歌詩至夜乃散諸齋亦自歌詩奏樂琴瑟之聲徹于外

先生嘗召對例須就閤門習儀先生曰吾平生所讀書即事君之禮也何以習爲閤門奏上人皆謂山野之人必失儀及登對乃大稱旨上謂左右曰胡瑗進退周旋皆合古禮

先生初爲直講有旨專掌一學之政遂推誠教育多士亦甄別人物故好尚經術者好談兵戰者好文藝者好尚節義者使之以類羣居講習先生亦時時召之使論其所學爲定其理或自出一義使人人以對爲可否之或即當時政事俾之折衷故人人皆樂從而有成效朝廷名臣往往皆先生之徒也

梓材謹案此下有番禺大商子一條移爲其人立傳于後

徐積初見先生頭容少偏先生厲聲云頭容直積猛然自省不特頭容要直心亦要直自是不敢有邪心

神宗題贊先生像曰先生之道得孔孟之宗先生之教行蘇湖之中師任而尊如泰山屹峙于諸峯法嚴而信如四時迭運于無窮辟居太學動四方欣慕不遠千里而翕從召入天章輔先帝日侍啓沃萬言而納忠經義治事以適士用議禮定樂以迪朕躬敦尚本實還隆古之淳風倡明正道開來學之顓蒙載瞻載仰誰不思公誠斯文之模範爲後世之欽崇

其孫滁曰先祖治家甚嚴尤謹內外之分兒婦雖父母在非節朔不許歸寧有遺訓嫁女必須勝吾家者娶婦必須不若吾家者或問故曰嫁女勝吾家則女之事人必欽必戒娶婦不若吾家則婦之事舅

姑必執婦道

陳右司曰胡先生在邇英專以損上益下損下益上爲說補

晁公武曰安定易解甚詳蓋門人倪天隱所纂故序首稱先生曰補

又曰漸卦鴻漸于陸先生有取于范諤昌易墜簡之說補

又曰程正叔解頗與翼之相類補

薛艮齋與朱晦翁書曰教以安定之傳蓋不出于章句誦說校之近世高明自得之學其效遠不相逮要終而論真確實語也某何足以知此蒙誨之及故敢言之子路何必讀書孔子惡其佞子夏必謂之學不可謂不知言二者豈無說邪昧者盍少思之嘗謂翼之先生所以教人得于古之灑掃應對進退知其說者徐仲車耳餘子類能有立于世是皆舉其一端介甫詩以宰相期之特窺其餘緒耳成人成己衆人未足以知之且君子道無精粗無小大是故致廣大者必盡精微極高明者必道中庸滯于一方要爲徒法徒善漢儒之陋則有所謂章句家法異端之教則有所謂不立文字稽于政在方策人存乃舉禮儀威儀待人以行智者觀之不待辯而章矣

梓材謹案此條自梨洲原本所錄艮齋浪語集移入

陳直齋曰汪晦叔問南軒曰伊川令學者先看王輔嗣胡翼之王介

甫三家易何也南軒曰三家不論互體故耳要之三家于象數埽除略盡非特如所云互體也補

黃東發曰先生明體用之學師道之立自先生始然其始讀書泰山十年不歸及既教授夙夜勤瘁二十餘年人始信服立己立人之難如此

百家謹案先生之學實與孫明復開伊洛之先且同學始終友善其云先生在太學與明復避不相見此邵氏後錄之謬正與主癰疽寺人之談同也

安定學侶

殿丞孫泰山先生復別爲泰山學案

直講石徂徠先生介別見泰山學案

屯田阮先生逸

阮逸字天隱建陽人天聖進士官太常丞皇祐中與安定同典樂事遷尙書屯田員外郎著有易筌從黃氏補本錄入

梓材謹案先生與安定同典樂事相與論樂以爲安定學侶可也餘姚翁氏注深寧困學紀聞云安定先生門人未知所本

安定同調

忠文陳古靈先生襄 別爲古靈四先生學案

助教楊大隱先生適 別見士劉諸儒學案

安定門人

正公程伊川先生頤 別爲伊川學案

主簿范天成先生純祐

忠宣范堯夫先生純仁 並見高平學案

節孝徐仲車先生積

徐積字仲車山陽人三歲而孤事母至孝以父名石終身不用石器從安定學惡衣服不恥應舉入都載母以從比登第同年共致百金爲壽卻之神宗朝數召對以耳疾不能至元祐年除揚州司戶參軍母歿廬墓三年雪夜伏側哭不絕聲時甘露降木成連理廷臣薦其孝廉爲楚州教授徽宗初改宣德郎年七十六 梓材案原本此下有東坡志林一段今以其不類傳文移爲附錄于後 政和六年賜謚節孝有文集三十一卷 雲濠案先生別有節孝語錄采入四庫

荀子辯

荀子曰人之性惡其善者僞也古者聖人以人之性惡以爲偏險而不正悖亂而不治是以爲之起禮義制法制以矯飾人之情性

而正之以擾化人之情性而道之也使皆出于理合于道也

辯曰荀子非也且人之性既惡矣又惡知惡之可矯而善之可爲也矯性之矯如矯木之矯則是杞柳爲桮棬之類也何異于告子哉弗思而已矣余以爲禮義者所以充其未足之善法制者矯其已習之惡

荀子曰凡性者天之就也不可學不可事

辯曰若如此論則是上之教可廢而下之學可棄也又烏用禮義爲哉余以爲天能命人之性而不能就人之性唯人能就其性如此則與孔子之意合孔子曰成性存存道義之門

荀子曰今人之性目可以見耳可以聽可以見之明不離目可以聽之聰不離耳目明而耳聰不可學明矣

辯曰奚物而不可學也赤子之性也不匍匐矣既匍匐也不能行必須左右扶持猶曰姑徐徐云爾然而卒能之楚之秦之天下者其故何哉蓋曰學而已也至于耳目則何獨不然其始也目不能視矣耳不能聽矣然而明可以察秋毫之末聰可以辨五聲之和卒能如此者其故何哉亦曰學而已也夫奚物而不可學邪

百家謹案正唯耳目之有聰明故聖人因明繼以規矩以爲方

員平直因聰繼以六律以正五音而有視聽之學正惟性之善

聖人制爲禮義法度而有復性之學

荀子曰今人之性飢而欲飽寒而欲煖勞而欲休人之情性也今人飢見長者而不敢先食者將有所讓也勞而不敢求息者將有所代也夫子之讓乎父弟之讓乎兄子之代乎父弟之代乎兄然此行者皆反于性而悖于情也故順情性則不辭讓矣辭讓則悖于情性矣用此觀之人之性惡明矣其善僞也

辯曰夫飢而欲飽寒而欲煖勞而欲休此人情之常也雖聖人亦不免矣至于子之讓乎父弟之讓乎兄子之代父弟之代兄此二行皆出于其性也何反于性而悖于情哉有是性卽有是行也無是性卽無是行也爲有性惡而能爲孝弟哉弗思而已矣

百家謹案飽煖安逸固人性情然已既飽煖安逸而見父兄之飢勞試問此時之爲子弟者亦不知其心能安否夫欲飽煖安逸人之情也其不安于父兄飢勞之心性之善也讓代其父兄順乎性之善也

荀子曰凡禮義者是生于聖人之僞非故生于人之性也故陶人合土而生瓦然則瓦生于陶人之僞非故生于人之性工人斲木

而生器然則器生于工人之僞非故生于人之性也
辯曰夫欲行其實者必先正其名名正則教行矣禮義之僞與作僞之僞有以異乎其無以異乎在人者必皆謂之僞則何事而不言僞言性惡者將以貴禮義也今乃以禮義而加之僞名則是欲貴之而反賤之也奚不曰陶人因土而生瓦工人因木而生器聖人因人而生禮義也何必曰僞
百家謹案荀子固不識性實由乎不識禮義也夫性卽土也而禮義非瓦也性卽木也而禮義非器也況性不可以土木喻哉夫性果何物也卽此心也此心之惻隱羞惡恭敬是非仁義禮智之理也而此心不能不應萬事于是聖人取此心恭敬之性而爲經曲之禮羞惡之性而爲咸宜之義是禮與義卽性也云順其性而爲禮義者幷多此順與爲字至若土與木曷嘗有瓦與器來而以之相擬乎由先生之辯不足以折荀子也
荀子曰薄願美狹願廣貧願富賤願貴苟無之中者必求于外故富而不願財貴而不願勢苟有之中者不及于外用此觀之人之欲爲善者爲性惡也
辯曰荀子過甚矣何不顧孟子之意也孟子以仁義禮智謂之四端

夫端亦微矣其謂仁者豈遂足用爲仁哉其謂義者豈遂足用爲義哉是在其養而大之也此所謂薄願美狹願廣貧願富賤願貴以其不足于中而必求于外也安得曰富而不願財貴而不願勢苟有中而不求于外邪故人之欲爲善以其善之未足也而有可充之資可爲之質也何必待性惡而後爲善哉性惡而爲善譬如摶水上山善而爲善如水之流而就溼也火之始燃而燥也豈不順也

百家謹案天下未有無其物而可強爲者即如荀子言合土生瓦斲木生器亦必有是土木而後可生瓦器豈無是土木而陶人工人強生瓦器乎且荀子云人之欲爲善者爲性惡也不知如果性惡安有欲爲善之心乎即此有欲爲之心已足驗人心之善矣先生云何不顧孟子之意似迂彼既主張性惡豈顧孟子哉

荀子曰性善則去聖王息禮義性惡則興聖王貴禮義

辯曰一陰一陽天地之常道也男有室女有歸人倫之常道也君必有民民必有君所以爲天下也不然何以爲天下聖王之興豈爲性惡而已哉故性善得聖王則愈治得禮義則愈興安得曰去聖王息禮義性善而得禮義如物萌而得膏雨也勃然矣有何不可哉

荀子曰凡人之性堯舜之與桀跖一也君子之與小人其性一也

辯曰天下之性惡而已堯舜桀跖亦惡而已是自生民以來未嘗有一人性善也未嘗有一人性善其禮義曷從而有哉其所謂聖人者曷從而爲聖人哉

荀子曰堯問于舜人情何如舜對人情甚不美妻子具而孝衰于親嗜欲得而信衰于友爵祿盈而忠衰于君

辯曰荀子載堯舜之言則吾不知也至于妻子具而孝衰于親則是妻子未具而嘗有孝矣嗜欲得而信衰于友則是嗜欲未得而嘗有信矣爵祿盈而忠衰于君則是爵祿未盈而嘗有忠矣則是天下之性未嘗無孝未嘗無信未嘗無忠而人之性果善矣其所以不善者外物害之也學荀子者以吾言爲何如

百家謹案荀子之學與告子極相似而有辨陶人合土以生瓦工人斲木以生器此杞柳桮棬之說也禮義爲僞此義外之說也以性爲惡卽食色爲性生之謂性也但告子之以杞柳喻性桮棬喻義者以爲人生所有之本質惟此知覺而知覺無禮義也欲得理于我必須向天地萬物上求之使與我之知覺合而爲一而後爲作聖之功而不知此知覺之遂感而通不失其宜

者卽禮義也然告子之東流西流亦只言性無善惡須復求理于外而荀子則直以人欲橫流者爲性竟云性惡反禮義爲矯性之僞物矣嗟乎性道難言也孔子明言求諸己孟子明言性善萬物皆備程子明言性卽理也朱子明言虛靈不昧具衆理而應萬事彼告子荀子以禮義爲外人皆知爲異端猶可言也欲明爲儒者不識吾性之卽爲禮義狺狺焉欲以沿門乞火爲秘旨凡有反求諸己者卽便妄詆之爲禪不可言也

辯習

性善乎曰善也以善性而習有善惡者何也物誘于外而欲攻于內也好惡之不正而邪情奸于其閑也養之而弗充則性之弗固也況未嘗一旦而養之乎能自養者鮮矣于是有君師之教禮義之化也所以養其性長其善而正其習也習不正則惡矣惡不已則其性汨而謂性之不善是何異于害其苗而謂苗之不長也人亦知夫苗乎物之有苗也苟無外物之害則苗無不長矣苗之槁者外物害之也是故善養苗者必去其害苗者去莠惡其害苗也善養性者必去其害性者去惡惡其害性也然則性者善也習有善與惡也習久不變然後善惡定也卒而爲君子卒而爲小人皆所以取之道也是故習

不可不愼也善習者雖瞽鯀爲父亦舍父而習他矣性則善也習有善與惡也是故習不可不愼也

語錄

先生言人當先養其氣氣完則精神全其爲文則剛而敏治事則有果斷所謂先立其大者也故凡人之文必如其氣班固之文可謂新美然體格和順不若太史公之嚴近世孫明復及石徂徠之文雖不若歐陽之豐富新美然自嚴毅可畏

人之同官不可不和和則事無乖逆而下不能爲奸必欲和莫若分過而不掠美

欲求聖人之道必于其變所謂變者何也蓋盡中道者聖人也而中道不足以盡聖人故必觀于變蓋變則縱橫反覆不主故常而皆合道非賢人之所能故孔子曰未可與權孟子惡其執一也

治詩者必論其大體其章句細碎不足道也且詩何必分二南爲國風而雅有大小又有頌也蓋天下之本在國國之本在家家之本在身故二南言文王之化正于閨房衽席之閒以至乎人化之蓋風爲治家之始而小雅者治國政之始大雅者治天下之始頌者成功之始是謂四始也

艮言思不出其位正以戒在位者也若夫學者則無所不思無所不言以其無責可以行其志也若云思不出其位是自棄于淺陋之學也

楊子稱孟子之不動心曰貧賤富貴不能動其心大非也夫古之山林長往之士豈不能以貧賤富貴不動其心而世之匹夫之勇者豈非所以死生不動其心也如此則孟子之不動心乃常人爾蓋孟子充養之至萬物皆備于我而萬變悉昭于胸中故雖以齊國卿相之重位亦不動心思之經營而可治以其養之至也

志氣之帥氣體之充此言精微學者宜思之蓋以謂志則在心而心爲有知有知則所好亦有節而所惡不過分縱過而踰節亦知自反也若氣則冥然無知特可以充養四體縱之而不已則喜怒爲氣之所使必至于過分踰節矣此小人之事也若君子則學而能正能誠所以志能帥氣而喜怒不過唯小人爲氣所鼓方其喜怒之際不知形色之變至于不聞人之聲音不覺己之忤物或至于殺人殺身者皆爲氣之所使而不能帥氣也故曰持其志無暴其氣學者可不知此乎

百家謹案志與氣原非二物志卽氣之精明者是也持志無暴

並無兩樣工夫故孟子止言養氣而持志在其中矣先遺獻曰

若離氣而言持志未免捉捏虛空矣所以古人說九容只是無暴其氣無暴其氣志焉有不在者乎

安定說中庸始于情性蓋情有正與不正若欲亦有正與不正德有凶有吉道有君子有小人也若天地之情可見聖人之情見乎辭豈得爲情之不正乎若我欲仁斯仁至矣豈爲不正之欲乎故以凡言情爲不正者非也言聖人無情者又非也聖人豈若土木哉強哉矯蓋矯者強之甚大木之曲者性也能矯而爲正豈不強乎

百家謹案離情無所爲性但觀此情恰好不恰好耳存諸中而自然發諸外而中節氣血卽是義理子劉子所謂中和皆是性也若無主宰中存肆欲妄行則小人之無忌憚矣凡人生有情情之正者卽性也性從情中看出彼釋氏之情不附物是無情也非聖人之道也先生言聖人非無情甚是但解強哉矯謂矯性之曲而正之則非夫所謂強哉矯者乃矯乎流俗也若性之生也直奚待矯哉先生辯荀恐未免仍蹈乎荀之說也

道自道也者且以道路之道言之凡窮天下周八極人跡所及皆可至焉則道豈不六通四闢乎然有徑有支皆道也故必在人之所擇

而行之

訓學者文

諸君欲爲君子而使勞己之力費己之財如此而不爲君子猶可也不勞己之力不費己之財諸君何不爲君子鄉人賤之父母惡之如此而不爲君子猶可也鄉人榮之父母欲之諸君何不爲君子

附錄

先生三歲而孤晨昏匍匐牀下求其父甚哀太夫人使讀孝經輒流涕不能止是時太夫人攜于陝右外家事母篤孝一日具公裳見貴官忽自思云見貴官尚必用公裳豈有朝夕見母而不具公裳者乎遂裹幞頭服公裳晨省其母外氏諸婦大笑之先生彌恪久而亦不復笑也先生嘗曰吾之持敬自此始也又一日爲母置膳先過一賣肉家將買之遂向市中買他物而歸途有便道稍近且亦有賣肉家將買之因自念吾已有所許而忽他之將無欺其初心乎卒迂道就故所賣肉家先生嘗曰吾之行信自此始也

既冠徒步從安定先生學安定門下踰千人以別室處之遣婢視飲食澣濯感寒惟衲裘以米投甕日中數塊而已安定使其徒餽之食不受將還受一飯而行曰先生之命不可終違常曰吾于安定之

門所得多矣言之在耳一字不違也

二叔父議析居先生涕泣止之不可于是請其叔父取所欲餘書十篋敝屋數間而已其叔沒家替先生事叔母如母送死無不備事母謹嚴非有大故不去側日具太夫人所嗜皆手自調味為兒嬉或謳歌以悅之故太夫人雖在窮巷奉養充美無須臾不快也

太夫人之喪廬墓三年雪夜號伏呼問太夫人寒否如平生因委頓僵仆手足皆裂不顧也翰林呂溱嘗造墓知狀垂涕曰想見鬼神幽明不隔鄉里瞻仰先生如神有爭訟必就決不復造有司每歲甘露降于墳域必逾月墓左有杏兩枝連合至孝感應如此

先生畜犬孳生至數十不以與人或問之曰吾不忍其母子相離也

雲濠謹案謝山學案劄記云崇教孝女事見徐節孝集亦見呂縉卿叔夏集莊綽雞肋編采之確是淮陰節婦

東坡志林曰仲車古之獨行也於陵仲子不能過然其詩文則怪而放如玉川子此一反也耳聵甚畫地為字乃始通語終日面壁坐不與人接而四方事無不周知其詳雖新且密無不先知此二反也

呂紫微童蒙訓曰徐仲車教門人多于空中書一正字且云于安定處得此一字用不盡補

汪玉山書節孝行狀後曰節孝先生嘗語東坡曰有功者多矣而獨稱大禹者以其不矜不伐也有才者多矣而獨稱周公者以其不驕不吝也蘇公受而書之策又嘗語魯直曰為政處不厭熟則寡過睦寮友則事舉魯直謝曰立參于前坐倚于衡何日忘之補

王深寧困學紀聞曰師氏三德朱子曰至德以為道本明道先生以之敏德以為行本溫公以之孝德以知逆惡趙無媿徐仲車之徒以之補

侍講呂原明先生希哲 別為滎陽學案

待制呂先生希純 別見范呂諸儒學案

諫院錢先生公輔

錢公輔字君倚武進人少從學于安定中進士甲科歷知制誥英宗立陳治平十議又作帝問一篇上之王疇為翰林學士未久擢副樞密先生謂其望淺不草制謫滁州團練使起知廣德軍神宗立歷知諫院宰相富鄭公弼謂曰上求治如饑渴正賴君輩同心以濟答曰朝廷所為是天下誰敢不從所為非公輔欲同之不可得已王安石雅與之善既得志主薛向更鹽法出滕甫于鄭州先生數于帝前言向當黜甫不當去拂安石意罷諫職出知江寧府帝欲召還安石沮

之徙揚州以病乞祠改提舉崇福觀卒年五十二

龍學孫莘老先生覺 附弟覽

孫覺字莘老高郵人甫冠從安定遊安定之門弟子數千別其老成者爲經社先生年最少儼居其閒衆皆推服登進士第調合肥主簿歲旱州督民捕蝗先生言民方艱食若以米易之是爲除害而享利也守悅推其說于諸縣嘉祐中進館閣校勘神宗擢至右正言帝將大革積弊先生言革而當其悔乃亡帝稱善嘗從容語及知人之難先生曰堯以知人爲難終享其易願觀詩書之所任使無速于小功近利則王道可成矣帝語以欲用陳升之而罷邵亢先生即奏如所言帝以爲希旨奪官兩級先生連章丐去云去歲有罰金御史今茲有貶秩諫官未聞罰金貶秩猶可居位者乃通判越州徙知通州熙寧二年詔知諫院同修起居注審官院王安石早與先生善驟引用之將援以爲新法助而先生與異議安石怒因遣行視畿縣散常平錢利病先生疏言陳留不散一錢以此見民實不願望賜寢罷反覆出知廣德軍歷知蘇州徙福州連徙亳揚徐州知應天府入爲太常少卿祕書少監哲宗立累遷御史中丞龍圖閣學士年六十三紹聖中以元祐黨奪官徽宗初復之所著有文集奏議春秋傳 雲濠案謝

山學案劄記有孫莘老易傳弟覽字傳師亦歷官龍學知太原城葭
蘆策勳加樞密直學士忤時相遭貶
百家謹案先生之春秋經解多主穀梁之說而參以左氏公羊
及漢唐諸家之說義有未安者則補以所聞于安定及己之獨
悟晁公武稱其議論最精誠哉斯言初王介甫頗與先生交好
三經義外原欲解春秋以行天下見先生之解其心知不復能
勝遂舉聖經而廢之目詆爲斷爛朝報其始由于忮刻而終之
以無忌憚先生既與介甫異議連遭貶斥不以介意介甫退居
鍾山先生遠訪道舊迨其死又誄之嗟乎學問之德量不同如
此
梓材謹案謝山學案稿本于古靈弟子以先生爲第一是先生
又在陳氏之門

附錄

游定夫曰莘老少而好易以是行己亦以是立朝或進或退或語或
默或從或違皆占于易而後行

章敏滕先生元發

滕元發字達道初名甫東陽人也范文正公之甥從安定學安定門

人以千計先生之文嘗爲首以進士第三授評事通判湖州孫沔方守杭一見奇之曰名臣也他日當爲賢將授以治劇守邊之要累遷戶部判官英宗召對書其姓名于禁中而未及用也神宗卽位方求非常之士而進之先生入見姿度雄爽問天下所以治亂對曰治亂之道如黑白東西所以變色易位者朋黨亂之耳帝曰卿知君子小人之黨乎對曰君子無黨譬之草木綢繆相附者必蔓草非松柏也朝廷無朋黨雖中主可以濟不然雖上聖不治帝太息曰天下名言也遂以右正言進知制誥累遷御史中丞翰林學士且大用矣先生性疏達不疑在帝前論事如家人父子言無文飾洞見肝鬲帝亦知其誠藎事無巨細人無親疏輒以問先生或中夜降手詔使者旁午先生隨事解答不自嫌外而執政方行新法恐先生撓之而帝信之乃阻之且造謗焉帝雖眷先生然竟以是出知鄆州徙齊州再徙鄧州帝眷尙未衰先生之妻黨有犯大不道者小人遂乘之下石竟欲殺之帝知其無罪但落職貶筠州相傳尙有後命先生談笑自若曰天知吾直上知吾忠吾何憂焉乃上書自訟曰樂羊無功謗書盈篋卽墨何罪毀言日聞帝覽之釋然詔知湖州先生去國既久而乃心王室著書五篇一曰尊主勢二曰本聖心三曰校人品四曰破朋黨

五日贊治道上之詔求直言先生疏曰但取熙寧二年以來所行新法悉罷民氣和天意解矣哲宗立徙真定河東治邊凜然威行西北論者以爲果賢將世晉龍圖閣學士右光祿大夫卒謚章敏安定先生之亡公累劄俸以賙其子及爲湖州祭其墓哭之慟 修

學士顧先生臨

顧臨字子敦會稽人學于安定通經學長于訓詁皇祐中舉說書科爲國子監直講遷館閣校勘同知禮院神宗以先生喜論兵詔編武經要略且召問兵對曰兵以仁義爲本動靜之機安危所繫不可輕世因條十事以獻權湖南轉運判官提舉常平議事忤執政罷歸改同判武學累遷直龍圖閣河東轉運使元祐二年擢給事中朝廷方事回河拜天章閣待制河北都轉運使學士蘇文忠軾言臨資性方正學有根本宜留左右以補闕遺諫議大夫梁燾亦言都漕之職在外豈其無人在朝如臨者恐不易得皆不報先生至部請因河勢回使東流復以給事中召還歷龍圖閣學士知定州徙應天河南府轉運使郭茂恂徇時宰意劾先生奪職知歙州又以附會黨人斥饒州卒年七十二徽宗立追復之

司成汪先生澥 別見荊公新學略

隱君徐八行先生中行

徐中行字德臣臨海人常遊京師范忠宣公賢之薦于司馬文正公謂斯人神清氣和他日不爲國器必爲儒宗因福唐劉執中得執經于安定熟讀精思攻苦食淡夏不扇冬不爐夜不安枕者踰年乃歸葺小室竟日危坐所造詣人莫測也父死跣足廬墓躬耕養母推其餘力葬內外親及州里貧無後者十餘喪晚年教授遠近來學者肩摩袂屬其爲教必自灑掃應對格物致知達于治國平天下俾不失其性不越其序而後已其友羅適持節本路舉以自代又部使者以遺逸薦崇寧中郡守李諤又以八行薦一日去之黃巖會親友盡燬所爲文幅巾藜杖往來委羽山中陳忠肅瓘謫台定交相善謂與山陽節孝徐積齊名稱爲八行先生

知州劉先生彝

劉彝字執中閩縣人從安定學安定稱其善治水凡所立綱紀規式力居多焉第進士爲邵武尉調高郵簿移朐山令邑人紀其事目曰治範熙寧初爲制置三司條例官屬以言新法非便罷神宗擇水官除都水丞爲兩浙轉運判官知處州著正俗方訓斥尙鬼之俗易巫爲醫加直史館代沈起知桂州時王安石用事求邊功起以平蠻自

任不聽交人互市交人疑懼先生代起值交阯率衆內犯連陷欽廉邕數州貶爲民元祐初復以都水丞召道卒著有七經中義洪範解古禮經傳續通解明善居易二集子淮夫累官朝散大夫以孝弟稱有賢行

祖望謹案東萊先生有云執中始抗荊公旣而爲之用宋史遂與沈起沈括同傳是其晚節爲可惜也

學士錢先生藻

錢藻字醇老吳越王元瓘之子儼入朝爲昭化節度守和州生昭慈昭慈生順之先生其子也 雲濠案先生家蘇州舉說書進士又舉賢良方正英宗時爲祕閣校理三上書請慈聖光獻太后歸政天子熙寧中累遷樞密直學士知開封府以慈恕簡靜爲本不求智名以希世寵遷翰林侍讀學士元豐五年卒先生刻勵爲學于書無不究極其見于文詞閎放雋偉名動一時爲人清謹寡過拘守繩墨立朝無矯亢亦不雷同處勢利澹如也神宗嘗問安定之學弁門人于劉彝首稱先生之淵篤神宗素知其賢且貧賻錢五十萬贈太中大夫

莊敏苗先生授

苗授字受之上黨人父京嘗守麟州以抗趙元昊先生少受學于安

定以父任爲三班奉職後從王韶取鎮洮累立戰功官果州團練使遷至容州觀察使侍衛親軍副都指麾使進威武軍留後元祐初拜武泰軍節度使殿前副都指麾使徙鎮保康知潞州卒贈開府儀同三司謚莊敏先生平居恂恂遇事則持議不苟合云參史傳

大理歐陽先生發 別見廬陵學案

著作朱先生臨 附子服

朱臨字正夫浦江人其先家吳興先生從安定授春秋安定著春秋辯要惟先生所得爲精晚年好唐陸淳之學謂孔子沒千有餘年說春秋者無出淳書之右以呂申公薦入官歷光祿寺丞乞歸以著作佐郎致仕守臣徐仲謀築亭列詔書褒語以表揚之所著春秋說二百餘篇子服字行中熙寧進士元豐中爲御史章惇欲見而用之不可尋劾之紹聖初累官禮部侍郎知廬州以與東坡善被謫安置興國修

開府翁先生仲通

翁仲通字濟可崇安人幼時賦竹杖詩先輩劉滋深奬之後師安定長于春秋舉進士調山陰尉遷武平令僉書興化軍復令黃巖所至興築陂湖控遏盜賊武平陋不知學先生建學教之在黃巖聽民輸

錢代米民免流殍以親不逮養致仕累贈銀青光祿大夫開府儀同三司子彥約彥深彥國

杜蘭陵先生汝霖

杜汝霖字仁翁蘭溪人受業安定之門六經皆通尤邃于易學者宗師之李公擇常敬仰稱道不置至曾孫旟字伯高兄弟皆世家善古文

進士莫先生君陳附子砥

莫君陳字和中歸安人少從安定學篤志力行不樂仕第嘉祐進士不赴調熙寧中新置大法科先生中首選甚爲荊公所器重御家嚴整無大小對之如神明子砥知永嘉惠愛及民民立祠祀之孫伯虛知常州修

庶官張八行先生堅

張堅字適道諸暨人家貧篤學力以聖賢自任聞安定教授蘇湖負笈徒步往從之旦夕研味至忘寢食不期年盡得六經之奧辭歸鄉里開門授徒從游者甚衆每語諸弟子曰人皆可以爲堯舜自信得過則精一之傳在我後以八行舉得官尋改京秩貧不能自給嘯吟自若當時稱爲醇儒

殿丞祝先生常

祝常字履中常山人從安定學操履端毅未嘗以辭色借人登進士第王安石深器之時有詔解三經義先生屢出正義反覆辯難之遂忤安石出令平陽終殿中丞著有蓬山類苑元浩正譔諸論及清高集

隱君管臥雲先生師復

助教管先生師常 並見古靈四先生學案

龍學盧先生秉

盧秉字仲甫德清人光祿卿革之子未冠有俊譽嘗謁蔣希魯堂坐池亭希魯曰池沼粗適恨林木未就耳先生曰亭沼如爵位時來或有之林木非培植根株弗成大似士大夫立名節也希魯賞味其言曰吾子必爲佳器中進士甲科累遷制置發運副使加集賢殿修撰知渭州擊夏酋有功遷龍圖閣直學士元祐中知荊南劉元城論之降待制提舉洞霄宮卒著有文集 參史傳

文學林先生晟 附子玉勝用孫俊民朝价

林晟字美中福清人倜□世孫弱冠有文名從遊安定之門元祐選文學假官副館閣校對御前書籍先生與焉子玉勝尚幼問難亹亹

能助先生校勘事館中目爲濟南生次子用以薦假承事郎甫銓注
蔡攸提舉祕書省薦以校勘力辭攸託其戚龍圖許份訪之乃佯狂
歸隱于巖山與諸子講學論道所著有經濟要覽玉勝二子俊民朝
价俱以明經聞人稱林氏之世學

職方游先生烈

游烈字晉老邵武人素以孝節稱從安定學官至職方員外郎邵人
之經學實先生始之

徵君徐先生唐 附師吳杲

徐唐字守忠寧化人未冠受春秋于鄉先生吳杲不兩月誦析如流
縣令奇之俾受業于盱江李覯盱江曰胡先生講春秋于上庠子盍
造焉于是負笈京師質疑問難旁洽羣經諸子屈服遂見知于歐陽
文忠薦之神宗召見講易嘉祐二年奔母喪廬墓不出

饒淩雲先生子儀 別見泰山學案

縣令陳先生舜俞

陳舜俞字令舉嘉興人 雲濠案先生世居烏程 強記博學從安定遊
舉進士嘉祐中制科第一熙寧初以屯田員外郎知山陰會青苗法
行不奉令上疏自劾責監南康軍酒稅在貶所日與太傅劉凝之 梓

材案劉凝之爲穎上令棄官此稱太傅未詳跨雙犢窮泉石之勝自號白牛居士鄉人名其所居曰白牛鎮青風里詩畫皆傳于世雲濠案先生少學于安定長師歐陽文忠而友司馬温公著有盧山記口卷都官集三十卷今存永樂大典本十四卷

校書周正介先生穎

周穎字伯堅江山人從學安定以行義稱與趙清獻抃交清獻爲諫官先生移書曰當公心以事君平心以待物無以難行事強人主無以私喜怒壞賢士大夫清獻以書進神宗喜欲用之不果熙寧初詔舉節行材識守胡瑗以名薦召賜進士第授校書郎王安石問新法何如對曰歌謠甚盛安石喜叩其辭先生高誦曰市易青苗一路蕭條安石不樂出宰樂清先生氣岸雄豪行事似張公乖崖門人私謚正介有正介先生集

庶官翁南仲先生升

翁升字南仲慈溪人從安定受易第元豐進士出仕以廉謹稱元符中上書言事切中時病用事者方以黨禁錮賢士大夫籍先生于初等自是沈于選調

謝山淳熙四先生祠堂碑文曰吾鄉遠在海隅隋唐以前儒林

闕略有宋奎婁告瑞大儒之教徧天下吾鄉翁南仲始從胡安定遊高抑崇趙庇民童持之從楊文靖遊沈公權從焦公路遊四明之得登學錄者自此日多

承信江石室先生致一

江致一字得之休寧人從遊安定之門宣和鄉舉首選靖康中伏闕上書乞斬蔡京童貫等六奸臣復李綱相聲震中外尋授承信郎

州守陳先生敏

陳敏字伯修無錫人年十一而孤廬于墓所受業安定之門安定奇之曰此錫之英也熙寧初舉進士徽宗朝諸蔡用事斥司馬諸賢爲奸黨令郡國皆立黨人碑先生守天台曰誣司馬公是誣天也倅立石先生碎之謝事而歸

司業盛先生僑

盛僑未詳爵里安定在太學先生已仕安定使爲堂長中庸講義一卷先生所述見宋史陳古靈嘗薦之

梓材謹案先生嘉興人也樓攻媿爲盛夫人墓誌云盛氏世爲餘杭人有曰蟠者仕吳越錢氏納土始居嚴之建德又徙嘉禾因家焉又云元祐中蟠人之伯祖僑以名儒爲國子司業則先

生之爵里可攷矣

縣尉倪千乘先生天隱

倪天隱字茅岡桐廬人古靈先生妹壻也古靈三妹長適劉執中次適先生並學于安定而少適鄭閎中與古靈爲四先生之二學者稱先生爲千乘先生所述周易上下經口義十卷雲濠案今周易口義十二卷吳玉墀家藏本入四庫經部又繫辭上下及說卦三卷晁氏止載其上下經而繫辭說卦不載唯宋藝文志有之但既列易傳十卷復列口義十卷誤也蓋安定講授之餘欲著傳而未逮先生述之以非其師之親筆故不敢稱傳而名之曰口義傳之後世或稱傳或稱口義無二書也先生官至縣尉晚年主桐廬講席弟子千人其爲桐廬令葉安道作題名記戒之令師善懲惡無爲石羞時人傳之高弟子曰彭汝礪修

吳先生孜

吳孜蕭山人有尙書大義二卷見宋志嘉祐治平閒有名經苑拾住宅爲學宮太守張伯玉至以便服坐堂上先生鳴鼓行學規伯玉謝過安受其罰陳古靈嘗薦之

直講張先生巨別見廬陵學案

百家謹案安定先生初教蘇湖後爲直講朝命專主太學之政先生推誠教育甄別人物有好尙經術者好談兵戰者好文藝者好尙節義者使之以類羣居講習先生時時召之使論其所學爲定其理或自出一義使人人各對爲可否之或就當時政事俾之折衷故人皆樂從而有成效歐陽廬陵詩曰吳興先生富道德詵詵子弟皆賢才王臨川云先取先生作梁棟以次收拾桷與榱蓋就先生之教法窮經以博古治事以通今成就人才最爲的當自後濂洛之學興立宗旨以爲學的而庸庸之徒反易躲閃是語錄之學行而經術荒矣當時安定學者滿天下今廣爲搜索僅得三十四人（梓材案黃氏原本羅先生適以私淑列門人而范先生純祐呂先生希純苗先生授盧先生秉有目而無傳張先生巨亦如之故云得三十四人）然而錚錚者在是矣

簽判田先生述古

田述古字明之本安邱人徙居河南遊事安定先生稱高弟四薦于鄉不中遂隱居二十餘年窮經講學先生淳靜簡易不爲表襮胸中坦無留閡與人交傾盡不疑既久益親及其不合毅然去之不能奪

其讀書唯易中庸論語孟子閒及老子楊子申重熟復造其深旨餘不甚措意也司馬溫公康節二程先生皆居洛先生從之遊溫公最愛范公淳夫淳夫日詰溫公溫公多召先生與俱講明大義其于諸大儒未嘗少自貶晚歲篤好易手自注之祁寒暑雨造次未嘗廢卷或欲索其書上之朝不肯出孫溫靖公固留守西都以其名聞詔除襄州司戶先生曰老矣不任爲吏竟不赴溫靖守鄭請以爲本州教授許之除太學正充廣親北宅教授秩滿爲通利軍簽判卒先生行誼敦確友人張雲卿赴選其妻病死先生爲治其喪其在北宅昌王薨假先生官氏撰行狀以故事遺白金百兩先生曰非吾文敢受賜乎固辭之當官不苟然亦不爲已甚最與虔州李潛善其學行蓋相似右丞呂好問兄弟嚴事前輩亦以二人爲首先生之言曰道言之必可行行之必可言今學者泥于章句不知妙在日用也劉斯立跋狀其行陳端誠曰田明之說易要說無應易中上下敵應剛柔相應之類甚多安得云無應特不可如王介甫輩執定耳補

梓材謹案謝山原底此傳尾有端誠名正亦元祐中通儒也十一字今爲端誠立傳于陳鄒諸儒學案節之

進士潘先生及甫

潘及甫字憲臣揚州人也勵志文行安定倡學吳興先生負笈從之以其文呈安定安定喜曰非諸生比也遂補學職妻以女弟慶歷中登第不知其官所至補

知州莫先生表深

莫表深字智行邵武人也泰山孫氏弟子說之子聞安定講學霅上往師焉一見奇之曰大有器識所造未易量也以進士累官光祿丞知饒州稱循吏楊文靖公極稱之所著有如如集補

醫學陳先生高

陳高字可中仙遊人知建州閩之從子少遊湖學元符中第進士召試除太學錄祭酒龔原司業傅楫薦其潛心經術尤深于易遷博士政和中始建醫學除太醫學司業累上封事以切直忤時相蔡京慨然力請休致補

州判陳先生貽範別見古靈四先生學案

樞密安先生燾

安燾字厚卿開封人幼警悟年十一從學里中羞與羣兒伍聞有老先生聚從往師之則曰汝方爲誦數之學未可從吾遊當羣試省題一詩中選乃置汝先生無難色詩成出諸生上由是知名登第元豐

初高麗新通使假先生左諫議大夫往報之高麗迎勞館餼加契丹禮數等使近臣言王遇使者甚敬出誠心非若奉契丹苟免邊患而已先生笑答曰尊中華事大國禮一也特以罕至有加爾朝廷與遼國通好久豈復于此較厚薄哉使還帝以為知禮即授所假官兼直學士院元祐中累官門下侍郎坐救常安民章惇譖其相表裏出知鄭州徙大名徽宗立復知樞密院以老避位知河南崇寧元年坐棄湟州議其罪降端明殿學士再貶寧國軍節度副使漢陽軍安置湟州復又降祁州團練副使鄂州復又移建昌軍閱再歲復通議大夫還洛卒後五歲悉還其官職參史傳

梓材謹案邵氏聞見錄云胡先生判國子監安厚卿樞密在席下厚卿黃瘦疾凡聚立廡下升堂聽講說人衆疾輒作先生使人掖之以歸調護甚至則先生之在胡門固安定所甚厚者矣

學士朱先生光庭別見劉李諸儒學案

進士□先生□□

某先生番禺大商子也安定為國子日遣之就學京師所齎千金儇蕩而盡身病瘠將危客于逆旅適其父至閔而不責攜之謁安定告其故曰是宜先警其心而後教諭之以道也乃取一帙書曰汝讀是

可以知養生之術知養生而後可學矣視之乃素問也讀未竟惴惴然懼伐性之過自痛悔責安定知已悟召而誨之曰知愛身則可修身自今以始其洗心向道取聖賢書次第讀之既通其義然後爲文章則汝可以成名聖人不貴無過而貴改過勉勤事業先生銳穎善學取上第而歸

梓材謹案是段本列安定附錄以君子大改過故移而爲之傳

節孝同調

徽猷趙無媿先生君錫 別見高平學案

安定私淑

提刑羅赤城先生適 附師朱絳

羅適字正之寧海人少從鄉先進朱絳學後與徐中行陳貽範友善得聞胡安定之教遂以私淑稱弟子第治平進士尉桐城移泗水改著作郎知濟陽縣徙江都政化大行民知其長者不忍欺每郊行召耆老問以疾苦及所願爲罷行之還推官兩浙蘇秀水災朝議賑恤以先生爲提點刑獄後移京西北路嘗有與蘇文忠公論水利凡興復者五十有五既去民思之置生祠祀焉

雲濠謹案先生別號赤城著有易解赤城集百卷直齋書錄解

題云治平二年進士學于四明樓郁是先生本樓氏門人直齋又言台士有聞于世自先生始又有傷寒救俗方一卷先生尉桐城民俗惑巫不信藥因以藥施人多愈召醫參校方書刻石以救迷俗

節孝門人安定再傳

江季恭先生端禮

江端禮字子和一字季恭圉城人受學節孝深于春秋黃山谷謂其文似尹師魯張文潛亦喜之而其駁柳子厚非國語則東坡之所許也嘗裒集節孝遺書三十八歲卒

推官馬先生存

馬存字子才樂平人也元祐三年進士其文波瀾雄壯英毅奇氣橫生不可縶維所作諸史論謂東晉人以父母之邦委于羣胡殘暴戮辱百餘年閱無有奮發以生吾中國之氣又安得有奇士又謂北魏據中國以禮義文采之腴而飼禽獸之飢此之謂不幸非吾一人可與之爭又謂古之善戰者能用天下之氣而已矣至論外患則略東南而專在北省試論楊雄謂王莽篡位龔勝以清死鮑宣以悍死雄斯時方著美新以發揚其臧讀之令人氣拂膺不憚者累日嗚呼雄

乎寧死其忍爲此文蘇文忠知舉奇之置高等奉大對首闢災異曲說歸諸人事時士習新經之學以穿鑿放誕相高者先生毫無所染官鎮南節度推官再調越州觀察推官早卒馬碧梧曰子才從節孝先生遊最久其文之雄直雅似之嗚呼安得其論晉魏之語聞于炎紹中天之初乎 補

莘老門人

邢先生居實

邢居實字惇夫陽武人恕之子也受學于莘老其父爲程門之叛夫而先生不然所宗師者司馬温文正公吕申正獻公所從遊者坡公涪翁无咎兄弟也年二十卒遺言欲魯直爲狀莘老爲銘无咎爲其文序莘老未及爲而卒景迂代之所著有呻吟集

舍人李樂靜先生昭玘

李昭玘字成季鉅野人少與晁補之齊名爲東坡所知擢進士第徐州教授孫莘老爲守深禮之每從容講學及古人行己處世之要纍官提點京東刑獄坐元豐黨奪官徽宗立召爲左司員外郞韓忠彥用爲起居舍人爲陳次升所論出知滄州崇寧初罷主管鴻慶宮遂入黨籍中居閒十五年自號樂靜先生寓意法書圖畫貯于十囊命

曰燕游十友晚知歙州辭不行靖康初復以起居舍人召而已卒紹興初復直徽猷閣參史傳

雲濠謹案先生著有樂靜集三十卷蓋其所居有樂靜堂故以名集漢老邴其從子也

龍圖傳先生楫別見古靈四先生學案

八行家學

徐季節先生庭筠附孫日升

徐先生庭槐合傳

徐先生庭蘭合傳

徐庭筠字季節臨海人八行先生子童丱有志行律身嚴毅居無惰容孝友天至既免喪猶不忍娶者十餘年秦檜當國試題問中興歌頌先生歎曰今日豈歌頌時邪吾不忍欺君因疏未足為中興者五忤主司意見黜黃巖尉鄭伯熊代去請益先生曰富貴易得名節難守願安時處順主張世道伯熊受其教迄為名臣其學以誠敬為主無惰容無戲言不事緣飾不苟臧否年八十五卒朱文公行部拜墓下題詩有道學傳千古東甌數二徐句且大書表之兄庭槐庭蘭皆有父風孫日升苦節有守宋史稱徐氏詩書不絕者六世修

劉氏家學

朝散劉先生淮夫別見古靈四先生學案

劉氏門人

縣令鄒先生夔

鄒夔字堯叟泰寧人從學于劉執中浸灌六經貫穿百代執中以女妻之以進士知宣城縣楊龜山聞其名晚從之游梓材案先生與其宗人克恭同爲劉氏門人克恭又從遊于龜山龜山不得晚從先生遊也當是晚與之遊耳稱其在淮陽時太守怒一卒欲斬之先生不從守怒先生執法不移蓋有守之士

縣令鄒先生棐

鄒棐字克恭泰寧人熙寧進士始學于劉執中元豐間又從楊龜山遊終宣城令梓材案二鄒並知宣城或有錯誤有惠政民愛之參姓譜

開府家學

知軍翁先生彥約

翁彥約字行簡崇安人開府仲通之子也登政和進士第調常州刑曹累遷提舉河北西路學事以薦拔人才爲急日與諸生講畫實邊

制勝之策除知高郵軍革商販茶鹽私坐貿易之弊吏不得倚法爲姦歲大旱先生以禱祠積勞得疾卒有文集十卷同上

梓材謹案龜山楊文靖公誌先生墓云請以世祿之恩授中弟已而兄弟更相推遜又云從而受業者常數十百人

中奉翁先生彥深

翁彥深字養源行簡仲弟第進士除右司員外郎以書白宰相言與金人夾攻契丹非是除國子祭酒徙祕書監時宦者梁師成提舉祕書省先生不肯造詣時論高之官至中奉大夫同上

中丞翁先生彥國

翁彥國字端朝行簡季弟官至御史中丞靖康之變充經制使撰文誓衆張邦昌爲金所立移書責之同上

祖望謹案先生自鄉郡提兵勤王道中得邦昌書有忍死權就大事之詞中丞密視答書大稱邦昌以太宰閣下其略曰愕視封題不敢拆視幸先爲道路所發今相公謂有其迹而無其事不可也謂有其事而無其志不可也且迎延福宮之文雖微示人以意安知不爲新都之漸伏望卽去大號早迎康王不然勤王兵十萬見公端闈不得施東閣之敬矣邦昌懼遂決迎高宗

先生以李忠定公姻亞被斥汪藻行制謂汝本茶山駔儈之徒論者非之先生六世科第父爲安定弟子藻以恨忠定并先生詆之耳水心進卷罪先生竭金陵之民力葉紹翁曰建炎兵事倥偬石林留守金陵已創經總制額公適承其後未免調度未可以深罪之也

倪氏門人

尚書彭先生汝礪

彭汝礪字器資鄱陽人治平進士第一歷保信軍推官武安軍掌書記王安石見其詩義補國子直講改大理寺丞擢太子中允既而惡之中丞鄧綰將舉爲御史召之不往既上章復以失舉自列神宗怒逐綰用先生爲監察御史裏行首陳十事指摘利害多人所難言元豐初以館閣校勘爲江西轉運判官陛辭言今不患無將順之臣患無諫諍之臣不患無敢爲之臣患無敢言之臣帝嘉其忠藎代還提點京西刑獄元祐元年召爲起居舍人時相問新舊之政對曰政無彼此一于是而已今所更大者取士及差役法行之而士民皆怨未見其可踰年進中書舍人賜金紫辭命雅正有古人風旋落職知徐州加集賢殿修撰入權兵刑二部侍郎徙禮部拜吏部侍郎哲宗親

政進權吏部尚書言者論嘗附會劉摯以寶文閣待制知江州至郡數月而病去朝廷方以樞密都承旨命之而已卒乃以告賜其家先生讀書志于大者言動取舍必合于義與人交必盡誠敬兄無子爲立後官之少時師事桐廬倪先生天隱既死并其母妻葬之且衣食其女同年生宋渙死經理其後不啻如子所著易義詩義詩文凡五十卷 參史傳

田氏門人

右丞呂先生好問

縣令呂先生切問 並見滎陽學案

季節門人 安定三傳

文肅鄭景望先生伯熊 別見周許諸儒學案

鄒氏家學

知州鄒先生括

鄒括字仲發泰寧人克恭之弟登元祐九年進士第知寧化縣縣素悍難治先生建學訓導以恩信懷柔之民爲之立祠刻石後知亳州適蔡京當國先生以名節自重閒退二十年李綱在朝以書勸其出亦謝之 補

杜氏家學
杜先生陵
杜陵蘭溪人仁翁汝霖孫克傳家學生五子伯高仲高叔高季高幼高皆博學人稱爲金華五高參姓譜
薦辟杜橋齋先生旟別見麗澤諸儒學案
漕舉杜癖齋先生旃
杜旃字仲高伯高弟嘗占湖漕舉首吳獵楊長孺與之善著杜詩發微癖齋稾參吳禮部集
祕閣杜先生斿別見滄洲諸儒學案
杜先生旞
杜旞字季高與弟幼高文皆相上下參吳禮部集
杜先生旝別見滄洲諸儒學案
莫氏家學
知州莫先生伯虛
莫伯虛歸安人永嘉令砥之子守温州立思濟堂後知常州有瑞梅甘露秀麥嘉禾之祥參姓譜
梓材謹案萬姓統譜又言其晚年退居注意佛學屏絕世故是

由儒而入墨者

安定續傳

文肅吳竹洲先生儆別見嶽麓諸儒學案

教諭汪主靜先生深別見象山學案

宋元學案卷一

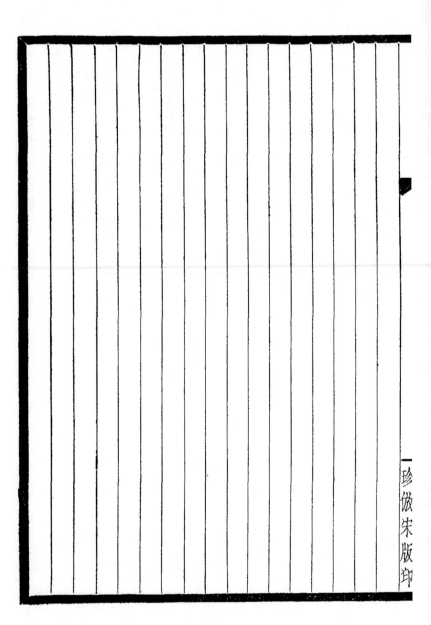

泰山學案表

孫復　高平講友
—石介
　—文彥博　附師史炤
　—姜潛　見上泰山門人
　—馬默
　—何羣
　　—馮正符　父堯民
　—莫說　見上泰山門人
　—蘇唐詢
　—杜默
　—徐遁
　—高拱辰
　—趙狩
　—孟宗儒

劉牧

黃黎獻

吳祕

鄭夬 別見王張諸儒學案

私淑徐庸 別見高平學案

范純仁 別見高平學案

呂希哲 別為滎陽學案

朱光庭 別見劉李諸儒學案

張洞

姜潛

劉摯 父居正

子跂

孫長福

曾孫荀 別見衡麓學案

曾孫芮 別見元城學案

子蹈

梁燾

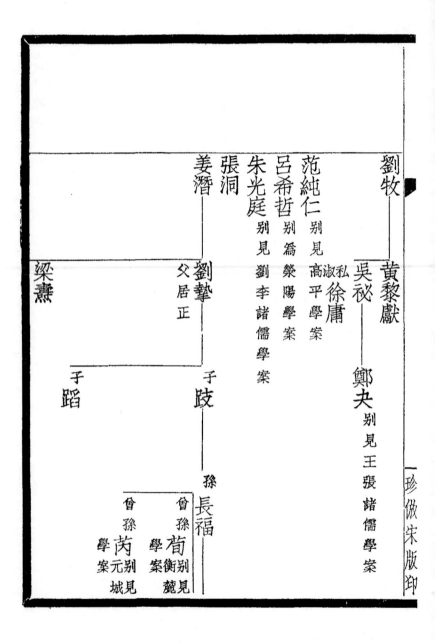

晁說之 別爲景迂學案

祖無擇

饒子儀

李縕

附曹起

莫說——子表深 別見安定學案

朱長文——胡安國 別爲武夷學案

范純仁 別見高平學案

呂希哲 別爲滎陽學案

並徂徠學侶

李世弼 泰山續傳——子 昶——李謙

胡瑗別爲安定學案

泰山學侶

士建中

劉顏並爲士劉諸儒學案

並泰山同調

馬紹

附師

張播

吳衍

宋元學案卷二

餘姚黃宗羲原本　後學慈谿馮雲濠校刊
男百家纂輯　鄞縣王梓材重校
鄞縣全祖望修定　道州何紹基重刊

泰山學案

祖望謹案泰山之與安定同學十年而所造各有不同安定冬日之日也泰山夏日之日也故如徐仲車宛有安定風格而泰山高弟爲石守道以振頑懦則巖巖氣象倍有力焉抑又可以見二家淵源之不紊也述泰山學案梓材案是卷與安定學案謝山所修梨洲本原底並藏盧氏又案泰山著述莫重于春秋尊王發微故從黃氏補本錄之

高平講友

殿丞孫泰山先生復

孫復字明復晉州平陽人四舉開封府籍進士不第退居泰山學春秋著尊王發微十二篇石徂徠介著名山左自徂徠而下躬執弟子禮師事之稱爲富春先生拜起必扶持既徂徠爲學官作明隱篇以語于朝曰孫明復先生畜周孔之道非獨善一身而兼利天下者也

四舉而不得一官築居泰山之陽聚徒著書種竹樹桌蓋有所待也古之賢人有隱者皆避亂世而隱者也彼所謂隱者有匹夫之志守硜硜之節之所爲也聖人之所不與也先生非隱者也于是范文正富文忠皆言先生有經術宜在朝廷除國子監直講召爲邇英殿祗候說書楊安國言講說多異先儒罷之徐州人孔直温以狂謀捕治索其家得詩有先生姓名坐貶久之翰林學士趙槩等言孫復行爲世法經爲人師不宜使佐州縣乃復爲直講稍遷殿中丞年六十六卒賜賻錢十萬先生病時韓魏公言于仁宗選書吏給紙筆命其門人祖無擇就其家所得著書十有五篇錄藏祕閣雲濠案李燾續通鑑長編稱所得書十有五卷攷四庫全書總目稱內府藏本十二卷而中興書目別有春秋總論三卷合爲十五卷

百家謹案先文潔公曰宋興八十年安定胡先生泰山孫先生徂徠石先生始以師道明正學繼而濂洛興矣故本朝理學雖至伊洛而精實自三先生而始故晦庵有伊川不敢忘三先生之語震旣鈔讀伊洛書而終之以徂徠安定篤實之學以推其發源之自以示歸根復命之意使爲吾子孫者毋蹈或者末流談虛之失而反之篤行之實蓋先生應舉不第退居泰山聚徒

著書以治經爲教先生與安定同學而宋史謂瑗治經不如復安定之經術精矣先生復過之惜其書世少其傳其略見徂徠作泰山書院記

春秋尊王發微

詩至黍離而降書至文侯之命而絕春秋乃作自隱公始也平王迨隱而死夫生猶可待也死何所爲春秋始隱者天下無復有王也以上總論

欲治其末者必端其本嚴其終者必正其始元年書王所以端本也正月所以正始也其本既端其始既正然後以大中之法從而誅賞之隱元年春王正月

凡書盟者皆惡之也附庸之君未得列于諸侯故稱字以別之公及邾儀父盟于蔑

克者力勝之辭鄭伯養成段惡至于用兵此兄不兄弟不弟也故曰鄭伯克段于鄢以交譏之也鄭伯克段于鄢

祭伯天子卿不稱使者非天子命也非天子命則奔也不言奔非奔也祭伯私來也故曰祭伯來以惡之祭伯來

諸侯非有天子之事不得出會諸侯凡書會皆惡之也隱二年公會

戎于潛
莒小國也入者以兵入也莒小國以兵入向者隱桓之際征伐用師
國無大小皆專而行之莒人入向
隱公夫人也夫人小君與君一體故志之也子宋姓夫人子氏薨
孔子曰天下有道則禮樂征伐自天子出非諸侯可得而專也諸侯
專之猶曰不可況大夫乎吾觀隱桓之際諸侯無小大皆專而行之
宣成而下大夫無內外皆專而行之其無王也甚矣孔子從而錄之
正以王法凡侵伐圍入取滅皆誅罪也鄭人微者鄭人伐衛
正月書王者九十二二月書王者二十三月書王者十七隱三年春
王正月
武氏世卿也其言武氏子父死未葬也武氏子來求賻
遇者不期也不期而會曰遇詩稱邂逅相遇適我願兮是也諸侯守
天子土非享覲不得踰境此言公及宋公遇于清者惡其自恣出入
無度隱四年公及宋公遇于清
翬不氏未命也翬帥師
稱人以殺討賊亂也其言于濮者桓公被弒至此八月惡衛臣子緩
不討賊俾州吁出入自恣也衛人殺州吁于濮

諸侯受國于天子非國人所得立也衛人立晉

觀魚非諸侯之事也天子適諸侯諸侯朝天子無非事者動必有爲也隱公怠棄國政觀魚于棠可謂非事者矣隱五年公矢魚于棠

考成也元年宰咺歸賵非禮也隱公以是考仲子之宮祭之此又甚矣夫宗廟有常故公夫人之廟皆不書考仲子之宮

魯僭用天子禮樂舞則八佾孔子不敢斥也故因減用六羽以見其僭天子之意初獻六羽

公子彄臧僖伯也孝公子公子彄卒

鄭人來輸誠于我乎四年翬會諸侯伐鄭之怨也平者釋憾之辭隱六年鄭人來輸平

長葛鄭邑天子所封非宋人可得取也宋人前年伐鄭圍長葛此而取之故言伐言圍言取悉其惡以誅之也宋人取長葛

滕書者爲莊十二年歸于酅起叔姬歸于紀

城邑宮室高下大小皆有王制不可妄作是故城一邑新一廄作一門築一囿時與不時皆詳而錄之時謂周之十二月夏之十月非此不時也得其時者其惡小非其時者其惡大此聖人愛民力重興作懲僭忒之深旨也隱七年夏城中邱

言伐用兵也楚邱衛地地以楚邱者責衛不能救難錄以歸者惡凡
伯不死位戎伐凡伯于楚邱以歸
祊鄭邑天子所封非魯土地故曰來歸定十年齊人來歸鄆讙龜陰
田皆此義也先言歸而後言入者鄭不可歸魯不可入也鄭人歸之
魯人受之其罪一也入者受之之辭隱八年鄭伯使宛來歸祊
不氏未命也無駭卒
公與翬傾衆悉力共疾于宋又浹日而取二邑故君臣並錄以疾之
隱十年翬帥師會齊人鄭人伐宋
齊晉宋衛未嘗來朝魯者齊晉威也宋衛敵也滕薛邾杞來朝奔走
而不暇者土地狹陋兵衆寡弱不能與魯抗也隱十一年滕侯薛侯
來朝
水不潤下也昔者聖王在上五事修而彝倫敘則休驗應之故曰肅
時雨若乂時暘若晢時燠若謀時寒若聖時風若若聖王不作五事
廢而彝倫攸斁則咎驗應之故曰狂常雨若僭常暘若豫常燠若急
常寒若蒙常風若若春秋之世多災異者聖王不作故也然自隱迄
哀天下之災異多矣悉書之則不可勝其所書矣是故孔子惟日食
與內災則詳而書之外災則或舉其一或舉于齊鄭宋衛則天下之

異從可見矣桓元年秋大水

弒君之賊諸侯皆得討之宣十一年楚人殺陳夏徵舒是也此言公會齊侯陳侯鄭伯于稷以成宋亂者惡不討賊也桓二年會于稷

凡日食人君皆當戒懼修德以消其咎桓三年日有食之

是時文姜亂魯驪姬惑晉南子傾衞夏姬喪陳上下化之滔滔皆是不可悉舉也故自隱而下內女出處之跡皆詳而錄之以懲以戒爲萬世法公子翬如齊逆女

此齊侯送姜氏公受之于讙也公受姜氏于讙不以讙至者不與公受姜氏于讙也故曰夫人姜氏至自齊以正其義夫人姜氏至自齊

桓立十八年唯此言有年者是未嘗有年也書者著桓公爲國不能勤民務農若是也有年

狩冬田也天子諸侯四時必田者蓋安不忘危治不忘亂講武經而教民戰也豈徒肆盤游逐禽獸而已哉然禽獸多則五穀傷不可不捕也故因田以捕之上以供宗廟之鮮下以除稼穡之害故田必以時殺必由禮田不以時謂之荒殺不由禮謂之暴惟荒也妨于農惟暴也殄于物此聖人之深戒也桓四年春正月公狩于郎

此言甲戌己丑陳侯鮑卒闕文也蓋甲戌之下有脫事爾且諸侯未

有以二日卒者也（桓五年陳侯鮑卒）

桓王以蔡人衛人陳人伐鄭鄭伯叛王也其言蔡人衛人陳人從王伐鄭者不使天子首兵也案十四年宋人以齊人蔡人衛人陳人伐鄭僖二十六年公以楚師伐齊定四年蔡侯以吳子及楚人戰于柏舉皆曰以此不使天子首兵可知也曷爲不使首兵天子無敵非鄭伯可得抗也故曰蔡人衛人陳人從王伐鄭以尊之尊桓王所以甚鄭伯之惡也夫鄭同姓諸侯密邇畿內桓王親以三國之衆伐之拒而不服此鄭伯之罪不容誅矣（從王伐鄭）

雩求雨之祭建巳之月常祀也故經無六月雩者建午建申之月非常則書謂之大者雩于上帝也天子雩于上帝諸侯雩于山川百神魯諸侯也雩于山川百神禮也雩于上帝非禮也是時周室既微諸侯之僭者多舉于魯則諸侯僭之從可知矣然春秋魯史孔子不敢斥也其或災異非常改作不時者則從而錄之以著其僭天子之惡隱五年九月考仲子之宮初獻六羽此年秋大雩六年八月壬午大閱閔二年夏五月乙酉吉禘于莊公僖三十一年夏四月四卜郊不從乃免牲宣三年春王正月郊牛之口傷改卜牛牛死乃不郊定二年夏五月壬辰雉門及兩觀災之類是也嗚呼其旨微矣（大雩）

此與二年書來朝三年會郕同旨 桓六年公會紀侯于郕

八月不時也大閱非禮也大閱仲冬簡車馬八月不時可知也大閱

大蒐謂天子田 大閱

稱人以殺討賊亂也 蔡人殺陳佗

春秋之法諸侯不生名生名惡之大者也此年穀伯綏來朝鄧侯吾離來朝十五年鄭伯突出奔蔡莊十年荊敗蔡師于莘以蔡侯獻舞歸僖十九年宋人執滕子嬰齊二十五年衛侯燬滅邢昭十一年楚子虔誘蔡侯般殺之于申是也桓大逆之人諸侯皆得殺之穀伯綏鄧侯吾離不能致討反交臂而來朝故生而名之也 桓七年穀伯綏鄧侯吾離來朝

不出主名微者也 桓八年秋伐邾

此年書王者王無十年不書也十年無王則人道滅矣 桓十年春王正月

來戰于郎不言侵伐者不與齊衛鄭加兵于我也郎魯地地以魯則魯與戰可知矣不書主名者三國無故加兵于我不道之甚故以三國自戰爲文也 來戰于郎

柔不氏內大夫之未命者蔡叔蔡侯弟也案諸侯母弟未命爲大夫

者皆字此年柔會宋公陳侯蔡叔盟于折十五年許叔入于許十七年蔡季自陳歸于蔡莊三年紀季以酅入于齊之類是也（桓十一年盟于折）

再言丙戌羨文也此盟與卒同日爾且經未有一日而再書者此羨文可知矣（桓十二年丙戌衞侯晉卒）

此公及鄭伯伐宋也不言公者諱之也地以宋則宋與戰可知也不書主名者不與公及鄭伯伐宋也故以魯鄭自戰爲文凡公專尸其事則諱之此年及鄭師伐宋丁未戰于宋十七年及齊師戰于奚莊九年及齊師戰于乾時之類是也（戰于宋）

齊以郎之戰未得志于魯因宋鄭之仇故帥衞燕與宋伐魯魯親紀而比鄭也故令紀侯鄭伯及齊師衞師宋師燕師戰以四國之師不地者戰于魯也（桓十三年春二月公會紀侯鄭伯己巳及齊侯宋公衞侯燕人戰齊師宋師衞師燕師敗績）

孔子作春秋專其筆削損之益之以成大中之法豈其日月舊史之有闕者不隨而刊正之哉此云夏五無月者後人傳之脫漏爾（桓十四年夏五）

案十二年及鄭師伐宋丁未戰于宋宋人怨突之背己也故以齊人

蔡人衛人陳人伐鄭以者乞師而用之也謂四國本不出師宋以力弱不足乞四國之師而伐鄭爾僖二十六年公以楚師伐齊取穀定四年蔡侯以吳子及楚人戰于柏舉皆此義也然四國從宋伐鄭助其不道其惡亦可見矣 宋人伐鄭

天王使家父來求車者諸侯貢賦不入周室財用不足故也 桓十五年天王使家父來求車

鄭曰鄭忽出奔衛今曰鄭世子忽復歸于鄭者明忽世嫡當嗣也 鄭世子忽復歸于鄭

皆微國之君 邾人牟人葛人來朝

蔡季言自陳歸于蔡者桓侯卒蔡季當立時多篡奪明季無惡故曰歸于蔡所以與許叔異也 桓十七年蔡季自陳歸于蔡

內諱奔公夫人皆曰孫此年夫人孫于齊閔二年夫人姜氏孫于邾昭二十五年公孫于齊是也 莊元年夫人孫于齊

天子嫁女于齊魯受命主之故使單伯逆王姬不言如京師者不與公使單伯如京師逆王姬也魯桓見殺于齊天子命莊公與齊主婚非禮也莊公以親讎可辭而莊公不辭非子也故交譏之 單伯逆王姬

賞所以勸善也罰所以懲惡也善不賞惡不罰天下所以亂也桓弑逆之人莊王生不能討死又追錫之此莊王之爲天子可知也王使榮叔來錫桓公命

衛侯朔在齊故溺會齊師伐衛謀納朔也莊三年溺會齊師伐衛

紀侯大去其國紀無臣子故齊侯葬紀伯姬齊侯不道逐紀侯而葬伯姬生者逐之死者葬之甚矣齊侯之詐也莊四年齊侯葬紀伯姬

此諸侯伐衛納朔也不言納朔者不與諸侯伐衛納朔也朔行惡甚國人逐之奔齊故天子不使反衛明年王人子突救衛是也公與諸侯連兵不顧王命伐衛納朔故貶諸侯曰某人某人人諸侯則公之惡從可見矣莊五年公會齊人宋人陳人蔡人伐衛

衛侯朔得入于衛天子之威命盡矣公與諸侯之罪不容誅矣故言伐言救言入以著其惡莊六年衛侯朔入于衛

此衛寶也其言齊人歸之者齊本主兵伐衛故衛寶先入于齊齊人歸之魯人受之其惡一也齊人來歸衛俘

恆星星之常見者也常見而不見此異之大者隕墜也夜中星隕如雨謂隕墜者衆也莊七年夜恆星不見夜中星隕如雨

春秋用師多矣未有言師還此言師還者惡其與強讎覆同姓踰時

還也莊八年秋師還
案隱四年衞人殺州吁于濮此不地者齊人卽于國內殺之也稱人以殺討賊辭莊九年齊人殺無知
報乾時之戰也斥言公者惡其伐齊納糾喪師乾時不自悔過復敗齊師于此也莊十年公敗齊師于長勺
荆自方叔薄伐之後入春秋肆禍復甚聖王不作故也荆敗蔡師于莘以蔡侯獻舞歸
羣公受命主王姬者多矣唯元年與此書者惡公忘父之讎再與齊接婚姻也莊十一年王姬歸于齊
周禮九命作伯得專征諸侯若五伯者皆非命伯召伯賜齊侯命尹氏策命晉侯春秋皆不錄之故孟子曰三王之罪人又曰北杏之會桓公獨書爵者孔子傷周道之絕也桓公旣入乘天子衰季將伯諸侯乃會宋人陳人蔡人邾人于此首圖大舉夫欲責之深者必先待之重故北杏之會獨書其爵以與之也莊十三年齊侯宋人陳人蔡人邾人會于北杏
桓公貪土地之廣恃甲兵之衆驅逐逼脅以強制諸侯懼其未盡從也約之以會要之以盟臨之以威束之以力有弗徇者小則侵之伐

之甚則執之滅之其實假尊周之名以自封殖爾故此年滅遂十四
年伐宋十五年伐郳十六年伐鄭十九年伐我西鄙二十年伐戎二
十六年伐徐二十八年伐衛三十年降鄣閔元年救邢二年遷陽皆
稱人以切責之齊人滅遂
公不及北杏之會桓公既滅遂懼其見討故盟于此公會齊侯盟于
柯
此公使單伯會伐宋也桓以諸侯伐宋本不期會魯自畏齊故使單
伯會伐宋三國稱人獨書單伯者吾大夫不可言魯人故也莊十四
年單伯會伐宋
荊入蔡齊桓猶未能救中國也秋七月荊入蔡
齊侯既死文姜不安于魯故如齊莊十五年夏夫人姜氏如齊
不言朔不言日日朔俱失之也莊十八年春王三月日有食之
案僖二十六年齊人侵我西鄙公追齊師至于酅弗及先言侵而後
言追此不言侵伐者明不覺其來已去而追之也書者譏內無戎備
公追戎于濟西
媵書者為遂事起也結矯命專盟故曰遂以惡之案僖三十年公子
遂如京師遂如晉襄二年仲孫蔑會晉荀罃齊崔杼宋華元衛孫林

父曹人邾人滕人薛人小邾人于戚遂城虎牢孔子皆譏之何獨與公子結也若以書至鄄爲出境乃得專之則公子遂自京師如晉仲孫蔑會晉荀罃自戚城虎牢豈非出境也哉況秋與齊侯宋公盟而冬齊人宋人陳人加兵于魯非所謂可以安社稷利國家也陳稱人者媵不當書故略言之也莊十九年公子結媵陳人之婦于鄄遂及齊侯宋公盟

肆大眚非正也亂法易常者也莊二十二年春王正月肆大眚

春秋之義非天子不得專殺此言陳人殺其公子禦寇者譏專殺也是故二百四十二年無天王殺大夫文書諸侯殺大夫者四十七何哉古者諸侯之大夫皆命于天子諸侯不得專命也大夫有罪則請于天子諸侯不得專殺也大夫猶不得專殺況世子母弟乎春秋之世國無大小其卿大夫士皆專命之有罪無罪皆專殺之其無王也甚矣故孔子從而錄之以誅其惡稱君稱國稱人雖有重輕而其專殺之罪則一也陳人殺其公子禦寇

荆十年敗蔡師于莘始見于經十四年入蔡十六年伐鄭皆曰荆此稱人者以其修禮來聘稍進之也莊二十三年荆人來聘

公會齊侯盟于扈謀逆姜氏也公二年之中納幣觀社及齊侯遇于

穀比犯非禮今又會盟于扈甚矣公會齊侯盟于扈

公親迎于齊不俟夫人而至失夫之道也婦人從夫者也夫人不從公而入失婦之道也夫不夫婦不婦何以爲國非所以奉先公而紹後嗣也不亂何待莊二十四年夫人姜氏入

隱二年書紀裂繻來逆女此不言逆者天下日亂昏禮日壞逆者非大夫也逆者非大夫故不言逆僖二十五年季姬歸于鄫成九年伯姬歸于宋之類是也莊二十五年伯姬歸于杞

不書名氏者脫之莊二十六年曹殺其大夫

凡內女直曰來者惡其無事而來也莊二十七年杞伯姬來

案八年師及齊師圍郕郕降于齊師先言圍而後言降此直書齊人降鄣者惡齊強脅且見鄣微弱不能抗齊之甚也莊三十年齊人降鄣

莊比年興作今又一歲而三築臺妨農害民莫甚于此莊三十一年春築臺于薛秋築臺于秦

戎捷伐山戎之所得也齊侯來獻戎捷非禮也齊侯來獻戎捷

桓未能率諸侯以往故猶稱人閔元年齊人救邢

不言慶父弒者內諱弒故弒君之賊不書焉不地者義與隱公同閔

二年秋八月辛丑公薨

公子慶父夫人姜氏同惡之人也夫人孫于邾故慶父出奔莒公子慶父出奔莒

莊十年荆敗蔡師于莘始見于經十四年入蔡稱荆二十三年來聘始進稱人二十八年伐鄭稱荆今曰楚人伐鄭者以其兵衆地大漸通諸夏復其舊封比之小國也故自此十數年侵伐用兵皆稱人焉僖元年楚人伐鄭

孫于邾不貶此而貶者孫于邾不貶不以子討毋也此而貶者正王法也夫人氏之喪至自齊

此會檉諸侯城楚邱也不言諸侯者桓公怠于救患諸侯不一也然則善歟非善也與其亡而存之不若未亡而救之之善也僖二年城楚邱

桓之病楚也久矣故元年會于檉二年盟于貫三年會于陽穀以謀之是時楚方強盛蔡楚與國故先侵蔡蔡既潰遂進師次于敵境僖四年蔡潰遂伐楚

桓公救邢城邢皆曰某師某師此合魯衛陳鄭七國之君侵蔡遂伐楚書爵以其能服強楚皆稱爵焉同上

桓公既與陳侯南服強楚歸而反執陳轅濤塗其惡可知也 執陳轅濤塗

內言及外稱人皆微者也 及江人黃人伐陳

伯姬內女來朝其子者以其子來朝也諸侯來朝猶曰不可杞伯姬來朝其子非禮可知 僖五年杞伯姬來朝其子

稱人以執惡晉侯也五等之制雖其國家宮室車旗衣服禮儀之有差而天子命之南面稱孤皆諸侯也其或有罪方伯請于天子命之執則執之不得專執也有罪猶不得專執況無罪者乎春秋之世諸侯無小大唯力是恃力能相執則執之無復請于天子孔子從而錄之正以王法或則稱侯以著其惡或則稱人以奪其爵稱侯以著其惡者謂雖非王命執得其罪其罰輕故但著其專執之惡二十八年晉侯入曹執曹伯畀宋人成十五年晉侯執曹伯歸于京師之類是也稱人以奪其爵者謂既非王命又執不得其罪其罰重故奪其爵此年晉人執虞公十九年宋人執滕子嬰齊之類是也 晉人執虞公

出踰三時 僖六年公至自伐鄭

小邾子郳之別封也故曰小邾子以別之 僖七年夏小邾子來朝

言鄭世子華者齊人伐鄭未已鄭伯懼欲求成于齊故先使世子華

受盟于甯母也盟于甯母

禘天子大祭夫人成風也不言風氏者成風僖公妾母嫁非廟見不得與祭僖公既君欲尊其母故因此秋禘用夫人之禮致于太廟使之與祭也妾母稱夫人僭之大者故不言風氏以貶之案莊元年夫人文姜孫于齊貶去姜氏此不言風氏其貶可知矣僖八年禘于太廟用致夫人

桓以諸侯致宰周公于葵邱經以宰周公主會爲文者不與桓以諸侯致天子三公也僖九年會葵邱

奚齊庶孽獻公殺世子而立之春秋不與故曰君之子惡之也里克殺其君之子奚齊

公及夫人姜氏會齊侯于陽穀參譏之也僖十一年公及夫人姜氏會齊侯于陽穀

言次言救者惡諸侯緩于救患也諸侯既約救徐而遣大夫往此緩于救患可知也僖十五年公孫敖帥師及諸侯之大夫救徐

此以宋主兵者不與宋襄伐齊也宋襄伐人之喪擅易人之主甚矣僖十八年宋師及齊師戰于甗齊師敗績

宋人執滕子嬰齊不得其罪也滕子名者惡遂失國也僖十九年宋

人執滕子嬰齊

梁亡惡不用賢也梁伯守天子土有宗廟社稷之重有軍旅民人之
衆左右前後朝夕與爲治莫有聞者是左右前後皆非其人也左右
前後皆非其人不亡何待故直曰梁亡以惡之 梁亡

城郭門戶皆有舊制壞則修之常事書者譏其侈泰妨農功改舊制
也案莊二十九年春新延廄不言作此言作改舊制可知也 僖二十
年新作南門

鄭卽楚故也案莊十六年荆伐鄭二十八年荆伐鄭僖元年楚人伐
鄭二年楚人侵鄭三年楚人伐鄭鄭不卽楚此而卽者齊桓既死宋
襄不能與楚抗也 僖二十二年宋公衛侯許男滕子伐鄭

楚人敗宋公于泓齊侯視之不救而又加之以兵故伐圍並書以著
其惡 僖二十三年齊侯伐宋圍緡

四國雖然從夷以圍中國其貶自見 僖二十七年冬楚人陳侯蔡侯
鄭伯許男圍宋

外大夫來赴非禮也 文三年王子虎卒

先言伐楚而後言以救江者惡不能救江也楚人圍江陽處父帥師
不急赴之乃先伐楚欲其引兵自救而江圍解非救患之師故明年

楚人滅江晉陽處父帥師伐楚以救江

自是公朝強國皆至者惡其輕去宗廟遠朝強國也文四年公至自晉

此公逆婦姜于齊也不言公者諱之也不言逆女者以其成禮于齊也以其成禮于齊故不言公以諱之夏逆婦姜于齊

春秋二百四十二年閏月多矣獨此書不告月者是常告也文既不告閏月猶朝于廟非禮可知文六年閏月不告月猶朝于廟

遂城郚重勞民也文七年遂城郚

公孫敖如京師弔喪也不至而復丙戌奔莒文公不能誅敖得以自恣文公之惡亦可見矣不言所至者舉京師爲重也文八年公孫敖如京師不至而復

楚復彊也楚自城濮之敗不敢加兵于鄭今伐鄭者晉文既死中國不振故也文九年楚人伐鄭

楚子執宋公伐宋復貶稱人者二十年至此稱爵者以其慕義使椒再來修聘進之也椒楚大夫未命故不氏楚子使椒來聘

秦人來歸僖公成風之襚正也書者以見周室陵遲典禮錯亂秦人之不若也案四年十有一月壬寅夫人風氏薨五年春王正月王使

榮叔歸含且賵三月辛亥葬我小君成風王使召伯來會葬此年秦人來歸僖公成風之襚不及事也其言正者妾母稱夫人非正也妾母稱夫人自僖公始天子不能正而秦人能之故曰秦人來歸僖公成風之襚 秦人來歸僖公成風之襚

晉自令狐之戰不出師者三年其厭戰之心亦可見也而秦不顧人命見利而動又起此役夷狄之道也故曰秦伐晉以黜之 文十年秦伐晉

案莊八年師及齊師圍郕郕降于齊師自是入齊爲附庸此爲來奔齊所逼爾 文十二年春正月郕伯來奔

二國之讎既易世矣二國之戰固可以已也而秦康晉靈猶尋舊怨殘民以逞是彰父之不德也故孔子自令狐之戰不復名其將帥 秦人晉人戰于河曲

帥師而城畏莒故也鄆莒魯所爭者 季孫行父帥師城諸及鄆

孛彗之屬偏指曰彗光芒四出曰孛 文十四年有星孛入于北斗

舍未踰年稱君者孔子疾亂臣賊子之甚嫌未踰年與成君異也故誅一公子商人爲萬世戒 齊公子商人弒其君舍

單伯魯大夫子叔姬昭公夫人舍母也舍既遇弒魯使單伯視子叔

姬故商人執子叔姬單伯至此猶見者蓋其子孫世爾齊人執子叔姬

毀泉臺惡勞民也築之勞毀之勞既築之又毀之可謂勞矣文十六年毀泉臺

宋師敗績獲宋華元惡鄭公子歸生與楚比周既敗宋師又獲其帥可謂甚矣宣二年宋師敗績獲宋華元

陳即楚故晉趙盾衛孫免侵陳陳人請成宣六年晉趙盾衛孫免侵陳

仲遂雖卒猶當追正其罪宣公不能正仲遂之罪則當爲之廢繹何者君臣之恩未絕也宣八年壬午猶繹萬入去籥

敬謚嬴姓雨不克葬譏無備也葬既有日不爲雨止經言己丑葬我小君敬嬴雨不克葬是己丑之日喪既行而遇雨也且雨之遲久不可得而知設若浹日彌月其可停柩路次不行乎案禮平旦而葬日中而虞此言庚寅日中而克葬葬之無備可知也葬我小君敬嬴雨不克葬

仲孫蔑公孫敖之孫宣九年仲孫蔑如京師

根牟微國內滅國曰取此年取根牟成六年取鄟襄十三年取邿是

也 秋取根牟

崔氏齊大夫言氏者起其世也東遷之後天子諸侯大夫皆世隱三年書尹氏譏天子大夫故此書崔氏譏諸侯大夫也 宣十年齊崔氏出奔衛

此楚子殺陳夏徵舒也其言楚人者與楚討也陳夏徵舒弒其君天子不能誅諸侯不能討而楚人能之故孔子與楚討也 宣十一年楚人殺陳夏徵舒

楚子伐宋以其伐陳也 宣十三年楚子伐宋

鄭與楚故 宣十四年晉侯伐鄭

生殺之柄天子所持也是故春秋非天子不得專殺王札子人臣也王札子人臣殺召伯毛伯于朝定王不能禁專孰甚焉故曰王札子殺召伯毛伯以誅其惡 宣十五年王札子殺召伯毛伯

秋中之螽未息冬又生子重為災 冬蝝生

不書葬者貶之也吳楚僭極惡重王法所誅故皆不書葬以貶之 宣十八年楚子旅卒

臧孫許臧孫辰子 成元年盟于赤棘

王者至尊天下莫得而敵非茅戎可得敗也定王庸暗無宣王之烈

王師爲茅戎所敗惡之大者故孔子以王師自敗爲文所以存周也 王師敗績于茅戎

汶陽之田魯地也齊人侵之今魯從晉故復取之不言取之齊者明本非齊地成二年取汶陽田

來歸者棄而來歸也成五年杞叔姬來歸

蟲牢之盟鄭服也天王崩晉會諸侯同盟于蟲牢不顧甚矣同盟于蟲牢

武宮者武公之宮也其毀已久宗廟有常故不言立此言二月辛巳立武宮非禮可知也成六年立武宮

宣九年取根牟此年取鄟襄十三年取邿皆微國也取鄟

吳本子爵始見于經曰吳者惡其僭號也成七年吳伐郯

吳乘楚伐鄭故入州來州來微國吳入州來

汶陽之田齊所侵魯地也故二年用師于齊取之晉侯使韓穿來言歸之于齊非正也魯之土地天子所封非晉侯所得制也晉侯使歸之于齊是魯國之命制在晉也故曰晉侯使韓穿來言汶陽之田歸之于齊以惡之成八年韓穿來言汶陽之田

成雖卽位八年非有勤王之績天子使召伯來賜公命濫賞也天子

使召伯來賜公命
林父七年奔晉其言自晉歸于衛者由晉侯而得歸也衛大夫由晉侯而得歸則衛國之事可知矣 成十四年衛孫林父自晉歸于衛
諸侯大夫不敢致吳子也吳子在鍾離故相與會吳于鍾離爾 成十五年會吳于鍾離
鄭與楚比周晉侯再假王命三合諸侯以討之而不能服鄭霸國不振可知也 成十七年公會單子晉侯宋公衛侯曹伯齊人邾人伐鄭
君之卿佐是爲股肱厲公不道一日而殺三卿此自禍之道也故列數之以著其惡 晉殺其大夫郤錡郤犨郤至
楚師侵宋所以救鄭也 襄元年楚公子壬夫帥師侵宋
成公夫人 襄二年夫人姜氏薨
叔孫豹僑如弟 叔孫豹如宋
季氏四月城所食邑其專可知也 襄七年城費
公前年會諸侯于鄬不至者公自鄬朝晉也 襄八年春王正月公如晉
盜者微賤之稱盜一日而殺三卿故列數之惡鄭伯失刑政也 襄十年盜殺鄭公子騑公子發公孫輒

大國三軍次國二軍魯以次國而作三軍亂聖王之制也襄十一年

春王正月作三軍

天子不親迎取后則三公逆之劉夏士也王后天下母使微者逆之可哉故曰劉夏逆王后于齊以著其惡襄十五年劉夏逆王后于齊

晉平溴梁之會方退執莒子邾子以歸又不歸于京師非所以宗諸侯也襄十六年晉人執莒子邾子以歸

三年之中君臣加兵于魯者四齊之不道亦可知也襄十七年齊侯伐我北鄙

諸侯不序前目後凡也襄十九年諸侯盟于祝柯

諸侯土地受之天子不可取也言取惡內也取邾田自漷水

城西郛城武城懼齊也城武城

書畀我來奔惡內也惡鄉受邾叛人邑今又納邾叛人也故是年冬臧紇出奔邾亦受之襄二十三年邾畀我來奔

此欒盈以曲沃之甲入晉敗而奔曲沃也經言欒盈復入于晉入于曲沃者欒盈復入于晉犯君當誅曲沃大夫不可納也入于曲沃明曲沃大夫納之當坐欒盈復入于晉入于曲沃

次止也言救言次惡不急救患也君命救晉豹畏齊廢命而止故曰

叔孫豹帥師救晉次于雍榆以惡之（叔孫豹帥師救晉次于雍榆）

孟莊子也（仲孫速卒）

不言其大夫者欒盈出奔楚當絶也稱人以殺從討賊辭（晉人殺欒盈）

羯仲孫速子孟孝伯也（襄二十四年仲孫羯帥師侵齊）

晉再合諸侯將伐齊齊人懼弑莊公以求成晉侯許之八月己巳諸侯同盟于重丘是也莊公復背澶淵之盟加兵晉衛信不道矣然齊人弑莊公以求成逆之大者晉不能討之以定齊國之亂曷以宗諸侯宜乎大夫日熾自是卒不可制也故先書崔杼之弑以著其惡（會于夷儀）

獻公之奔齊也孫林父逐之甯喜弑剽以納獻公故林父懼入于戚以叛（襄二十六年孫林父入于戚以叛）

先言辛卯衛甯喜弑其君剽後言甲午衛侯衎復歸于衛者以見衎待弑而歸也案十四年衛侯衎出奔齊前年入于夷儀今喜弑剽四日而復歸于衛此待弑而歸可知也（衛侯衎復歸于衛）

稱君以殺世子甚之也（宋公殺其世子痤）

隱桓之際天子失道諸侯擅權宣成之間諸侯僭命大夫專國至宋

之會則又甚矣何哉自宋之會諸侯日微天下之政皆大夫專持之也故二十九年城杞三十年會澶淵昭元年會虢諸侯莫有見者此天下之政皆大夫專持之可知也襄二十七年會于宋

甯喜不以討賊辭書者獻公殺之不以其罪也衛殺其大夫甯喜

無冰時燠也襄二十八年春無冰

公留于楚者七月襄二十九年夏五月公至自楚

共謚也內女不葬葬者皆非常也莊四年齊侯葬紀伯姬三十年葬紀叔姬此年叔弓如宋葬共姬是也襄三十年葬宋共姬

襄公太子未踰年之君也名者襄公未葬也不薨不地降成君也襄三十一年秋九月癸巳子野卒

公不能以禮自重取困辱也昭二年冬公如晉至河乃復

待昭公反季孫之不若亦晉侯之惡也季孫宿如晉

陳哀公二子太子偃師次子留公弟招與大夫過皆愛留欲立之哀公疾遂殺太子偃師以立之留庶孽也偃師冢嗣也招以叔父之親不顧宗社之重隕冢嗣以立庶孽致楚滅陳皆招之由也故曰陳侯之弟招殺陳世子偃師以甚招之惡也昭八年陳侯之弟招殺陳世子偃師

此公子招殺大夫公子過也其言陳人殺其大夫公子過者不與公子招殺也故以陳人自討爲文 陳人殺其大夫公子過

十月壬午楚師滅陳此言葬陳哀公如不滅之辭者所以存陳也九年陳災同此 葬陳哀公

此年無冬者脫也 昭十年

般弑逆之人諸侯皆得殺之楚子名者楚子暴虐無道貪蔡土地不以弑君之罪殺般也四月丁巳楚子虔誘蔡侯般殺之于申十有一月丁酉楚子滅蔡執蔡世子有以歸用之此暴虐無道貪蔡土地不得以討賊例當坐誘殺蔡侯般也 昭十一年楚子虔誘蔡侯般殺之于申

蒐春田也五月不時也時又有夫人之喪 大蒐于比蒲

會于厥憖欲救蔡而不能也 會于厥憖

先言歸者明比不與謀也後言弑者正比之罪也 昭十三年楚公子比自晉歸于楚

大夫執則至至則名不稱氏前見也 昭十四年春意如至自晉

宋衞陳鄭同日而災也宋衞陳鄭同日而災異之甚者 昭十八年宋衞陳鄭災

鄟公孫會之邑也言自鄟出奔宋者以別從國都而去爾昭二十年曹公孫會自鄟出奔宋
衛侯之母兄而盜得殺之衛侯之無刑政也故曰盜殺衛侯之兄縶
以著其惡盜殺衛侯之兄縶
以天子之尊三月而葬此諸侯之不若也昭二十二年葬景王
言王所以明當嗣之人也言子所以見未踰年之君也言猛所以別
羣王之子也不崩不葬降成君也王子猛卒
春秋之戰書敗者多矣未有諸侯之師略而不序者此六國之師略
而不序者賤之也其言胡子髡沈子逞滅深惡二國之君不得其死
皆以自滅爲文也昭二十三年胡子髡沈子逞滅
內諱奔皆曰孫次于陽州者不得入于齊也昭二十五年公孫于齊
齊侯取鄆以處公也不言處公者明年公至自齊居于鄆此處公可
知也齊侯取鄆
居于鄆者公爲意如所拒不得入于魯也昭二十六年公至自齊居
于鄆
謀納公而不能也盟于鄟陵
公前年如齊者再皆不見禮故如晉其言次于乾侯者不得入于晉

也公既不見禮于齊又不得入于晉其窮辱如此昭二十八年公如晉次于乾侯

季孫意如逐君之賊也晉侯不能討而戮之既使荀躒會意如于適歷又使荀躒唁公于乾侯何所爲哉此晉侯之惡亦可見矣昭三十一年晉侯使荀躒唁公于乾侯

周自天子言之則曰王城成周諸侯言之則曰京師昭三十二年城成周

不書正月者定公未立不與季氏承其正朔也是時季氏專國昭公薨于乾侯及歲之交定又未立故略不書焉所以黜強臣而存公室也定元年春王

春秋之義諸侯不得專執況大夫乎宋仲幾會城成周韓不信陪臣也非天子命執仲幾于天子之側甚矣故曰晉人執宋仲幾于京師以疾之晉人執宋仲幾于京師

其言雉門及兩觀災者雉門與兩觀俱災也雉門兩觀天子之制定二年雉門及兩觀災

蔡人病楚使告于晉故晉合諸侯于此此救蔡伐楚也然諸侯不振使救蔡伐楚之功歸于強吳冬蔡侯以吳子及楚人戰于柏舉楚師

敗績是也定四年春侵楚

蔡公孫姓帥師滅沈沈與楚故也以沈子嘉歸殺之公孫姓之罪不容誅也滅沈

以者乞師而用之也晉合十八國之君不能救蔡伐楚吳能救之伐之此吳晉之事強弱之勢較然可見也故自是諸侯小大皆宗于吳冬戰于柏舉

晉師救我故公會于瓦定八年公會晉師于瓦

不曰盜歸寶玉大弓者盜微賤不可再見也定九年得寶玉大弓

郈叛叔孫州仇仲孫何忌帥師圍之郈不服故二卿秋再圍定十年圍郈

天子祭社稷宗廟有與諸侯共福之禮此謂助祭諸侯也魯未嘗助祭天王使石尚來歸脤非禮也定十四年天王使石尚來歸脤

雨不克葬譏不能葬也葬不為雨止戊午日下昃乃克葬言無備之甚也定十五年雨不克葬

夏四月衛靈公卒衛人立輒輒者蒯聵之子也故晉趙鞅帥師納蒯聵于戚其言于戚者為輒所拒不得入于衛也案定十四年衛世子蒯聵出奔宋靈公既卒輒又已立猶稱曩日之世子蒯聵當嗣惡輒

貪國叛父逆亂人理以滅天性孔子正其名而書之也哀二年納衛世子蒯聵于戚

閏月喪事不數葬齊景公非禮也春秋二百四十二年書閏者惟文六年不告月此年葬齊景公爾皆譏其變常也且三年之喪練祥各有其月此非禮可知哀五年閏月葬齊景公

吳伐我以邾子益來故也直曰伐我者兵加于都城也哀八年吳伐我

田者井田也賦者財賦也宣公奢泰始什二而稅至于哀公則又甚焉哀公不道既什二而稅其田又什二而斂其財故曰用田賦言用田以爲財賦之率也哀十二年春用田賦

周之十二月夏之十月也爲異之甚冬十有二月螽

報雍邱之師也二國覆師以相償報其惡如此哀十三年春鄭罕達帥師取宋師于嵒

吳子方會越乘其無備而入之也於越入吳

光芒四出曰孛不言所在之次者見于日也文十四年有星孛入于北斗昭十七年有星孛入于大辰此不言所在之次者見于日可知也冬十有二月有星孛于東方

睢陽子集補

孔子而下稱大儒者曰孟軻荀卿楊雄至于董仲舒則忽而不舉何哉仲舒對策推明孔子抑黜百家諸不在六藝之科者皆絶其道勿使並進斯可謂盡心于聖人之道者也暴秦之後聖道晦而復明者仲舒之力董仲舒

史固稱漢孝元少而好儒及卽位登用儒生委之以政故貢薛之徒迭爲宰相而上牽制文義優游不斷孝宣之業衰焉噫昔宣帝嘗怒元帝言用儒生將亂其家者也亦不思之甚矣向使元帝能納蕭望之劉更生之謀安有衰滅蓋用儒而不能委之以政爾書漢元帝贊後

國家踵隋唐之制專以詞賦取人故天下之士皆致力于聲病對偶之間探索聖賢之閫奧者百無一二而非挺然特出不徇世俗之士孰克舍彼而取此

專守王弼韓康伯之說而求于大易吾未見其能盡于大易也專守左氏公羊穀梁杜何范氏之說而求于春秋吾未見其能盡于春秋也專守毛萇鄭康成之說而求于詩吾未見其能盡于詩也專守孔氏之說而求于書吾未見其能盡于書也以上與范天章書

文者道之用也道者教之本也故必得之于心而後成之于言自漢
至唐以文垂世者衆矣然多楊墨佛老虛無報應之事沈謝徐庾妖
豔邪侈之辭始終仁義不叛不雜者惟董仲舒楊雄王通韓愈與張
洞書
傳曰四郊多壘此卿大夫之辱也地廣大荒而不治此亦士之辱也
噫仁義不行禮樂不作儒者之辱與夫仁義禮樂治世之本也王道
所由興人倫所由正扣其本知則何所爲噫儒者之辱始于戰國楊
墨亂之于前申韓雜之于後漢魏而下則又甚焉佛老之徒橫于中
國彼以死生禍福虛無報應爲事千萬其端紿我生民絶滅仁義屏
棄禮樂以塗塞天下之耳目天下之人愚衆賢寡懼其死生禍福報
應人之若彼也莫不爭奉而競趨之觀其相與爲羣紛紛擾擾周乎
天下于是其教與儒齊驅並駕峙而爲三吁可怪也去君臣之禮絶
父子之戚滅夫婦之義儒者不以仁義禮樂爲心則已若以爲心得
不鳴鼓而攻之乎凡今之人與人爭詈小有所不勝尚以爲辱矧以
夷狄諸子之法亂我聖人之教其爲辱也大矣噫聖人不生怪亂不
平章甫其冠逢掖其衣不知其辱反從而尊之得不爲罪人乎由漢
魏而下千餘歲其源流既深其本支既固不得其位不翦其類其將

奈何其將奈何儒辱

附錄

先生退居泰山之陽枯槁憔悴鬚眉皓白故相李文定迪守兗見之歎曰先生年五十一室獨居誰事左右不幸風雨飲食生疾奈何吾弟之女甚賢可以奉箕帚先生固辭文定曰吾女不妻先生不過一官人妻先生德高天下幸壻李氏榮貴莫大于此先生曰宰相女不以妻公侯貴戚而固以嫁山谷衰老藜藿不充之人相國之賢古無有也予安敢不承其女亦甘淡泊事先生盡禮當時士大夫莫不賢之澠水燕談

范文正在睢陽掌學有孫秀才者索遊上謁文正贈錢一千明年孫生復過睢陽謁文正又贈一千因問何爲汲汲于道路生戚然動色曰母老無以爲養若日得百錢甘旨足矣文正曰吾觀子辭氣非乞客也二年僕僕所得幾何而廢學多矣吾今補子學職月可得三千以供養子能安于學乎生大喜于是授以春秋而孫生篤學不舍晝夜明年文正去睢陽孫生亦辭歸後十年聞泰山下有孫明復先生以春秋教授學者道德高邁朝廷召至乃昔日索遊孫秀才也楊公筆錄

祖望謹案此段稍可疑宜再考先生壻于李文定公時年已五十矣疑其稍長于范文正公未必反受春秋于文正也梓材案泰山以淳化三年壬辰生文正以端拱三年己丑生實長于泰山三歲且本傳言文正實薦先生入國子則此所云朝廷召至文正乃知之者不已謬乎

歐陽文忠曰先生治春秋不惑傳注不爲曲說以亂經其言簡易明于諸侯大夫功罪以考時之盛衰而推見王道之治亂得于經之本義爲多補

王得臣曰泰山著春秋尊王發微以爲凡經所書皆變古亂常則書故曰春秋無褒蓋與穀梁子所謂常事不書之義同補

朱子曰近時言春秋皆計較利害大義卻不曾見如唐之陸淳本朝孫明復之徒雖未能深于聖經然觀其推言治道凜凜然可畏終得聖人意思補

百家謹案石徂徠泰山書院記自周以上觀之賢人之達者臯陶傅說伊尹呂望召公畢公是也自周以下觀之賢人之窮者孟子楊子文中子韓吏部是也然較其功業德行窮不易達吏部後三百年賢人之窮者又有泰山先生孟子楊子文中子吏

部皆以其道授弟子既授弟子復傳之于書其書大行其道大耀先生亦以其道授弟子既授弟子亦將傳之于書將使其書大行其道大耀乃于泰山之陽起學舍講堂聚先聖之書滿屋與羣弟子而居之當時從遊之貴者孟子則有梁惠王齊宣王滕文公之屬楊則有劉歆桓譚之屬文中子則有越公之屬吏部則有裴晉公鄭相國張僕射之屬門人之高第者孟則有萬章公孫丑樂正克之徒楊則有侯芭劉棻之徒文中子則有董常程元薛收李靖杜如晦房魏之徒吏部則有李觀李翺李漢張籍皇甫湜之徒今先生從遊之貴者故王沂公蔡貳卿李泰州孔中丞今李丞相范經略明子京張安道士熙道祖擇之門人之高第者石介劉牧姜潛張泂李緼足以相望于千百年之間矣孰謂先生窮乎大哉聖賢之道無屯泰孟子楊子文中子吏部皆屯于無位與小官而孟子泰于七篇楊子泰于法言太元文中子泰于續經中說吏部泰于原道論佛骨表十餘萬言先生嘗以爲盡孔子之心者大易盡孔子之用者春秋是二大經聖人之極筆也治世之大法也故作易說六十四篇春秋尊王發微十二篇疑四凶之不去十六相之不舉故作堯權防後

世之纂奪諸侯之僭偪故作舜制辨注家之誤正世子之名故作正名解美出處之得明傳嗣之嫡故作四皓論先生述作上宗周孔下擬韓孟是亦爲泰先生孰少之哉介樂先生之道大先生之爲請以此說刊之石陷于講堂之西壁又徂徠與祖擇之書云自周以上觀之聖人之窮者惟孔子自周以下觀之賢人之窮者惟泰山明復先生今先生之書不可盡見但以徂徠之學問而爲其尊戴如此即可以知先生矣嗟乎師道之難言也視學問重則其視師也必尊視學問輕則其視師也自忽故廬陵之志先生墓曰魯多學者其尤賢而有道者石介自介而下皆以弟子事之孔給事道輔聞先生之風就見之介執杖屨侍左右先生坐則立升降拜則扶之及其往謝也亦然魯人既素高此兩人由是始識師弟子之禮莫不嗟歎之嗚呼觀于徂徠事師之嚴雖不見先生之書不可以知先生之道之尊哉

泰山學侶

文昭胡安定先生瑗別爲安定學案

泰山同調

評事士熙道先生建中

主簿劉子望先生顏 並爲士劉諸儒學案

泰山門人

直講石徂徠先生介

石介字守道奉符人第進士歷鄆州南京推官篤學有志尚樂善疾惡喜聲名遇事奮然敢爲以論赦書罷爲鎮南掌書記代父丙遠官爲嘉州軍事判官丁父母艱垢面跣足躬耕徂徠山下葬不葬者七十喪以易教授其徒魯人稱徂徠先生入爲國子監直講太子中允直集賢院學者從之甚衆嘗患文章之弊佛老爲蠹著怪說三篇及中國論言去此三者乃可以有爲又著唐鑑以戒姦臣宦官宮女指切當時無所忌諱慶歷三年呂夷簡罷相夏竦罷樞密使而杜公衍章公得象晏公殊賈公昌朝范公仲淹富公弼韓公琦同時執政歐陽公修余公靖王公素蔡公襄並爲諫官先生喜曰此盛事也乃作慶歷聖德詩略曰衆賢之進如茅斯拔大奸之去如距斯脫衆賢指杜等大奸斥竦也泰山見之曰子禍始此矣先生不自安求出判濮州未赴卒于家年四十一會孔直溫謀畔搜其家得先生書夏竦欲因以修報復且中傷杜公等因言介詐死北走契丹請發棺以驗詔下時杜公在兗以語官屬龔鼎臣願以闔族保介必死提點刑獄呂

居簡亦曰介果走孥戮非酷不然國家無故剖人冢墓何以示後世且介死必有親屬門生會葬苟召問無異亦足應詔于是衆數百同保乃免斲棺子弟羈管他州亦得還先生家故貧妻子不免凍餒富韓二公共買田以贍養之有徂徠集行于世雲濠案徂徠集三十卷謝山學案劄記徂徠易解五卷陳直齋曰所解止六十四卦亦無大發明

梓材謹案宋史范忠宣傳云仲淹門下多賢士如胡瑗孫復石介李覯之徒純仁皆與從遊知胡孫石李四先生皆在文正門下而先生與盱江輩行較後于安定泰山則列之文正門人可也

春秋說

稱人者貶也而人不必皆貶微者亦稱人稱爵者褒也而爵未必純褒譏者亦稱爵繼故不書卽位而桓宣則書卽位妾母不稱夫人而成風則稱夫人失地之君名而衛侯奔楚則不名未踰年之君稱子而鄭伯伐許則不稱子會盟先主會者而瓦屋之盟則先宋征伐首主兵者而甗之師則後齊母弟一也而或稱之以見其惡或沒之以著其罪天王一也或稱天以著其失或去天以示其非

春秋爲無王而作孰謂隱爲賢且讓而始之哉以上總論

子叔姬先書被執次書來歸非郯杞之比夫商人弒君自立又虐其國君之母天子不能討諸侯不能伐季孫行父再如晉諸侯爲是盟于扈皆無能爲而退徒得單伯之至子叔姬之歸而已而興兵以侵魯者未已也于以見晉霸之不競也于以見諸侯之有弒君者而莫之討也于以見齊之橫而魯之弱也文十四年齊人執子叔姬

翬弒隱公遂弒子赤桓公之立逆女使翬宣公之立逆女使遂斯二人者在國以爲賊而桓宣以爲忠也故終桓宣之世翬遂皆稱公子無異詞宣元年公子遂如齊逆女

禮有重輕先後之不同以祭視繹則祭爲重而繹爲輕以繹視卿佐之喪則繹爲輕而卿佐之喪爲重有國者當圖其稱也壬午猶繹萬入去籥

內取外邑皆曰取如取郜取防取訾婁外歸魯地皆曰歸如濟西龜陰及讙闡汶陽田魯地也齊人以歸于我當曰歸今而曰取者蓋因晉力而取之也歸者其意也取者我也非其志也于後齊復事晉故八年使韓穿來言歸之于齊然此年齊歸我田書曰取八年齊取我田乃曰歸者取之自晉歸之自晉以見魯國之命制于晉而已故雖

我田也而不得偃然有之其猶寄爾故齊歸我田書曰取猶若取之于外者齊取我田書曰歸猶若齊之所有也 成二年取汶陽田

公之此行內有僑如之患外不見于覇主故危而致之 成十六年公至自會

不書及內之也鄫有國而私屬于魯魯之私屬鄫也皆不臣之著也 襄五年叔孫豹鄫世子巫如晉

成九年爲蒲之會將以合吳而吳不至故十五年諸侯之大夫會之于鍾離前三年悼公盟雞澤使荀會逆吳子而又不至故此年使魯先會之于善道凡此皆往會之也至秋戚之會序吳于列而不復殊者因來會也凡序吳者來會我也殊吳者往會之也 襄五年仲孫蔑衛孫林父會吳于善道

日食之變起于交也有雖交而不食者春秋二百四十二年而日食三十六有頻交而食者此年及二十四年三年之內連月而食者再也諸儒以爲歷無此法或傳寫之誤然漢之時亦有頻食者高帝三年及文帝前三年十月晦十一月晦是也天道至遠不可得而知後世執推步之術案交會之度而求之亦已難矣 襄二十一年九月庚戌朔日有食之冬十月庚辰朔日有食之

徂徠文集

堯舜禹湯文武周孔之道萬世常行不可易之道也佛老以妖妄怪誕之教壞亂之楊億以淫巧浮僞之言破碎之（怪說）

慈溪黃氏曰徂徠先生學正識卓闢邪說衛正道上繼韓子以達于孟子真百世之師也楊億不過文詞浮靡其害本不至與佛老等而亦闢之峻如此蓋宋興八十年浮靡之習方開爲所怪也使先生生乎今之世見託儒者之名售佛老之說者闢之又當何如哉

狗當吾戶貓捕吾鼠雞知天時有功于人食人之食可矣彼素飧尸祿將狗貓雞之不若乎（責素飧）

天地間必然無有者有三無神仙無黃金術無佛大凡窮天下而奉之者一人也莫貴于一人天地兩間苟所有者求之莫不得也秦始皇求爲仙漢武帝求爲黃金梁武帝求爲佛勤亦至矣而始皇遠遊死梁武餓死漢武鑄黃金不成吾故知三者之必無也（辨惑）

鄭康成注文王世子云文王以憂勤損壽之說大非也文王享年九十有七豈爲損壽乎夫憂勤天下者聖人之心也安樂一身者匹夫之情也後世人君皆耽于逸樂壽命不長康成之罪也（憂勤非損壽）

辱書謂士熙道言天人有感應感應爲失至乃謂人自人天自天天人不相與斷然以行乎大中之道行之則有福異之則有禍非有感應也夫能行大中之道則是爲善善降之福是人以善感天天以福應善人不能行大中之道則是爲惡惡則降之禍是人以惡感天天以禍應惡也此所謂感應者也而曰非感應吾所未達也人亦天天亦人天人相去其閒不容髮但天陰隲下人不如國家昭昭然設爵賞刑罰以示人善惡書曰天工人其代之易曰兼三才而兩之文中子曰三才之道不相離又乾卦曰先天而天弗違後天而奉天時楊雄曰天辟乎上地辟乎下人辟乎中天人果不相與乎熙道通天地人者故言人必言天言天必言人文中子曰春秋其以天道終乎元經其以人事終乎天人相與之際甚可畏也故君子備之言人而遺乎天言天而遺乎人未盡天人之道也 與范奉禮書○以上梨洲原本

攘臂欲操萬丈戈力與熙道攻浮譌 上孫先生書

有非常之事然後有非常之人有非常之人然後有非常之功今元昊猖狂亦非常也求非常之事立非常之功莫若閤下然建大廈者非一材維泰山者非一繩 上韓密學經略書

日月天之目御史天子之目上李雜端書

合天下之公也雖其親暱人不謂之私用一人之私也雖其疏遠人不謂之公上王沂公書

昔郭代公爲太學生家信至寄錢四十萬爲學糧有縗服叩門云五代未葬代公卽命以車一時載去略無留者亦不問姓氏代公其年絶糧不能成舉柳河東布衣時坐酒肆中有書生在其側言貧無以葬柳卽搜于其家得白金百餘兩錢數萬遺之故代公富貴功業光隆于唐河東文章聲名照映本朝上王狀元書乞助改葬石氏七十喪

生幸而值如孔子孟軻者同其時居幸而遭如孔子孟軻者同其里則是坐遇孔孟親見聖賢不隔數千百年得其人而師之不走萬數千里獲其師而學之也上孫少傅書

頻見僕所爲文僕文字實不足動人然僕之心能專正道不敢跬步叛去聖人其文則無悖理害教者斯亦鄙夫硜硜然有一節之長也書中又言僕書字怪且異古亦無今亦無爲天下非之此誠僕之病也此爲之不能也然承叔謂我特異于人似不知我也僕誠亦有自異于衆者則非承叔之所謂也今天下爲佛老其徒囂囂乎聲附合

響應僕獨挺然自持吾聖人之道今天下爲楊億其衆嘵嘵乎口一唱百和僕獨確然自守吾聖人之經茲是僕有異乎衆者然亦非特爲取高于人道適當然也 答歐陽永叔書

爲文之道如日行有道月行有次星行有躔水出有源亦歸于海 與張秀才書

咸章韶夏至樂也不奏于夔牙之府而奏于鄙俚惡能審其聲而知其音也飛兎騕褭逸駁也不騁于王樂之前而鬻于市人惡能審其駿而知其良也今天下大道榛塞吾常思得韓孟大賢人出爲芟去其荊棘逐去其狐貍道大闢而無荒磧往年官在汶上始得士熙道今春來南郡又逢孫明復韓孟茲遂生矣 與裴員外書

夷王下堂亂是以作宣公稅畝亂是以作秦開阡陌亂是以作秦襄王太后臨軒亂是以作秦始皇罷封建置郡縣亂是以作秦漢美人之號凡四十等亂是以作漢武帝數宴後宮奏請多以宦官主之亂是以作不反其始其亂不止 原亂

孔子爲聖人之至吏部爲賢人之卓孔子之易春秋自聖人來未有也吏部原道原仁原毀行難禹問佛骨表諍臣論自諸子以來未有也嗚呼至矣 尊韓

道大壞由一人存之天下國家大亂由一人扶之古言大廈將顛非一木所支是棄道而忘天下國家也顛而不支坐而視其顛斯亦爲不智者矣曰見可而進量力而動其全身苟生者歟救說

天地之治曰禍福君之治曰刑賞皆隨其善惡而散布之夫人不達天地君之治硜硜焉守小慈蹈小仁不肯去一奸人刑一有罪皆曰存陰德其大旨謂不殺一人不傷一物則天地神明之所祐也且天地能覆載而不能明示禍福于人樹之以君任其刑賞人君能刑賞而不能親行黜陟于下任之以臣佐其威權違天地君而曰存陰德禍斯及矣陰德論○以上黃氏補本

附錄

守道爲舉子時寓學于南都其固窮苦學世無比者王瀆聞其窮約因會客以盤餐遺之石謝曰甘脆者亦介之願也但日饗之則可若止一餐則明日無繼朝饗膏粱暮厭粗糲人之常情也介所以不敢當賜便以食還王咨重之倦遊錄

景祐二年錄五代及諸國後時辟先生御史臺主簿未至論不當求諸僞國後坐罷歐陽文忠貽書責杜祁公曰主簿于臺中非言事官介足未履臺門之閾已用言事罷可爲正直剛明不畏避矣度介之

才不止爲主簿直可謂御史也介斥而他舉亦必擇賢賢者固好辯
如此必得愚暗懦默者而止杜不能用 史
歐陽公誌其墓曰先生非隱者也其仕嘗位于朝矣魯之人不稱其
官而稱其德以爲徂徠魯之望先生魯人之所尊故因其所居之山
以配其有德之稱曰徂徠先生其遇事發憤作爲文章極陳古今治
亂成敗以指切當世賢愚善惡是是非非無所諱忌世俗頗駭其言
由是謗議喧然而小人尤嫉惡之相與出力必擠之死先生安然不
惑不變曰吾道固如是吾勇過孟軻矣
呂氏家塾記曰天聖以來穆伯長尹師魯蘇子美歐陽永叔始創爲
古文以變西崑體學者翕然從之其有爲楊劉體者守道尤嫉之以
爲孔門之大害作怪說三篇以排佛老及楊億于是新進後學不敢
爲楊劉體亦不敢談佛老
杜默曰夏英公因慶歷詩之斥己恨先生刺骨因先生有奏記富文
忠公責以行伊周之事欲因是以傾文忠及范文正等乃使女奴陰
習先生成書改伊周爲伊霍又僞作先生爲富撰廢立詔草飛語上
聞富范大懼適聞契丹伐夏遂請行邊既得命過鄭州見呂公夷簡
呂公問何事遽出范對以經略兩路事畢即還呂曰君此行正蹈危

機豈得復入若欲經制西事莫若在朝爲便范公愕然八月以富公爲河北宣撫使富范既去朝攻者益急帝心不能無疑矣先生亦不自安乃請外得濮州通判

李端叔姑溪集曰初夏竦在樞府深怨石介之譏己必欲報之滁州狂人孔直溫謀反伏誅搜其家得石介書時介已死竦爲宣徽南院使言介詐死乃富弼遣介結契丹起兵期以一路兵爲內應請發介棺驗之詔下兗州時知兗者爲杜衍語僚屬莫敢答掌書記龔鼎臣願以闔族保介必死提刑呂居簡亦言無故發棺何以示後具狀上之始獲免

孫氏鴻慶居士集曰夏竦既讒先生于仁宗謂介不死北走契丹幸呂居簡爲京東轉運使具狀保于中使仁宗始悟竦之譖及竦之死仁宗將往澆奠吳奎言于帝曰夏竦多詐今亦死矣仁宗憮然至其家澆奠畢躊躇久之命大閹去竦面幕而視之世謂剖棺之與去面幕其爲人主之疑一也亦所謂報應者邪 以上梨洲原本

葉水心習學記言曰救時莫如養力辨道莫如平氣石介以其忿嫉不忍之意發于褊蕩太過之詞激猶可與爲善者之心堅已陷于邪者之敵羣而攻之故回挽無毫髮而傷敗積邱陵哀哉然自學者言

之則見善明立志果殉道重視身輕自謂大過上六當其任則其節有足取也補○梓材案謝山學案劄記殘句有攻過不如養德六字未知何人之說與水心此條首二語相類姑附識于此

謝山讀徂徠集曰徂徠先生嚴氣正性允爲泰山第一高座獨其析理有未精者其論學統則曰不作符命自投于閣以美揚雄而不難改竄漢書之言以諱其醜其論治統則曰五代大壞瀛王救之以美馮道而竟忘其長樂老人之謬夫欲崇節誼而乃有取于斯二人者一言以爲不知其斯之謂與

忠烈文先生彥博 附師史炤

文彥博字寬夫介休人少與張昪高若訥從穎昌史炤學炤母異之曰貴人也待之甚厚第進士官至同平章事封潞國公神宗朝累拜太尉請老以太師致仕居洛陽元祐初司馬温公薦先生宿德元老宜起以自輔宣仁后命平章軍國重事居五年復致仕紹聖初章惇秉政言者論先生朋附温公詆毀先烈降太子少保卒年九十二先生歷事四朝任將相五十年名聞四夷平居接物謙下尊德樂善如恐不及其在洛也洛人邵康節及程明道兄弟皆以道自重賓接之如布衣交崇寧中預元祐黨籍後特命出籍追復太師謚曰忠烈

史傳

梓材謹案王定國聞見近錄以先生兄弟爲泰山門人則潁昌史氏特其幼學師也

附錄

呂氏雜志曰凡與交遊書其父祖知名于世者須避其名諱文潞公與故舊款接一坐未嘗犯其父諱

梓材謹案此條自滎陽學案梨洲原本移入

運判劉長民先生牧

劉牧字先之號長民衢之西安人年十六舉進士不第曰有司豈枉我哉乃買書閉戶治之及再舉遂爲舉首調州軍事推官與州將爭公事爲所擠幾不免及後將范文正公至先生大喜曰此吾師也遂以爲師文正亦數稱先生勉以實學因得從學于泰山之門歲終將舉京官先生以讓其同官有親而老者文正歎息許之曰吾不可以不成君之美及文正撫河東舉先生可治劇于是爲兖州觀察推官改大理寺丞知大名府先是多盜先生即用其黨推逐有發輒得後遂無爲盜者有詔集其強壯刺其手爲義勇多惶怖不知所爲相率欲亡走先生諭以詔意爲言利害皆就刺欣然曰劉君不我欺也通

判建州富文忠公以樞密副使使河北奏掌機宜文字保州兵士爲亂文忠使撫視先生自長垣三日抵其城下定之會文忠罷去乃之建州連丁內外艱服除通判廬州朝廷弛茶榷使江西議均其稅奏事得請人皆便之除廣南西路轉運判官修險阨募丁壯以減戍卒徙倉便輸考攝官功次絕其行賕居二年凡利害無不興廢者乃移荆湖北路至踰月卒家貧無以爲喪自棺槨諸物皆荆南士人爲具先生既優于學復優于才又爲范富二公所知一時士大夫爭譽之先生亦慨然自以爲當得意已而屯邅流落抑沒于庸人之中幾老矣乃稍出爲世用若將以有爲也而卽死掄材者爲之悵然先生又受易學于范諤昌諤昌本于許堅堅本于种放實與康節同所自出其門人則吳祕黃黎獻也祕上其書于朝黎獻序之卦德通論一卷鉤隱圖三卷雲濠案謝山學案劄記云劉長民易解十五卷又案宋志稱先生新注周易十一卷圖一卷晁公武讀書志作圖三卷則宋志誤也其注今不傳圖在道藏洞眞部靈圖類通志堂刊行于世先儒遺論九事一卷

忠宣范堯夫先生純仁別見高平學案

侍講呂原明先生希哲別爲滎陽學案

學士朱先生光庭別見劉李諸儒學案

進士張先生洞

張洞字明遠任城人第進士石徂徠嘗有書與先生曰明遠始受業于劉子望又傳道于泰山孫先生得春秋最精近見所為論十數篇甚善黜三家之異同而獨會于經予固以拳拳服膺矣明遠纔二十二歲已能斬根荄而搴菁英出紅塵而摩蒼昊討尋不倦智識日通異日于春秋其將為諸子師明遠勉之又有與韓密學書內云泰山布衣孫明復沛縣布衣梁構太平布衣姜潛任城布衣張洞皆有文武材略仁義忠勇籌策謀略可應大任今邊寇內侮苟得四人實有以助成閣下之功

百家謹案宋史有張洞列傳字仲通祥符人官至工部郎中別是一人

縣令姜至之先生潛

姜潛字至之奉符人從泰山學春秋亦從徂徠累薦為國子直講韓王宮伴讀謁宗正允弼吏引趨庭不答呼馬欲去遂以客禮見神宗聞其賢召對延和殿訪以治道對曰有堯舜二典在顧陛下致之之道何如知陳留縣數月條例司核祥符住散青苗先生知不免移疾

去縣人詣府請留之不得宋史傳列之隱逸非也先生不喜人作詩嘗曰損心氣招悔吝亦名言也修

龍學祖先生無擇

祖無擇字擇之上蔡人進士高第歷直集賢院時封孔子後爲文宣公先生言前代所封曰宗聖曰奉聖曰崇聖曰恭聖曰褒聖唐開元中尊孔子爲文宣王遂以祖謚而加後嗣非禮也于是議改衍聖出知袁州首建學宮置生徒郡國絃誦之風由此始盛歷龍圖閣學士知鄭杭二州神宗立進銀臺司與王安石同知制誥安石嘗辭潤筆物置院梁上及憂去先生用爲公費安石惡之諷監司求先生罪逮治無貪狀謫忠正軍節度副使尋復光祿卿祕書監集賢院學士主管西京御史臺移知信陽軍卒先生少從學于泰山及死蒐輯遺文以傳以言語政事爲名卿有文集若干卷行世雲濠案先生遺文初名煥斗集諸家書目並稱爲龍學文集共十六卷

百家謹案史載無擇與王安石同知制誥安石嘗辭潤筆置諸院梁上安石憂去無擇用爲公費安石聞而惡之及無擇知杭州安石得政乃諷監司求無擇罪知明州苗振以貪聞御史王子韶使兩浙廉其狀事連無擇子韶小人也請內侍逮赴秀州

獄獄成無貪狀但得其貸官錢接部民坐及乘船過制而已遂
謫忠正軍節度副使案邵氏聞見錄擇之知杭州王介甫以前
事恨之密諭監司求擇之罪監司承風旨以贓濫聞于朝廷遣
御史王子韶按治攝擇之下獄鍛鍊無所得坐送賓客酒三百
小瓶責節度副使安置同時有知明州光祿卿苗振監司亦因
觀望發其贓罪朝廷遣崇文院校書張載按治載字子厚所謂
橫渠先生者悉平反之罪止罰金其幸不幸有若此也先生所
坐與史既異而苗振之事與先生初不相涉乃以按治苗振俱
屬之王子韶皆非實也先遺獻曰擇之學文于穆伯長爲有宋
古文之始今所傳雖少亦可以見其師法也

饒凌雲先生子儀

饒子儀字元禮臨川人從泰山及胡安定受經親沒不事科舉楊傑
授以星歷諸書莫不洞究結庵凌雲名曰葆光杜門著書臨江守王
說欲迎致軍學郡守劉公臣曰吾州有士如此令他之可乎乃迎還
躬率諸生聽講說崇寧初詔舉懷才抱藝養素邱園之士郡以先生
應詔所著編年史要陳忠肅瓘爲之序謂其事核旨察有補于聖經
又有周易論語解及詩文集

縣尉李先生緼附曹起

李緼字仲淵邛州人龍圖閣學士絢之弟舉進士調兗州奉符縣尉同門姜潛居于奉符之太平鎮某年六月七日夜大水至潛幾不免先生爲借縣弓手營救之上官以私役人獲罪徂徠爲作朋友解略云緼與潛友義甚厚潛之患難不細緼不足爲有勢力可以庇潛而操本縣尉權略足以施于潛尙更退顧其身不爲潛致毫髮力忍宴安坐視此誠禽獸所不爲也東家火西家焦髮爛額爲撲滅赤子入井路人下乘弛擔匍匐走救之潛之水甚于東家火也潛之將至于死猶赤子之入井也緼少被仲兄故龍圖之教長師泰山孫明復先生及親慕士建中而交石介識周公孔子之道知仁義忠信且與潛交厚乃不如禽獸乎乃不如西家路人乎又有上范經略書內有云負罪而有才者二人前兗州奉符縣尉李緼宿州臨渙縣令曹起皆進士策名起亦事劉子望緼亦事孫明復能知聖人之道樂蹈名節好履仁義守一官能勤且廉善養民繩吏人頗受其福又皆有才負志節慕忠義知兵習戰屢稱之不一焉

通議莫先生說

莫說邵武人也以窮經爲務自閩陬數千里外裹糧趼足至京師從

泰山遊已而從徂徠遊講明道學歸家不復求仕以子表深貴贈官通議大夫補

正字朱樂圃先生長文

朱長文字伯原吳縣人稱樂圃先生嘉祐進士累陞祕書省正字兼樞密院編修文字傷足不果仕以著書立言爲事從泰山學春秋得發微深旨作通志二十卷書有贊詩有說易有意禮有中庸解樂有琴臺志蓋自成一家書也從黄氏補本錄入

徂徠學侶

忠宣范堯夫先生純仁別見高平學案

侍講呂原明先生希哲別爲滎陽學案

徂徠門人泰山再傳

縣令姜至之先生潛見上泰山門人

轉運馬先生默

馬默字處厚成武人家貧徒走詣徂徠從石先生學登進士第知須城縣爲張守方平所知後薦爲監察御史裏行遇事輒言無顧張傚之曰得無累舉者乎先生曰辱知之深所以報也除知登州更定配島法改廣西轉運使上平蠻方略溫公爲相問復鄉差衙前法如何

先生曰不可如常平自漢爲良法豈宜盡廢去其害民者可也後以坐附温公落職致仕 補

處士何安逸先生羣

何羣字通夫西充人嗜古學喜激揚論議雖業進士非其好也慶歷中徂徠在太學四方諸生來學者數千人先生亦自蜀至方講官會諸生講徂徠曰生等知何羣乎羣日思爲仁義而已不知饑寒之切己也衆皆注仰之徂徠因館先生于其家使弟子推以爲學長先生愈自刻厲著書數十篇與人言未嘗下意曲從同舍目先生爲白衣御史先生嘗言今之士語言脫易舉止惰肆者其衣冠不如古之嚴也因請復古衣冠又上書言三代取士皆舉于鄉里而先行義後世專以文辭就文辭中害道者莫甚于賦請罷去徂徠贊美其說會諫官御史亦言以賦取士無益治道下兩制議皆以爲進士科始隋歷唐數百年將相多出此不爲不得人且祖宗行之已久不可廢也先生聞其說不行乃慟哭取平生所爲賦八百餘篇焚之講官視先生賦既多且工以爲不情絀出太學先生徑歸遂不復舉進士嘉祐中龍圖閣直學士何剡表其行義賜號安逸處士先生既卒趙清獻守益州奏先生遺稿有益時政願詔果州錄上之云非若茂陵書起天

子修心也寢不下參史傳

通議莫先生說見上泰山門人

蘇先生唐詢

蘇唐詢者從徂徠受易其告歸也徂徠嘗有詩贈之曰爨或經年絕書猶盡日尋讀之可以想見其篤行

杜先生默

杜默字師雄徂徠稱其詩可與石曼卿並稱

徐先生遁

徐遁未悉爵里

梓材謹案歐陽子爲徂徠墓誌云將葬其子師訥與其門人姜潛杜默徐遁等請銘是先生爲徂徠弟子之證

高先生拱辰

高拱辰者徂徠先生壻也徂徠嘗有詩望以韓退之之有李漢云

趙先生狩

趙狩受業徂徠與士建中後受業于泰山忽與方士遊學養生術徂徠作可嗟責之

孟先生宗儒

孟宗儒本道士從徂徠受春秋遂棄其巾服乞爲儒徂徠更名之曰宗儒

百家謹案十七史以來止有儒林至宋史別立道學一門在儒林之前以處周程張邵朱張及程朱門人數人以示隆也于是世之談學者動云周程張朱而諸儒在所渺忽矣先遺獻曰以鄒魯之盛司馬遷但言孔子世家孔子弟子列傳孟子列傳而已未嘗加道學之名也儒林亦爲傳經而設以處夫不及爲弟子者猶之傳孔子之弟子也歷代因之亦是此意周程諸子道德雖盛以視孔子則猶然在弟子之列入之儒林正爲允當今無故而出之爲道學在周程未必加重而于大一統之義乖矣通天地人曰儒以魯國而止儒一人儒之名目原自不輕儒者成德之名猶之曰賢也聖也道學者以道爲學未成乎名也猶之曰志于道志道可以爲名乎欲重而反輕稱名而背義此元人之陋也且此傳以周程張朱而設以門人附之程氏門人朱子最取呂與叔以爲高于諸公朱氏門人以蔡西山爲第一皆不與焉其錯亂乖繆無識如此逮後性理諸書俱宗宋史言宋儒者必冠濂溪不復思夫有安定泰山之在前也百家案先文

潔曰本朝理學實自胡安定孫泰山石徂徠三先生始朱公亦云伊川有不忘三先生之語卽攷諸先儒亦不謬也

長民門人

黄先生黎獻

黄黎獻者受長民易所著有續鉤隱圖一卷略例義一卷室中記師隱訣一卷

提刑吳先生祕

吳祕字君謨甌寧人景祐元年登第歷侍御史知諫院以言事出知濠州提點京東路刑獄乞閑除守同安所著有周易通神一卷今世所稱長民周易新注十卷蓋合黎獻之三卷及先生通神一卷皆在其內其記師說一卷指歸一卷精微一卷又不知何人所作蓋亦其門人之筆也其後有徐庸

祖望謹案皇甫泌易書中有紀師說一卷精微一卷當卽此十卷之二也泌稱受之常山抱犢山人三衢亦有常山卽長民也特故諱之以神其說耳

長民私淑

集賢徐先生庸

徐庸三衢人雲濠案宏治衢州志云其先汴人官于衢因家焉直集賢院著周易意蘊亦長民之學當是私淑弟子也

祖望謹案先生皇祐時人其論易九篇祖劉長民兼本陸秉

至之門人

忠肅劉先生摯父居正

劉摯字莘老東光人兒時父居正課以書朝夕不少閒十歲而孤鞠于外氏就學東平因家焉擢嘉祐甲科歷南宮令韓魏公薦爲館閣校勘王荆公亦器異之擢爲御史裏行入見神宗問曰卿從學王安石邪安石極稱卿器識對曰臣少孤獨學不識安石退上疏言君子小人之分在義理語侵荆公荆公欲竄之嶺外神宗謫監衡州鹽倉久之出知滑州哲宗立召爲吏部郎擢侍御史疏蔡確章惇過惡執憲數月百僚敬憚元祐初擢御史中丞累遷尚書右僕射自輔政至爲相修嚴憲法辨白邪正然性峭直竟爲朋讒奇中罷知鄆州徙青州紹聖初再貶光祿卿蘄州居住四年貶鼎州團練副使新州安置以疾卒紹興初贈少師諡忠肅先生嗜書至老未嘗釋卷家藏書多自讎校或手鈔錄經學于三禮尤粹晚好春秋攷諸儒異同辯其得失通聖人經意爲多每曰士當以器識爲先一號爲文人無足觀矣

左丞梁先生燾

梁燾字況之須城人以父任爲太廟齋郎舉進士中第歷官檢詳樞密五房文字元豐時久旱上書論時政疏入不報內侍王中正將兵出強干賞不以法先生爭之不得請外出知宣州未幾提點京西刑獄哲宗立召爲工部郎中累遷右諫議大夫坐詬同列出爲集賢殿修撰知潞州值歲饑不待命發常平粟振民流人聞之來者不絕先生處之有條人不告病明年以左諫議大夫召甫就道民攀轅不得行踰太行抵河內乃已既到上書言帝富于春秋未專宸斷太皇保佑聖主制政簾帷姦人易爲欺蔽願正紀綱明法度采用忠言講求仁術兩宮嘉納焉進御史中丞改權戶部尚書不拜以龍圖閣直學士知鄭州旬日入權禮部尚書爲翰林學士元祐七年拜尚書右丞轉左丞以疾罷爲資政殿學士同醴泉觀使改知穎昌府紹聖元年知鄆州朋黨論起哲宗曰梁燾每起中正之論其開陳排擊盡出公議朕皆記之以故最後責竟以司馬溫公黨黜知鄂州三年再貶少府監分司南京明年三貶雷州別駕化州安置三年卒年六十四先生自立朝一以引援人物爲意在鄂作薦士錄具載姓名客或見其

書曰公所植桃李乘時而發但不向人開耳先生笑曰嘉出入侍從致位執政八年之間所薦用之不盡負愧多矣其好賢樂善如此同上

梓材謹案劉子卿明本釋引先生語云不信己之所爲而歸之天意不可也又言其師事孫泰山門人姜至之是先生姜氏門人也

詹事晁景迂先生說之 別爲景迂學案

通議家學

知州莫先生表深 別見安定學案

欒圃門人

文定胡武夷先生安國 別爲武夷學案

安逸門人 泰山三傳

主簿馮先生正符 父堯民

馮正符字信道遂寧人其父堯民字希元蜀中老儒也先生從何羣學三上禮部不第以經學教授梓遂閑閉戶十年于諸經多解說而最著名者春秋得法忘例三十卷熙寧中太守何郯上之久而不報意以爲荊公不喜春秋故見絀已而中丞鄧綰薦之得召試舍人院

賜同進士出身荆公亦待之厚授晉原主簿先生春秋務通經旨不事浮辭其辯杜氏三體五例何氏三科九旨之穿鑿怪妄最爲詳悉鄧綰責守虢略先生與陳亨甫皆坐附會罷李巽巖辯之曰信道之學得之安逸處士何羣安逸學甚高國史有傳信道之師友淵源如此則謂其附會進取者或以好惡言之耳且荆公廢春秋而信道之學顧于春秋特詳鄧綰嚴事荆公者也而能以是書言于朝初不曰宰相所不喜也此亦可見當時風俗猶醇厚士各行其志不以利祿故輟作而鄧綰亦加于人一等矣然則信道要當與安逸牽連書國史而鄧綰者偶相知而適相累者也信道無子孫其書爲估人擅易其姓名屬諸李陶字唐父者唐父學于温公最賢而通經然是書則非其所論也不知者妄託之耳予觀于巽巖之言而惜先生之書之不傳又歎宋史竟不能牽連書之安逸傳後今著之學案中使得祖徂徠而宗泰山以見安逸之學蓋有傳者巽巖其可以無憾矣補

提刑門人

主簿鄭揚庭夬 別見王張諸儒學案

忠肅家學

朝奉劉學易先生跂

劉跂字斯立東平人忠肅長子與其弟蹈同登元豐二年進士第官朝奉郎紹聖閒從忠肅于謫所徽宗立詔反忠肅家屬用先生請忠肅得歸葬先生又訴文及甫之誣遂貶及甫等先生能爲文章遭黨事爲官拓落家居避禍以壽終參史傳

雲濠謹案先生著有學易集二十卷見直齋書錄解題晁景迂爲先生墓誌稱其晚作學易堂鄉人稱爲學易先生其集名蓋取諸此景迂又稱先生爲孫明復石守道之徒大東萊呂氏詩話謂其初登科就亳州見劉攽所稱引皆所未知始有意讀書後與孫明復石守道相埒云

奉議劉先生蹈

劉蹈斯立弟皆莘老子以文學知名自處約甚人不知其爲宰相子也

梓材謹案此從紫微童蒙訓移入爲傳又案先生爲忠肅次子官奉議郎其卒也忠肅爲文祭之稱其孝于父母善于弟兄行己應物一以至誠橫逆不校憂樂不驚云

宣教劉先生長福

劉長福學易之子而鄭林向侍郎之壻也嘗官右宣教郎子荀參胡

五峯集

梓材謹案先生子子卿明本釋言朱漢上云其學宗程氏先大夫受其易學是先生爲漢上門人而非終于宣教者矣

知軍劉先生荀別見衡麓學案

提刑劉順寧先生芮別見元城學案

泰山續傳

進士李先生世弼

李世弼須城人從外家受孫明復春秋得其宗旨金貞祐初三赴廷試不售推恩授彭城簿復求試一夕夢在李彥榜下閱計偕士無其人乃更名曰彥父子同赴試其子果以春秋中第二甲第二人而先生第三甲第三人父子褒貶各異而先生遂不復仕從黃氏補本錄入

李氏家學

尚書李先生昶

李昶字士都世弼之子釋褐授孟州温縣丞蒙古兵下河南奉親還鄉里行臺嚴實辟授都事遷經歷親老求罷不許尋以父憂去杜門教授一時名士李謙馬紹吳衍輩皆出其門世祖伐宋次濮州聞先

生名召見問治國用兵之要先生論治國則以用賢立法務本清源爲對論用兵則以伐罪救民不嗜殺爲對深見嘉納及卽位召至開平訪以國事先生知無不言時徵需煩重行省科徵稅賦雖逋戶不貸先生移書時相云止驗見戶應輸猶或不逮復令包補逃故必致艱難省府從其言得蠲逋戶賦中統二年春內難平先生上表賀因進諷諫帝稱善久之嘗燕處望見先生輒斂容曰李秀才至矣特授翰林侍講學士行東平路總管軍民同議官先生條十二事剗除宿弊至元二年罷官家居五年起爲吏禮二部尚書旋請老歸丞相安童奏徵之不赴八年起山東山西道按察使旋致仕卒年八十七所著有春秋左氏遺意孟子權衡遺說等書同上

梓材謹案以上二傳黃氏補本本合爲一傳列李張諸儒學案今以其宗泰山之學附入于此

尙書門人

集賢李野齋先生謙

李謙字受益鄆之東阿人始就學日記數千言作賦有聲爲東平府教授時教授無俸向斂儒戶銀備束脩先生辭曰家幸非甚貧者可聚貨以自殖乎翰林學士王磐以其名聞世祖召爲應奉翰林文字

遷左諭德侍裕宗于東宮陳十事曰正心睦親崇儉幾諫戢兵親賢尚文定律正名革弊裕宗崩又命傅成宗于潛邸所至以先生自隨轉侍讀學士世祖嘗賜坐便殿飲羣臣酒曰聞卿不飲能爲朕強飲乎賜蒲萄酒一巵曰此極易醉人恐汝不勝卽令三近侍扶之出以足疾辭歸東平成宗卽位召至上都陞學士還家又召爲翰林學士承旨年七十一乞致仕仁宗卽位召至行在疏言九事帝嘉納還集賢殿大學士歸卒于家先生文章醇厚有古風不尚浮巧學者宗之號野齋先生有野齋文集行世參史傳

右丞馬先生紹附師張播

馬紹字子卿金鄉人從上黨張播學復遊李士都之門嘗知單州民刻石頌德累官中書左丞有言事者平章事欲罪之先生曰國家導人使言今罪之豈不與詔書戾乎乃止執政數年時稱其賢仕終河南行省右丞有詩文數百篇參姓譜

吳先生衍

吳衍

高平學案表

戚同文
附師
門人
楊愨
宗度
許驤
陳象輿
高象先
郭成
王礪
滕涉範

范仲淹
睢陽所傳

子 純祐
子 純仁
孫 正平
孫 正思
李之儀
韋許
子 純禮
子 純粹
富弼
張方平

張載 別爲橫渠學案

石介 別見泰山學案

李覯

孫立節

子 勰

子 勴

胡埜

徐唐 別見安定學案

曾鞏 別見廬陵學案

劉牧 別見泰山學案

范純仁 見上高平家學

呂希哲 別爲滎陽學案

並盱江學侶

胡瑗 別爲安定學案

孫復 別爲泰山學案

周敦頤 別爲濂溪學案

韓琦 並高平講友

子 忠彥

六世孫 冠卿

六世孫 宜卿 並見清江學案

趙君錫

歐陽脩 別爲廬陵學案 並高平同調

宋元學案卷三

鄞縣全祖望補本

後學慈谿馮雲濠校刊
鄞縣王梓材重校
道州何紹基重刊

高平學案

祖望謹案晦翁推原學術安定泰山而外高平范魏公其一也高平一生粹然無疵而導橫渠以入聖人之室尤爲有功孝宗嘗以朝臣之請將與歐陽兗公並入澤宮已而不果今卒舉行之公是爲不泯矣述高平學案梓材案高平學案謝山所特立而底稾無存其存者特文正三傳弟子韋深道一傳耳今以史傳參補而移忠宣與及門李端叔傳于安定學案以足之謝山嘗立盱江學案而定本無之蓋已併入此卷又案安定泰山諸儒皆表揚于高平而高平實發原于睢陽戚氏故做謝山述元儒魯齋學案之推原江漢而亦先之以睢陽云

高平所出

隱君戚正素先生同文附師楊慤門人宗度許驤陳象輿高象先郭成範王礪滕涉

戚同文字同文雲濠案一作字文約宋之楚邱人世爲儒幼孤祖母攜育于外氏奉養以孝聞祖母卒晝夜哀號不食數日鄉里爲之感動始聞邑人楊慤教授生徒日過其學舍因授禮記隨即成誦日諷一卷慤異而留之不終歲畢誦五經慤即妻以女弟自是彌益勤勵讀書累年不解帶時晉末喪亂絕意祿仕且思見混一遂以同文爲名字慤嘗勉之仕先生曰長者不仕同文亦不仕慤依將軍趙直家遇疾不起以家事託先生即爲葬三世數喪直復厚加禮待爲築室聚徒請益之人不遠千里而至登第者五十六人宗度雲濠案先生上蔡人虞城主簿翼子舉進士仕至京西轉運使許驤雲濠案先生字允升世家薊州父唐以行商卜居睢陽先生與呂文穆公齊名官至兵部侍郎陳象輿高象先雲濠案先生仕至光祿大夫郭成範雲濠案先生最有文名以司封員外郎致仕王礪雲濠案先生事母甚謹太平興國進士官至屯田郎中滕涉雲濠案先生爲給事中父知白官河北轉運使皆踐臺閣而高平范文正公亦由之出先生純質尚信義人有喪者力拯濟之宗族閭里貧乏者周給之冬月多解衣裘與寒者不積財不營居室或勉之輒曰人生以有義爲貴焉用此爲由是深爲鄉里推服有不循孝悌者先生必諭以善道所與遊皆

一時名士樂聞人善未嘗言人短與宗翼張昉滕知白爲友生平不至京師長子維任隨州書記迎先生就養卒于漢東年七十三好爲詩有孟諸集二十卷楊徽之嘗因使至郡一見相善多與酬唱徽之嘗云陶隱居號堅白先生先生純粹質直以道義自富遂與其門人追號正素先生參史傳

謝山慶歷五先生書院記曰有宋真仁二宗之際儒林之草昧也當時濂洛之徒方萌芽而未出而睢陽戚氏在宋泰山孫氏在齊安定胡氏在吳相與講明正學自拔于塵俗之中梓材案袁絜齋爲四明教授廳壁續記云國朝庠序之設徧于寓內自慶歷始其卓然爲後學師表者若南都之戚氏泰山之孫氏海陵之胡氏徂徠之石氏集一時俊秀相與講學涵養作成之功亦既深矣是謝山所本亦會值賢者在朝安陽韓忠獻公高平范文正公樂安歐陽文忠公皆卓然有見于道之大概左提右挈于是學校徧于四方師儒之道以立而李挺之邵古叟輩共以經術和之說者以爲濂洛之前茅也又曰睢陽學統至近日而湯文正公發其光則夫薪火之傳幸勿以世遠而替矣

又答張徵士問四大書院帖子曰戚同文講學睢陽生徒即其

居爲肄業之地祥符三年賜額晏元獻公延范希文掌教焉

睢陽所傳

文正范希文先生仲淹

范仲淹字希文唐宰相履冰之後其先邠州人後徙江南遂爲蘇州吳縣人先生二歲而孤母更適長山朱氏從其姓名說少有志操既長知其世家迺感泣辭母去之應天府依戚同文學晝夜不息冬月憊甚以水沃面食不給至以糜粥繼之舉進士第爲廣德軍司理參軍迎其母歸養還姓更其名遷大理寺丞徙監楚州糧料院母喪去官服除薦爲秘閣校理尋通判河中府徙陳州時方建太乙宮及洪福院市村木陝西先生言昭應壽寧天戒不遠宜罷修寺觀減常歲市木之數以蠲除積負事雖不行仁宗以爲忠章獻太后崩召爲右司諫歲大蝗旱江淮京東滋甚先生出撫江淮所至開倉賑撫且禁民淫祀奏蠲廬舒折役茶江東丁口鹽錢且條上捄弊十事會郭皇后廢爭不能得出知睦州歲餘徙蘇州州大水民田不得耕先生疏五河導太湖注之海募人興作未就尋徙明州轉運使奏留先生畢其役許之歷轉吏部員外郎權知開封府時呂夷簡執政進用者多出其門先生上百官圖指其次第且言超格者不宜全委之宰相夷

簡忌之他日論建都之事復與夷簡不合迺爲四論以獻大抵譏切時政且以張禹目之夷簡訴曰仲淹離閒陛下君臣所引用皆朋黨也先生對益切由是罷知饒州歲餘徙潤州又徙越州元昊反召爲天章閣待制知永興軍改陝西都轉運使會夏竦爲陝西經略安撫招討使進先生龍圖閣直學士副之夷簡再入相帝諭先生使釋前憾先生頓首謝曰臣嚮論蓋國家事于夷簡無憾也延州諸砦多失守先生自請行遷戶部郎中兼知延州累以邊功進樞密直學士右諫議大夫開府涇州先生爲將號令明白愛撫士卒諸羌來者推心接之故賊亦不敢犯元昊請和召拜樞密副使王舉正懦默不任事諫官歐陽修等言先生有相材請代舉正遂改參知政事固辭不拜命爲陝西宣撫使未行復除參知政事會王倫寇淮南帝開天章閣召二府條對先生上十事一曰明黜陟二曰抑僥倖三曰精貢舉四曰擇長官五曰均公田六曰厚農桑七曰修武備八曰推恩信九曰重命令十曰減傜役所言切中時弊帝悉采用著爲令初先生以忤呂夷簡放逐者數年士大夫持二人曲直交指爲朋黨及陝西用兵天子以先生士望所屬超擢不次及夷簡罷召還倚以爲治中外想望其功業而先生以天下爲己任裁削倖濫考覈官吏僥倖者不便

于是謗毀稍行而朋黨之論浸聞上矣會邊陲有警先生復請行邊乃以先生爲河東陝西宣撫使麟州新羅入寇言者多請棄之先生爲修故砦招還流亡三千餘戶蠲其稅比去攻者益急先生亦自請罷迺以爲資政殿學士陝西四路宣撫使知邠州其在中書所施爲亦稍稍沮罷以疾請鄧州進給事中徙荆南鄧人遮使者請留先生亦願留鄧許之尋徙杭州再遷戶部侍郎徙青州會病甚請潁州未至而卒年六十四贈兵部尚書謚文正旣葬帝親書其碑曰褒賢之碑先生泛通六經尤長于易學者多從質問爲執經講解亡所倦弁推其俸以食四方遊士士多出其門下嘗自誦其志曰先天下之憂而憂後天下之樂而樂感論國事時至泣下一時士大夫矯厲尚風節自先生倡之史傳稱先生內剛外和汎愛樂善好施予置義莊里中以贍族人里巷之人皆樂道其名字死之日聞者莫不歎息所著丹陽集若干卷奏議若干卷雲濠案丹陽集二十卷奏議十七卷子四純佑純仁純禮純粹後從祀孔子廟庭稱先儒范子參史傳

易義

家人陽正于外陰正于內陰陽正而男女得位君子理家之時也明乎其內禮則著焉順乎其外孝弟形焉禮則著而家道正孝弟形而

家道成聖人將成其國必正其家一人之家正然後天下之家正天下之家正然後孝弟大興焉何不定之有

升地中生木其道上行君子位以德升之時也夫高以下爲基木始生于地中其舉遠矣聖人日躋其德而至于大寶賢者日崇其業而至于公圭以順而升物不距矣故爻無凶咎

艮止之道必因時而存之時不可進斯止矣高不可亢斯止矣位不可侵斯止矣欲不可縱斯止矣止得其時何咎之有故曰時止則止時行則行動靜不失其時其道光明非君子其孰能與于此乎

女生而知其嫁也必漸而及時然後有歸焉君子學而知其仕也必漸而成德然後有位焉故升高必自下陟遐必自邇乾陽漸進而至于在天坤陰漸進而至于堅冰天地不能踰而況于人乎

附錄

晏殊留守南京公遭母憂晏公請掌府學常宿學中訓督學者夜課諸生讀書寢食皆立時刻往往潛至齋舍詗之見先寢者詰之其人亦妄對則取書問之其人不能對乃罰之出題使諸生作賦必先自爲之欲知其難易及所當用意亦使學者準以爲法由是從學者輻湊記聞

公爲參知政事時告諸子曰吾貧時與汝母養吾親汝母躬執爨而吾親甘旨未嘗充也今而得厚祿欲以養親親不在矣汝母亦已早世吾所最恨者忍令若曹享富貴之樂也吾吳中宗族甚衆于吾固有親疏然吾祖宗視之則均是子孫固無親疏也苟祖宗之意無親疏則饑寒者吾安得不恤也自祖宗來積德百餘年而始發于吾得至大官若獨享富貴而不恤宗族異日何以見祖宗于地下今何顏入家廟乎于是恩例俸賜常均于族人幷置義田宅云 小學外篇

錢君倚義田記曰范文正公平生好施與擇其親而貧疏而賢者咸施之方貴顯時置負郭常稔之田千畝號曰義田以養濟羣族之人日有食歲有衣嫁娶婚葬皆有贍擇族之長而賢者主其計而時其出納焉日食人一升歲衣人一縑嫁女者五十千再嫁者三十千娶婦者三十千再娶者十五千葬者如再嫁之數幼者十千族之聚者九十口歲入給稻八百斛以其所入給其所聚沛然有餘而無窮仕而家居俟代者與焉仕而居官者罷其給此其大較也

呂紫微童蒙訓曰范子夷說其祖作外任官時與京中人書戒其慎勿竊論曲直取小名受大禍不比任言官也相見正當論行己立身之事

汪玉山與朱子書曰范文正公一見橫渠奇之授以中庸若謂從學則不可

梓材謹案紫微每挙挙于范氏家學故移其所稱引者分錄之

梓材謹案橫渠之于高平雖非從學然論其學之所自不能不追溯高平也

謝山跋范文正公年譜曰公于貴後以金帛酬朱氏撫育之恩足矣至回贈繼父以太常博士而以蔭補朱氏子官則于義未爲當不可以大賢而曲護之

高平講友

文昭胡安定先生瑗別爲安定學案

殿丞孫泰山先生復別爲泰山學案

元公周濂溪先生敦頤別爲濂溪學案

高平同調

忠獻韓贛叟先生琦附子忠彥

韓琦字稚圭安陽人父國華右諫議大夫先生弱冠舉進士第二方唱名太史奏日下五色雲見左右皆賀歷遷監左藏庫出爲開封府推官三司度支判官拜右司諫時王隨陳堯佐爲相韓億石中立參

知政事先生連疏其過四人同日罷又請停內降抑僥倖王沂公喜謂先生曰諫官固宜如此先生益自信元昊反命爲陝西安撫使進樞密直學士副夏竦爲經略安撫招討使畫攻守二策入奏仁宗用攻策詔鄜延涇原同出征大將任福不用命沒于好水川先生上章自劾知秦州尋復之未幾還舊職爲陝西四路經略安撫招討使屯涇州先生與范文正在兵閒久名重一時人心歸之朝廷倚以爲重故天下稱爲韓范元昊稱臣召爲樞密副使時上急于求治手詔宰相杜衍曰朕用韓琦范仲淹富弼皆中外人望有可施行宜以時上之先生條上七事議稍用又獻九事大略欲備西北選將帥明按察豐財利遏僥倖進能吏退不才謹入官去宂食謂數者之舉謗必隨之願委計輔臣聽其措置帝悉嘉納遂宣撫陝西討平羣盜歸陳西北四策會尹洙與劉滬爭城水洛事先生右洙朝論不謂然乃請外以資政殿學士知揚州連徙定州兼安撫使進大學士又加觀文殿學士拜武康軍節度使知幷州又知相州嘉祐元年召爲工部尚書三司使未至迎拜樞密使三年六月拜同中書門下平章事集賢殿大學士還刑部尚書六年閏八月遷昭文館大學士監修國史封儀國公至和中上病不能御殿中外惴恐臣下爭以立嗣固根本爲言

包拯范鎮尤激切積五六歲依違未之行言者亦稍怠至是先生乘間懷漢書孔光傳以進曰成帝立弟之子彼中材之主猶如是況陛下乎帝乃立宗實宗實英宗舊名也明年英宗嗣位以先生爲仁宗山陵使加門下侍郎封衞國公門人親客或從容語及定策事先生必正色曰此仁宗聖德神斷皇太后內助之力臣子何與焉英宗暴得疾太后不悅一日先生獨見上上曰太后待我無恩先生對曰自古聖帝明王不爲少矣然獨稱舜爲大孝豈其餘盡不孝邪父母慈愛而子孝此常事不足道惟父母不慈而子不失孝乃爲可稱但恐陛下事之未至爾父母豈有不慈者哉帝大感悟拜先生右僕射封魏國公帝崩奉詔立神宗拜司空兼侍中爲英宗山陵使先生執政三世或病其專先生堅辭位除鎮安武勝軍節度使司兼侍中判相州入對帝泣曰侍中必欲去今日已降制矣賜興道坊宅一區熙寧元年七月復請相州以歸王安石用事出常平使者散青苗錢先生亟言之帝懷其疏以示宰相曰琦眞忠臣雖在外不忘王室朕始謂可以利民今乃害民如此是時新法幾罷安石復出持前議益堅于是先生請解四路安撫使止領一路六年還判相州既至之二年換節永興未拜而卒年六十八前一夕大星隕于治所帝之哭慟篆其

碑曰兩朝顧命定策元勳贈尚書令謚曰忠獻配享英宗廟庭常令其子若孫一人官于相以護邱墓先生識量英偉重厚比周勃政事比姚崇其所建請顧義所在無適莫心嘗處危疑之際或諫自保先生歎曰是何言也人臣盡力事君死生以之至于成敗天也豈可豫憂其不濟遂輟不爲哉生平折節下士尤以奬拔人材爲急王介甫有盛名或以爲可用先生獨不然之及守相陛辭神宗問王安石何如對曰安石爲翰林學士則有餘處輔弼之地則不可與富鄭公齊名號稱賢相人又謂之富韓云徽宗追贈魏郡王子五人長忠彥參史傳

梓材謹案謝山慶歷五先生書院記謂忠獻與范文正歐陽文忠皆卓然有見于道之大概文忠自有學案韓范二公齊名故列忠獻傳于文正後云

附錄

神宗皇帝卽位之初年雖卻韓琦新法之疏至于再三逮琦薨兩宮震悼躬製神道碑念之不已稱爲社稷之臣

梓材謹案此晁景迂初見欽宗之言見邵氏聞見後錄

元城談錄曰韓魏公鎮北門朝臣決令守把兵士不伏以解府公問

汝罵長官信否曰實有公曰汝爲禁兵旣差在彼便有階級判市曹處斬略不變色潞公鎭北門有觧一卒如前者公問亦判處斬而震怒擲筆潞公氣稟雄傑不容奸惡非傲物也魏公和平略無崖岸

又語錄曰歐公非繫辭韓魏公與同政府甚久無事不言獨不與言繫辭

梓材謹案汪玉山與呂逢吉書云歐陽公謂繫辭非孔子所作韓魏公終身未嘗與言易與此略同

晁氏客語曰韓公謂永叔曰凡處事但自家踏得脚地穩一任閒言語

胡文定曰本朝卿相當以李文靖韓忠獻爲冠

文忠歐陽永叔先生脩別爲廬陵學案

高平家學

主簿范先生純祐

范純祐字天成吳縣人文正公長子也性英悟自得尙節行十歲能讀諸書爲文章有聲文正守蘇州首建郡學聘胡安定瑗爲師安定立學規良密生徒數百多不率教文正患之先生尙未冠輒自入學齒諸生之末盡行其規諸生隨之遂不敢犯自是蘇學爲諸郡倡寶

元中西夏叛文正連官關陝皆將兵先生與將卒錯處鉤深擿隱得其才否由是文正任人無失而屢有功文正帥環慶議城馬鋪砦砦逼夏境夏懼扼其衝侵撓其役先生率兵馳據其地夏衆大至且戰且役數日而成一路恃之以安先生事父母孝未嘗違左右不應科第及文正以讒罷先生不得已蔭守將作院主簿又爲司竹監以非所好即解去從文正之鄧得疾昏廢臥許昌富鄭公守淮西過省之猶能感慨道忠義問鄭公之來公邪私邪曰公先生曰公則可凡病十九年卒年四十九參史傳

忠宣范堯夫先生純仁

范純仁字堯夫文正公仲子也以父任爲太常寺太祝第進士調知武進縣以遠親不赴易長葛又辭時胡安定瑗與孫泰山復石徂徠介李盱江覯皆客文正門先生從之學梓材案樓攻媿序忠宣文集云蓋公天資誠確篤志學問承文正公之親傳博之以泰山孫明復徂徠石守道盱江李泰伯三先生師友之益發爲文辭根柢六經切于論事無有長語而一出于正據此則孫石李三先生之于忠宣皆在師友之間殆泰山與安定爲其師而徂徠盱江特其友歟每講肄至夜分不寢置燈帳中帳頂如墨父歿始出仕以著作佐郎

知襄城縣歷遷侍御史會議濮王典禮先生言宜如王珪等議繼與御史呂誨等更論奏不聽先生還所授告敕家居待罪既而皇太后手書尊王爲皇夫人爲后先生言陛下以長君臨御奈何使命出房闈恐異日爲權臣矯託之地尋詔罷追尊起先生就職先生乞外遂通判安州改知蘄州歷京西提點刑獄京西陝西轉運副使召還拜兵部員外郎兼起居舍人同知諫院奏言王安石變祖宗法度掊克財利民心不寧書曰怨豈在明不見是圖願陛下圖不見之怨帝曰何謂對曰杜牧所謂天下之人不敢言而敢怒是也帝曰卿善論事爲朕條古今治亂可爲監戒者乃作尙書解以進直集賢院同修起居注帝切于求治多延見咨訪疏逖小臣先生言小人知小忘大貪近昧遠其言不可不察又論安石欲求近功忘其舊學尙法令則稱商鞅言財用則背孟軻鄙老成爲因循棄公論爲流俗異己爲不肖合意爲賢人宜速還言者而退安石答中外之望不聽遂求罷諫職改判國子監去意愈決執政遣人諭留已擬知制誥矣先生曰此言何爲至我哉言不用萬鍾非所願也凡所上章語多激切帝悉不付外先生錄申中書安石乞加重貶帝不從命知河中府徙成都路轉運使先生戒州縣未得遽行新法安石怒左遷知和州徙邢州未至

加直龍圖閣知慶州過闕入對帝曰卿父在慶著威名卿隨父既久兵法必精邊事必熟先生知帝有功名心對曰臣儒家未嘗學兵先臣守邊時臣尚幼不復記憶且今日事勢宜有不同願別謀之帥臣環州种古執熟羌爲盜流南方過慶呼冤先生以屬吏非盜也古避罪讕訟詔御史治于寧州先生就逮民萬數遮馬涕泗不得行至有自投于河者獄成古以誣謫亦加先生以他過黜知信陽軍移知河中哲宗立復直龍圖閣知慶州召入歷除給事中宣仁后垂簾司馬文正公爲政將盡改熙豐法度先生謂去其太甚可也累進吏部尚書同知樞密右僕射中書侍郎先生在位務以博大開上意忠篤革士風王覿言事忤旨先生慮朋黨將熾與文潞公呂申公辯于簾前未解先生曰朝臣本無黨但善惡邪正各以類分彥博公著皆累朝舊人豈容雷同罔上昔先臣與韓琦富弼同柄慶歷政各舉所知當時飛語指爲朋黨相繼補外造謗者公相慶曰一網打盡此事未遠陛下戒之因錄歐文忠朋黨論以進吳處厚上蔡確車蓋亭詩以爲謗訕廷議欲寘憲典惟先生與王存以爲不可爭之司諫吳安詩正言劉安世交章劾先生黨確先生亦力求罷明年以觀文殿學士知穎昌府歷拜右僕射因入謝宣仁后曰或謂卿必先引用王覿彭汝

礪卿宜與呂大防一心對曰此二人實有士望臣終不敢保位蔽賢宣仁寢疾召先生曰汝父仲淹可謂忠臣在明肅垂簾時惟勸明肅盡母道明肅上賓惟勸仁宗盡子道卿當似之先生泣曰敢不盡忠宣仁崩哲宗親政所用二三大臣皆從中出侍從臺諫官亦多不由進擬先生言陛下初親政四方拭目以觀天下治亂實本于此又羣小競排宣仁垂簾時事先生曰太皇保佑聖躬功烈誠心幽明共鑒議者不恤國事一何薄哉遂以仁宗禁言明肅垂簾事上之李清臣殿試策問爲紹述之說蘇轍奏辯引漢昭變法事哲宗震怒曰安得以漢武比先帝轍下殿待罪衆不敢仰視先生從容言武帝雄才大略史無貶詞轍言殆非謗也且進退大臣不當如呵叱奴僕右丞鄧潤甫越次曰先帝法度爲司馬光蘇轍壞盡先生曰不然法本無弊弊則當改帝爲少霽轍平日與先生有異至是乃服謝曰公佛地位中人也帝既召相章惇先生堅請去遂出知潁昌府徙河南又徙陳州呂大防等竄嶺表會明堂肆赦惇先期阻其事先生上疏爲申理且曰臣曾被大防排斥陛下所親見臣之激切蓋仰報聖德爾惇不悅詆爲同罪連貶永州安置時以疾失明怡然就道聞諸子怨惇必怒止之赴貶所江行舟覆扶先生出衣盡溼顧諸子曰此亦豈章惇

爲之哉徽宗卽位虛相位連除觀文殿大學士屢賜優詔茶藥以病乞歸卒年七十五謚忠宣先生夷易寬簡不以聲色加人義之所在則挺然不少屈自布衣至宰相廉儉如一在洛與司馬諸賢爲真率會脫粟一飯酒數行而已所得俸賜皆以廣義莊賑貧乏种古之獄不少芥蔕且念先世契誼薦擢之嘗曰吾平生所學得之忠恕二字一生用之不盡每戒子弟曰苟能以責人之心責己恕己之心恕人不患不至聖賢地位也又曰六經聖人之事知一字則行一字須要造次顛沛必於是有請教者曰惟儉可以助廉惟恕可以成德梓材案鄉道鄉稱范丞相說作惟儉可以成廉次句同有文集五十卷行世雲濠案陳直齋書錄解題稱先生著有言行錄二十卷彈事五卷國論五卷並佚忠宣文集二十卷奏議二卷遺文一卷附錄一卷補編一卷今存子正平正思正平克承家學從黃氏原本移入

梓材謹案梨洲原本忠宣及李端叔附傳並在安定學案今檢謝山修補稿本韋深道傳標題高平韋爲忠宣再傳弟子則忠宣端叔二傳皆當入高平學案可知故並移之

附錄

知襄城伯兄純祐久心疾先生承事照管如孝子召編校祕閣書籍

以兄病辭不赴富公責之曰臺閣清資人豈易得何必苦辭先生曰富貴有命

文正公在睢陽遣先生到姑蘇取麥五百斛先生時尚少既還舟次丹陽見石曼卿問寄此久何如曼卿曰兩月矣三喪在淺土欲葬之而北歸無可與謀者先生以所載麥舟付之單騎自長蘆捷徑而去到家拜起侍立良久文正曰東吳見故舊乎對曰石曼卿爲三喪未舉方留滯丹陽時無郭元振莫可告者文正曰何不以麥舟與之曰已與之矣

襄民素不事蠶織未有植桑者先生因有罪情輕者視所植多寡榮茂除其罰民思不忘號著作林

旱久不雨先生度將來必闕食遂盡籍境內客舟召其主而諭之曰民將無食爾等商販惟以五穀貯于佛寺中候闕食時吾爲汝主糶衆賈從命運販不停諸縣饑境內之民不知也

自陝西運副召還神宗問曰卿在陝西久主漕輓必精意邊事城郭甲兵糧儲何如對曰城郭粗完甲兵粗修糧儲粗備帝愕然曰卿才能如此朕所倚賴而執事皆言粗何也純仁對曰粗者未精之辭如是足矣臣願陛下無意于邊事恐邊臣觀望要功生事結釁塞外殘害

生靈耗竭財用糜費不惟爲今日目前之害又將貽他時意外之憂願陛下究孟子交鄰之道修孔子來遠之德使好生之德洽于遐方彼將愛戴陛下如父母雖其酋首桀驁欲侵侮我疆其徒亦不爲之用也

環慶大饑公初到餓殍滿路先生欲發常平封樁粟麥賑之州郡皆欲俟奏請得旨後散先生曰人七日不食即死何可待報諸公但弗預吾寧獨坐罪

除給事中時哲宗宣仁共政司馬温公入相首改差役先生謂之曰此事當熟講而緩行不然滋爲民病且宰相職在求人變法非所先也温公有所建請先生復言宰相當虛心以采衆論不必謀自己出謀自己出則諂諛得乘間迎合而正士當卷懷退避先生與温公雖同志及臨事不苟同不見小思前料後劑量矯正類如此

温公欲令進士召朝官保任然後應舉又更貢舉法先生曰舉人難得朝士相知士族近京猶可寒遠之士尤不易矣兼今之朝士未必能過京官選人京官選人未必能如布衣徒令求舉未必有益既欲不廢文章則雜文四六之科不如設在衆人場中不須別設一科也孟子恐不可輕黜猶六經之春秋也温公從之

除兼侍講公語人曰國之本在君君之本在心人君之學當正心誠意以仁爲體使邪僻浮薄之說無自而入然後發號施令爲宗廟社稷之福豈務章通句解以資口舌之辯哉及在經筵進講必反覆開陳其說歸于人君可用而後止

元祐三年有吳處厚者以蔡確題安州車蓋亭詩來上以爲謗訕宣仁太后得之怒曰蔡確以吾比武后當重謫呂汲公大防爲左相不敢言先生乞薄罪不從初議貶確新州先生謂汲公曰此路荆棘已七八十年吾輩開之恐不自免汲公不敢言先生因乞罷政

西邊儒帥有以威敵斥境請于先生者手自答曰大輅與柴車較逐鸞鳳與鴟鴞爭食連城與瓦石相觸君子與小人鬭力不惟不能勝兼不可勝不惟不可勝雖勝亦非也

百家謹案先生只此數語真聖人之言也夫聖人之本殺一不辜雖得天下且不爲彼以開拓邊疆爲事使百姓肝腦塗地而不恤者罪不容于死者也先生既承文正公之家學而又得安定泰山之傳其學以忠信爲體六經爲功至其事君一以正心誠意格其非心勸其仁愛萬民毋開邊釁百家嘗想先生父子間古今來粹然純白學問中不易多覯之人也先生疾革精識

不亂諸子侍側口占遺表略云蓋嘗先天下而憂期不負聖人之學此先臣所以教子而微臣資以事君又曰若宣仁之誣謗未明致保佑之憂勤不顯本權臣務快其私忿非泰陵實謂之當然以至未究流人之往愆悉以聖恩而特敘尚使存歿猶汚瑕疵又未解疆埸之嚴幾空帑藏之積有城必守得地難耕凡八事命門人李之儀次第之先生之至死盡忠如此梓材案以上附錄與黃氏案語亦自安定學案移入是卷

鄒道鄉曰范丞相平生所稱引奏對秖是孝經論語孟子周易嘗云人作好事不堪再說說著便不中

呂舍人官箴曰范忠宣公鎭西京日嘗戒屬官受納租稅不要令兩頭探或問何謂曰不要令人戶探官員等候受納官員不要探納者多少然後入場此謂兩頭探但自絕早入場等人口則自無人戶稽留之弊黃氏補本

汪玉山與呂逢吉書曰忠宣持論專欲消合黨類兼收並用而不知其勢亦有未易爲者君子小人之勢決無兩立元祐晚年呂微仲逐去劉莘老門下士而引李清臣鄧溫伯蒲宗孟于從班忠宣之說略施行矣然首倡紹述之說者李鄧也其流害迄于今可見矣曾子開

謂范公之言行于元祐必無紹聖大臣報復之禍然使蔡確不殛他日復出豈在惇卞下特不當以詩罪之耳且惇卞在元祐或偃息大郡或優游奉祠所以貸之者厚矣略無懷惠悔過之意則知專以優柔待小人者非其理也若謂忠宣有他意則不可其再相力辯臺諫誣罔吐剛茹柔罷相後尚乞寬元祐諸人以至得謫是果何求願更慎言之

祖望謹案東萊亦以范堯夫參用熙豐小人之說爲非

恭獻范先生純禮

范純禮字彝叟文正公三子以父蔭爲祕書省正字簽書河南府判官知陵臺令兼永安縣永昭陵建京西轉運使配木石磚甓及工徒于一路獨永安不受令使者以白陵使韓琦琦曰范純禮豈不知此將必有說他日衆質之先生曰陵寢皆在邑境歲時繕治無虛日今乃與百縣均賦曷若置此使之奉常時用乎琦是其對還朝用爲三司鹽鐵判官以比部員外郎出知遂州瀘南有邊事調度苛棘先生一以靜待之辨其可具者不取于民民圖像于廬而奉之如神名曰范公庵除戸部郎中累遷刑部侍郎進給事中張耒除起居舍人病未能朝而令先供職先生批敕曰臣僚未有以疾謁告不赴朝參先

視事者聞者皆悚動御史中丞擊執政將遂代其位先以諷先生先生不可即徙先生刑部侍郎而後出命轉吏部改天章閣待制樞密都承旨出知亳州徽宗立以龍圖閣直學士知開封府前尹刻深爲治先生以寬處之既拜禮部尚書擢尚書右丞呂惠卿告老徽宗問執政執政欲許之純禮曰惠卿嘗輔政其人固不足重然當存國體會布奏議者多憂財用不足此非所急也願陛下勿以爲慮先生曰大農告匱帑庾枵空而曰不足慮非面謾邪因從容諫曰邇者朝廷命令莫不是元豐而非元祐以臣觀之神宗立法之意固善吏推行之或有失當非必盡懷邪爲私又曰自古天下治亂繫于用人人君欲得英傑之心固當不次飭拔必待薦而後用則守正特立之士將終身晦迹矣左司諫江公望論繼述事當執中道不可拘一偏徽宗出示其疏先生贊之曰願陛下以曉中外使知聖意所嚮亦足以革小人徇利之情乞褒遷公望以勸來者先生沈毅剛正曾布憚之激駙馬都尉王詵曰上欲除君承旨范右丞不可詵怒會詵館遼使先生主宴詵誣其輒斥御名罷爲端明殿學士知潁昌府提舉崇福宮崇寧中啓黨禁貶試少府監分司南京又貶靜江軍節度副使徐州安置徙單州五年復左朝議大夫提舉鴻慶宮卒年七十六 參史傳

安撫范先生純粹

范純粹字德孺文正公季子也以蔭遷至贊善大夫檢正中書刑房公事以事出知滕縣遷提舉成都諸路茶場元豐中爲陝西轉運判官時五路出師伐西夏高遵裕出環慶以劉昌祚後期欲按誅之昌祚憂恚病臥其麾下皆憤焉先生恐兩軍不協致生他變勸遵裕往問昌祚疾其難遂解神宗責諸將無功謀欲再舉先生奏關陝軍力單竭公私大困根本可憂神宗納之進爲副使吳居厚爲京東轉運使數獻羨賦神宗將以徐州大錢二十萬緡助陝西先生語其僚曰吾部雖急忍復取此膏血之餘卽奏本路得錢誠爲利自徐至邊勞費甚矣懇辭弗受入爲右司郎中哲宗立居厚敗命先生以直龍圖閣往代之盡革其苛政時蘇軾自登州召還先生與軾同建募役之議軾謂先生講此事尤爲精詳復代兄純仁知慶州與夏議分疆界先生請棄所取夏地所言皆略見施行夏人不庭先生遣將曲珍救之曰本道首建應援牽制之策臣子之義忘軀徇國無謂鄰路被寇非我職也珍卽日疾馳三百里破之于曲律擣橫山夏衆遁去元祐中除寶文閣待制再任召爲戶部侍郎又出知延州紹聖初哲宗親政用事者欲開邊釁御史郭知章遂論先生元祐棄地事降直龍圖

閤明年復以寶文閣待制知熙州章惇蔡卞經略西夏疑先生不與共事改知鄧州歷河南府滑州旋以元祐黨人奪職知均州徽宗立起知信州尋以言者落職知金州又謫常州通判鄂州安置錮子弟不得擅入都會赦復領祠久之以右文殿修撰提舉太清宮黨禁解復徽猷閣待制致仕卒年七十二先生沈毅有幹略才應時須凡條疏時事議論皆剴切詳盡仝上

附錄

鄒道鄉曰范德孺在太原每支官吏及軍士糧同出一廒雖有溼惡軍士自不怨

高平門人

文忠富彥國先生弼

富弼字彥國河南人篤學有大度初遊場屋穆伯長謂之曰進士不足以盡子之才當以大科名世果禮部試下西歸范文正公追之曰有旨以大科取士可亟還遂舉茂才異等僉書河陽判官通判絳州慶歷中再使契丹以成和議拜樞密使封韓國公後與文潞公彥博並相天下稱爲富文元豐六年卒年八十先生早有公輔之望名聞夷狄遼使每至必問其出處安否臨事周悉不萬全不發當其敢言

奮不顧身忠義之性老而彌篤家居一紀斯須未嘗忘朝廷訃聞贈太尉謚文忠參史傳

梓材謹案先生初封鄭國始名皐晏元獻判南京文正權掌西監晏屬之擇壻文正曰監中有二舉子富皐張爲善皆有文行可壻晏問孰優曰富修謹張疏俊晏取先生爲壻文正掌監事而先生與張文定並爲舉子固得爲文正門人也又案呂與叔集載先生致事家居專爲佛老之學與叔嘗奏記于先生是先生爲學不若文正之醇矣

附錄

神宗欲相富弼以疾辭退居洛陽多以手疏論天下大利害神宗必賜手札報之嘗因王安石有所建明而卻之曰如此則富弼手疏稱老臣無處告訴但仰屋竊歎者即當至矣弼薨躬製祭文

梓材謹案此晁景迂初見欽宗之言

劉器之曰富鄭公年八十書座屏云守口如瓶防意如城

梓材謹案此晁氏客語謝山節入景迂學案茲爲爲鄭公立傳而移之

元城語錄曰富鄭公使敵說以用兵則國家受其害人臣享其利老

蘇謂二子曰古人有此意否東坡對曰嚴安亦有此意但不如此明白老蘇笑以爲然蓋取嚴安諫用兵曰此人臣之利非天下之長策也前輩讀書必見于用

陳唯室步里客談曰富文忠少日有詬者如不聞知或告之則曰恐罵他人曰斥公名曰天下安知無同姓名者

文定張樂全先生方平

張方平字安道南京人少穎悟絕倫先舉茂才異等爲校書郎知崑山縣又中賢良方正選遷著作佐郎通判睦州當召試館職仁宗曰是非再舉制科者乎命直集賢院俄判西京入覲留判尚書都省累拜參知政事西京留守知陳州以太子少師致仕卒年八十五贈司空謚文定先生慷慨有氣節既告老論事益切至于用官起獄尤反覆言之且曰臣且死見先帝地下有以藉口矣平居未嘗以言徇物以色假人守蜀得眉山蘇洵與其二子軾轍深器異之嘗薦軾爲諫官晚受知神宗王安石方用事凝然不小屈以是望高一時參史傳

雲濠謹案樓攻媿跋先生上范文正公書云文正講道睢陽樂全以文受知晏元獻公欲擇二壻其一則富文忠公次則樂全樂全雖不成婚然皆文正所薦時蓋名爲替云

附錄

元城語錄曰東坡下御史獄張安道上書救之其子不敢投後東坡見之亦吐舌色動蓋安道書云其實天下之奇材也豈不激怒但當言本朝未嘗殺士大夫

獻公張橫渠先生載別爲橫渠學案

直講石徂徠先生介別見泰山學案

說書李盱江先生覯

李覯字泰伯南城人學者稱爲盱江先生俊辯能文舉茂才異等不中親老以教授自資學者常數十百人皇祐初范文正公薦爲試太學助教上明堂位定制圖嘉祐中用國子監奏召爲海門主簿太學說書而卒先生嘗著周禮致太平論平土書禮論門人鄧潤甫熙寧中上其退居類稾皇祐續稾幷後集請官其子參詔爲郊社齋郎參史傳

梓材謹案盧氏所藏學案原底于先生門人孫介夫傳標云盱江知謝山嘗立盱江學案檢原底序錄士劉諸儒學案條有江楚則有李覯句後定刊本又節之蓋以盱江併入高平爾又案忠宣傳安定泰山徂徠盱江皆客文正門先生與徂徠輩行較

後以爲文正門人可也

考工記周人明堂度九尺之筵是言堂基修廣非謂立室之數東西九筵南北七筵堂崇一筵是言堂上非謂室中東西之堂各深四筵半南北之堂各深三筵半五室凡室二筵是言四堂中央有方十筵之地自東至西可營五室自南至北可營五室十筵中央方二筵之地既爲太室連作餘室則不能令十二位各直其辰當于東南西北四面及四角缺處各虛方二筵之地周而通之以爲太廟太室正居中月令所謂中央土居太廟太室者言此太廟之中有太室也太廟之外當子午卯酉四位上各畫方二筵地以與太廟相通爲青陽明堂總章玄堂四太廟當寅申巳亥辰戌丑未八位上各畫方二筵地以爲左个右个也大戴禮盛德記明堂凡九室室四戶八牖共三十六戶七十二牖八个之室并太室而九室四面各有戶戶旁夾兩牖也白虎通明堂上圓下方八窗四闥九室十二坐四太廟前各爲一門坐于堂上門旁夾兩窗也左右之个其實皆室但以分處左右形如夾房故有个名太廟之內以及太室其實祀文王配上帝之位謂之廟者義當然矣土者分王四時于五行最尊故天子當其時居太

室用祭天地之位以尊嚴之也四仲之月各得一時之中與餘月有異故復于子午卯酉之方取二筵地假太廟之名以聽朔也周禮言基而不及室大戴言室而不及廟稽之月令則備矣然非白虎通亦無以知窗闥之制也聶崇義所謂秦人明堂圖者其制有十二階古之遺法當亦取之禮記外傳曰明堂四面各五門今案明堂位八蠻之國南門之外九采之國應門之外時天子負斧扆南鄉而立南門之外者北面東上應門之外者亦北面東上是南門之外有應門也既有應門則不得不有皐庫雉門明堂者四時所居四面如一南面既有五門則餘三面皆各有五門鄭注明堂位則云正門謂之應門其意當謂變南門之文以爲應門又見王宮有路門其次乃有應門今明堂無路門之名而但有應門便謂更無重門而南門卽是應門且路寢之前則名路門其次有應門明堂非路寢乃變其內門之名爲東門南門而次有應門何害于義四夷之君既在四門之外而外無重門則是列于郊野道路之閒豈朝會之儀乎王宮常居猶設五門以限中外明堂者效天法地尊祖配帝而止一門以表之豈爲稱哉若其建置之所則淳于登云在國之陽三里之外七里之內丙巳之地玉藻聽朔于南門之外康成之注亦與是合天稱明也宜在國

之陽事天神也宜在城門之外今圖以九分當九尺之筵東西之堂共九筵南北之堂共七筵中央之地自東至西凡五室自南至北凡五室每室二筵取于考工記也一太室八左右个共九室室有四戸八牖共三十六戸七十二牖協于大戴禮盛德記也九室四廟共十三位本于月令也四廟之面各爲一門門夾兩窗是謂八窗四闥稽于白虎通也十二階采于聶崇義三禮圖也四面各五門酌于明堂位禮記外傳也

明堂定制圖序

大傳曰別子爲祖注云別子謂公子若始來在此國者後世以爲祖也又曰繼別爲宗注云別子之世適也族人尊之謂之大宗是宗子也又曰繼禰者爲小宗注云父之適也兄弟尊之謂之小宗又曰有百世不遷之宗有五世則遷之宗百世不遷者別子之後也宗其繼別子之所自出者百世不遷者也宗其繼高祖者五世則遷者也注云遷猶變易也繼別子別子之世適也繼高祖者亦小宗也先言繼禰者據別子子弟之子也以高祖與禰皆有繼者則曾祖祖亦有也則小宗四與大宗凡五說者曰別子謂公子諸侯之庶子也若細別言之則妻之所生爲適妾之所生爲庶若秪據正體言之則妻之長子爲適其次子以下及妾所生通得謂之庶子也諸侯之適子適孫

繼世爲君而庶子不得禰先君故自與其後世子孫爲始祖也云若始來在此國者謂非君之親或是異姓始來在此國者亦得謂之別子自與其後世子孫爲始祖也別子之適子世繼別子爲大宗族人尊之雖五世以外皆爲之齊衰三月爲其母妻亦然所謂百世不遷者也其別子之庶子不得禰別子則自使其適子繼己而爲小宗所謂繼禰者爲小宗也繼禰則與親兄弟爲宗也又其適子則繼祖與同堂兄弟爲宗也又其適子則繼曾祖與再從兄弟爲宗也又其適子則繼高祖與三從兄弟爲宗也其庶子皆不得繼禰各自使其適子繼己而爲小宗焉是自高祖之後至元孫凡四世就此第四世小宗之三從兄弟而言則其人有小宗四矣宗其繼禰者親兄弟也又與之共宗于繼祖者同堂兄弟也又與之共宗于繼曾祖者再從兄弟也又與之共宗于繼高祖者三從兄弟也然則四宗備矣又與四宗共宗于大宗是爲五宗也其于小宗各以本服服之親兄弟齊衰期也同堂兄弟大功也再從兄弟小功也三從兄弟緦麻也至第五世繼高祖之父者與四從兄弟無服不復爲之宗所謂五世則遷者也若世數尙少則小宗或有三或有二或有一其曰小宗四者蓋極言之耳不必皆然也

或問伊尹廢太甲有諸曰是何言歟君何可廢也古者君薨百官總己以聽于冢宰三年成湯既歿二十五月中伊尹之知政太甲之居憂固其常也不宮于亳而宮于桐近先王墓使其思念名之曰放倣之之意也故三祀十有二月朔伊尹以冕服奉嗣王歸于亳二十六月而即吉也則太甲之爲君何嘗一日廢矣哉

或曰伊尹放太甲而天下厭然周公屏成王而國有流言何也曰周公武王弟也有次立之勢管蔡其至親也易以生怨以怨濟疑理固然也敢問太甲不能終允德成王不見金縢之書則伊周柰何曰太甲賢也不得不改成王亦賢也不得不悟太甲成王果不賢邪則湯武不以託伊周伊周亦不受之于湯武

或曰知人蓋未易也周公不知管蔡安知成王曰事有小有大有緩有急監武庚之國其任人也常事也天下之政多矣譬諸日月猶有所不照夫以新造之周而謀嗣焉其用心奚若堯不知四凶可也至于丹朱其有不知者乎

或曰自漢迄唐孰王孰霸曰天子也安得霸哉皇帝王霸其人之號非其道之目也自王以上天子號也惟其所自稱耳帝亦稱皇書曰

皇帝清問下民是也王亦稱帝易曰帝乙歸妹是也如其優劣之云則文王武王劣于帝乙者乎霸諸侯號也霸之爲言伯也所以長諸侯也豈天子之所得爲哉道有粹有駁其人之號不可以易之也世俗見古之王者粹則諸侯而粹者亦曰行王道見古之霸者駁則天子而駁者亦曰行霸道悖矣宣帝言漢家制度本以霸王道雜之由此也人固有父爲士子爲農者矣謂天下之士者曰行父道謂天下之農者曰行子道可乎父雖爲農不失其爲父也子雖爲士不失其爲子也世世俗之言王霸者亦猶是矣若夫所謂父道則有之矣慈也所謂子道則有之矣孝也所謂王道則有之矣安天下也所謂霸道則有之矣尊京師也非粹與駁之謂也

或曰詩人以后稷先公致王業之艱難其非諸侯矣乎曰武王既得天下詩人迹其世世修德始于后稷公劉以至于太王王季文王故云爾也當商之末喪誰有此言乎如使紂能悔過武王不得天下則文王之爲西伯霸之盛者而已矣西伯霸而粹桓文霸而駁者也三代王而粹漢唐王而駁者也

或問魯用王禮何如曰成王以周公勳勞命魯公世世祀周公以天子之禮樂周公尊矣故禰文王郊后稷皆倣王禮而不備焉周公而

上王禮可也魯頌曰皇皇后帝皇祖后稷享以騂犧是享是宜降福既多豈有非禮而頌之云乎周公而下則僭矣隱五年九月考仲子之宮初獻六羽公問于衆仲始用諸侯禮也

或曰地方七百里有諸曰信也然則孟子何言乎儉于百里也因閟宮頌僖公復周公之宇而曰公車千乘朱英綠縢千乘之地方三百一十六里有畸山陵林麓川澤溝瀆城郭宮室涂巷不與焉其何儉于百里也世俗疑周官五百里以其大也是亦不思爾矣諸侯之于天子非若敵國然也大國貢半次國三之一小國四之一諸侯有其地天子食之稅譬之一郡而已矣魯七百里開方之而四十九殆半王畿也今之大郡不有半京畿者乎

或問聖人之道固不容雜也何吾子之不一也曰天地之中一物邪抑萬物也養人者不一物闕一則病矣聖人之道譬諸朝廷朝廷也者豈一種人哉處之有禮故能一也女子在內男子在外貴者在上賤者在下親者在先疏者在後府史胥徒工賈牧圉各有攸居而不相亂也夫所以謂之一也他人之不一則闠闠耳終日紛紛而無有定次也夫所以謂之雜也世俗患其雜則拘于一是欲以一物養天下之人也白而不受采則人皆縞素矣何足以觀之哉其歸于諸子

而已矣

聖人無高行何謂也曰聖人之行必以禮也禮則無高矣夫其高者出于禮也異于人也故能赫赫之如彼也孔子事親無異稱居喪無異聞立朝無異節何也安禮也出于禮者非聖人也矯世者之爲之也敢問聖人有過歟曰加我數年五十以學易可以無大過矣夫豈無過哉或曰孔子謙也曰仲虺之美成湯改過不吝豈成湯之謙也哉世俗之說者則謂聖人無過顏子不貳猶或爲之辭徒使人君之恥過也而不欲聞之也

孔子之爲司寇也不聞其改法度也沈猶氏不敢朝飲其羊公慎氏出其妻慎潰氏踰境而徙魯之粥馬牛者不豫賈必早正以待之也世俗之說者不曰正其身徒囂囂以疾人之法度其亦非孔子之志也

大哉孔子吾何能稱焉顏淵曰仰之彌高鑽之彌堅瞻之在前忽焉在後仰之彌高也則吾以無極星考之正之舍是則無四方矣鑽之彌堅也則吾以爲磐石據之依之舍是則無安居矣瞻之在前忽焉在後也則吾以爲鬼神生之斂之舍是則無庶物矣他人之道借曰善焉有之可也無之可也夫子之道不可須與去也不聞之是無耳

也不見之是無目也不言之是無口也不學之不思之是無心無精爽也尚可以爲人乎哉吾于斯道夜而諷之矣晝而讀之矣髮班班而不知其疲矣終沒吾世而已矣

常語辯

孟子曰五霸者三王之罪人也吾以爲孟子者五霸之罪人也五霸率諸侯事天子孟子勸諸侯爲天子苟有人性者必知其逆順爾矣孟子當周顯王時其後尚且百年而秦幷之嗚呼孟子忍人也其視周室如無有也

余隱之曰孟子說列國之君使之行王政者欲其去暴虐行仁義而救民于水火爾行仁義而得天下雖伊尹太公孔子說其君亦不過如此彼五霸者假仁義而行陽尊周室而陰欲以兵強天下孟子不忍斯民死于鬬戰遂以王者仁義之道詔之使當時之君不行仁義而得天下孟子亦惡之矣豈復勸諸侯爲天子哉

朱子曰李氏罪孟子勸諸侯爲天子正爲不知時措之宜隱之之辯已得之但少發明時措之意又所云行仁義而得天下雖伊尹太公孔子說其君亦不過如此語亦未盡善不若云行仁義而天下歸之乃理勢之必然雖欲辭之而不可得也

孔子曰桓公九合諸侯不以兵車管仲之力也如其仁如其仁又曰管仲相桓公霸諸侯一匡天下民到于今受其賜微管仲吾其被髮左衽矣而孟子謂以齊王猶反手也功烈如彼其卑故曰管仲曾西之所不爲嗚呼是猶見人之鬬者而笑曰胡不因而殺之貨可得也雖然他人之鬬者耳桓公管仲之于周救父祖也而孟子非之奈何

余隱之曰孔子謂管仲如其仁言仲之似仁而非仁也又謂微管仲吾其被髮左衽言仲有攘卻夷狄之功也至謂其小器奢僭不知禮言仲之不能圖大致遠也夫奢僭不知禮之人豈得爲仁乎其所以九合諸侯者假仁而行以濟其不仁耳宜曾西之所不爲也昔成湯以七十里爲小國之諸侯伊尹相之以王于天下齊以千里之國而相管仲管仲得君之專行國政之久功烈如彼其卑童子且羞稱之況大賢乎有好功利者必喜管仲仁者不爲也管仲急于圖霸藉周室以爲之資爾謂桓公管仲之于周如救父祖吾弗信之矣

朱子曰夫子之于管仲大其功而小其器邵康節亦謂五霸者功之首罪之魁也知此者可與論桓公管仲之事矣夫子言如其仁者以當時王者不作中國衰夷狄橫諸侯之功未有如管仲者故

許其有仁者之功亦彼善于此而已至于語學者立心致道之際
則其規模宏遠自有定論豈曰若管仲而休邪曾西之恥而不爲
蓋亦有說矣李氏又有救鬬之說愚以爲桓公管仲救父祖之鬬
而私其財以爲子舍之藏者也故周雖小振而齊亦寖強矣夫豈
誠心惻怛而救之哉孟子不與管仲或以是爾隱之以爲小其不
能相桓公以王于天下恐不然齊桓之時周德雖衰天命未改革
命之事未可爲也孟子言以齊王猶反手自謂當年事勢且言己
志非爲管仲發也

大哉孔子之作春秋也援周室于千仞之壑使天下昭然知無二王
削吳楚之葬辟其僭號也諱貿戎之戰言莫敢敵也微孔子則春秋
不作微春秋則京師不尊爲人臣子不當如是哉嗚呼孟子其亦闇
之也哉首止之會序會王世子尊之也其盟復舉諸侯尊王世子而
不敢與盟也洮之盟王人微者也序乎諸侯之上貴王命也美哉齊
桓其深知君臣之禮如此夫使孟子謀之則桓公偃然在天子之位
矣世子王人爲亡人之不暇孰與諸侯相先後哉

余隱之曰春秋之時周室衰微天王不能自立以至下堂而見諸
侯當是時徒擁其虛位爾孔子歷聘七十二君未嘗說之使尊周

室及夫公山氏之召乃曰如有用我者吾其爲東周乎此聖人之知幾也嗚呼知幾其神矣乎苟惟說諸侯使之尊周諸侯不得自肆而強者必生變則是速其滅周也先見之幾豈陋儒所能知哉或曰齊晉尊周非歟曰齊晉志在霸業不得不尊周也孟子距孔子之時又百有餘歲則周之微弱可知矣若管仲之功可爲孔子爲之矣孔子不爲孟子安得爲之乎孔子作春秋寓一王之法正天下之名分使亂臣賊子知所懼孟子以王者仁義之道說諸侯使之知有君臣父子而杜僭竊篡弒之禍正得夫春秋之旨但學者有所未究爾又孟子曰以力假仁者霸以德行仁者王孟子未嘗不欲當時之君尚德而不尚力豈復使諸侯偃然在天子之位哉齊桓之于管仲學焉而後臣之任賢之專固無愧于湯武惜乎桓公無王者量管仲無王佐才徒相與謀託周室以號天下而成霸者之業爾爲君而內亂醜惡爲臣而亡禮僭奢何足道哉首止之會尊王世子復舉諸侯而不敢與盟洮之盟序王人于諸侯之上以尊王命君臣之禮固盡矣其志在于圖霸不得不爾盜亦有道其是之謂乎

朱子曰孔子尊周孟子不尊周如冬裘夏葛饑食渴飲時措之宜

異爾此齊桓不得不尊周亦迫于大義不得不然夫子筆之于經以明君臣之義于萬世非專爲美桓公也孔孟易地則皆然李氏未之思也隱之以孟子之故必謂孔子不尊周又似諸公以孔子之故必謂孟子不合不尊周也得時措之宜則並行而不相悖矣

或曰仲尼之徒無道桓文之事者吾子何爲曰衣裳之會十有一春秋也非仲尼修乎木瓜衛風也非仲尼刪乎正而不譎魯語也非仲尼言乎仲尼亟言之其徒雖不道無歉也嗚呼霸者豈易與哉使齊桓能有終管仲能不侈則文王太公何恧焉詩曰采葑采菲無以下體蓋聖人之意也

余隱之曰周衰王者之賞罰不行乎天下諸侯擅相侵伐強陵弱衆暴寡是非善惡由是不明人欲肆而天理滅矣吾夫子憂之乃因魯史而修春秋以代王者之賞罰是是而非非善善而惡惡誅姦諛于既死發潛德之幽光是故春秋成而亂臣賊子懼觀夫二百四十二年之間書會者無國無之惟齊之會以尊王室爲辭夫子屢書之攘戎狄而封衛衛人思之作木瓜之詩夫子取之伐楚責包茅之貢不入問昭王南征不復夫子有正而不譎之言夫子亟言之者以是時無能尊王室故進之爾然以權詐有餘而仁義

不足功止于霸此夫子之徒所以無道之也儗人必于其倫謂使
齊桓能有終管仲能不侈則文王太公何恧過矣

朱子曰春秋序桓績蓋所謂彼善于此論語論桓文之事猶曰師也過商也不及使當時無端木氏之問則今之說者必有優劣之分矣詩錄木瓜卽春秋序績之意亦以善衞人之情也豈以齊桓之事爲盡可法哉李氏詆孟子而甚長齊桓尊管仲至以文王太公比之反易顛倒如此豈由不識聖賢所傳本心之體故不知王道之大而易怵于功利之淺爾

孟子曰盡信書則不如無書仁人無敵于天下以至仁伐不仁而何其血之流杵也曰紂一人惡邪衆人惡邪衆皆善而紂獨惡則去紂久矣不待周也夫爲天下逋逃主萃淵藪同之者可遽數邪紂存則逋逃者曷歸乎其欲拒周者人可數邪血流漂杵未足多也或曰前徒倒戈攻于後以北故荀卿曰殺者皆商人非周人也然則商人之不拒周審矣曰如皆北也焉用攻又曰甚哉世人之好異也孔子非吾師乎衆言讙讙千徑百道幸存孔子吾得以求其是虞夏商周之書出于孔子其誰不知孟子一言人皆畔之畔之不已故今人之取孟子以斷六經矣嗚呼信孟子而不信經是猶信他人而疑父母也

余隱之曰魯語曰俎豆之事則嘗聞之矣軍旅之事未之學也孔子之意可見矣客有問陶宏景注易與本草孰先陶曰注易誤不至殺人注本草誤則有不得其死者世以爲知言唐子西嘗曰宏景知本草而未知經注本草誤其禍疾而小注六經誤其禍遲而大前世儒臣引經誤國其禍至于伏尸百萬流血千里武成曰血流漂杵武王以此自多之辭當時倒戈攻後殺傷固多非止一處豈止血流漂杵乎孟子深慮戰國之君以此藉口故曰盡信書則不如無書而謂血流漂杵未足爲多豈示訓之意哉經注之禍正此類也反以孟子爲畔經是亦惑矣謂虞夏商周之書出于孔子人宜取信詩非孔子之刪乎雲漢之詩曰周餘黎民靡有孑遺信斯言也則是周無遺民也請以此說爲證

或曰孟子之心以天下積亂矣諸侯皆欲自雄苟說之以臣事周孰能喜也故揭仁義之竿而湯武爲之餌幸其速售以拯斯民而已矣曰孟子不肯枉尺直尋謂以順爲正者妾婦之道其肯屑就之如此乎夫仁義又豈速售之物也子噲不得與人燕子之不得受燕于子噲固知有周室矣天之所廢必若桀紂周室其爲桀紂乎威之有襃若循環然聖王之後不能無昏亂尚賴臣子扶救之爾天下之地方

百里者有幾家家可以行仁義人人可以爲湯武則六尺之孤可託者誰乎孟子自以爲好仁吾知其不仁甚矣
余隱之曰湯居亳小國也伊尹相湯使之伐夏救民桀雖無道天子也君也湯有道諸侯也臣也伊尹胡不說湯率諸侯而朝夏乎行李往來至于五就觀時察變蓋已熟矣不得已爲伐夏之舉致湯于王道固非盛德之事後世莫有非之者以能躬行仁義順天應人故也自非伊尹之聖安能任其責哉文王在豐亦小國也文王之于紂與湯之于桀事體均也其所以異者時焉而已觀其得太公而師事之伐崇遏莒戡黎雖曰三分天下有其二以服事殷亦以歷數未歸得以盡其臣節至武王則赫然有翦商之志又況商紂罪惡貫盈又過于桀而此十亂之賢爲之輔相雖欲率諸侯遵文考之道而事紂莫可得矣此所以興牧野之師而建王業也孟子之于列國說之以行仁政者不過言治岐之事而已說之使爲湯武者不過以德行仁而已說之以行王道者不過乎使民養生喪死無憾而已未嘗說之使伐某國誅某人開疆拓土大統天下而爲王也若孟子者眞聖人之徒歟識通變之道達時措之宜不肯枉尺直尋奈何時君咸謂之迂闊于事終莫能聽納其說仁

義之道不獲見于施設以濟斯民所以不免後世紛紛之議嗚呼說其君使爲湯武以爲不仁乃以桓公管仲爲仁乖繆如是安得有道之士與之正曲直哉

朱子曰辯已得之但李氏所云家家可以行王道人人可以爲湯武則六尺之孤可託者誰乎此三句當略與之辯愚謂王道卽堯舜禹湯文武周公孔孟相傳之道由周公而上上而爲君由孔子而下下而爲臣國家家可以得而行矣湯武適遭桀紂故不幸而有征誅之事若生堯舜之時則豈將左洞庭右彭蠡而悍然有不服之心邪其在九官羣后之列濟濟而和可知矣如此則人人爲湯武又何不可之有

孟子曰紂之去武丁未久也其故家遺俗流風善政猶有存者又有微子微仲王子比干箕子膠鬲皆賢人也相與輔相之故久而後失之也尺地莫非其有也一民莫非其臣也然而文王猶方百里起是以難也齊人有言曰雖有智慧不如乘勢雖有鎡基不如待時今時則易然也今之學者曰自天子至于庶人皆得以行王道孟子說諸侯行王道非取王位也應之曰行其道而已乎則何必紂之失之也何憂乎善政之存何畏乎賢人之輔尺地一民皆紂之有何害諸侯

之行王道哉齊宣王問曰人皆謂我毁明堂毁諸已乎孟子對曰夫明堂者王者之堂也王欲行王政則勿毁之矣行王政而居明堂非取王位而何也君親無將不容纖芥于其間而學者紛紛彊爲之辭余隱之曰不談王道樵夫猶能笑之孰謂學而爲士反不知道乎謂之王道者卽仁義也君行王道者以仁義而安天下也君行霸道者以詐力而服天下也孟子說其君以仁義不猶愈于說其君尙詐力歟且天下不可以詐力得也尙矣得民心斯得天下假仁義而行民心且不可得況能王天下乎仁義之道萬世之所常行天下之所共由民生之所日用也今乃謂自天子至于庶人皆得以行王道爲非果何理邪觀其應學者之言皆增損其詞而非議孟子君子無取焉子貢欲去告朔之餼羊孔子曰爾愛其羊我愛其禮魯自文公廢朝享之禮祭而孔子不去其羊者欲使後世見其羊猶能識其禮羊亡禮亦亡矣孟子欲勿毁明堂其意亦猶是也明堂在泰山之下周天子巡狩朝諸侯之所適在齊也非齊之建立也存之不爲僭亦可以見王政之大端如以爲諸侯不用而毁之則後世之君不惟不知王政將謂後世不可復行矣此孟子所以勸齊勿毁之也而謂孟子勸齊宣居明堂取王位抑何燭理

不明而厚誣孟子歟

朱子曰李氏此段之意不謂天子庶人不可並行王道但謂孟子所論文王與紂之事爲不然爾當辯之曰孟子之時有信行王道者必有天下其勢與文王不同非謂文王計欲取紂而不能也人人可行王道已辯于前但孟子時行王道者必有天下其時措之不同又不可執一而論隱之之辯似未中李氏之失也

學者又謂孟子權以誘諸侯使進于仁義仁義達則尊君親親周室自復矣應之曰言仁義而不言王道彼說之而行仁義固知尊周矣言仁義可以王彼說之則假仁義以圖王唯恐行之之晚也尚何周室之顧哉嗚呼今之學者雷同甚矣是孟子而非六經樂王道而忘天子吾以爲天下無孟子可也不可無六經無王道可也不可無天子故作常語以正君臣之義以明孔子之道以防亂患于後世爾人知之非我利人不知非我害悼學者之迷惑聊復有言

余隱之曰泰伯曰天下無孟子可也不可無六經無王道可也不可無天子噫是果泰伯之說邪使其說行害理傷教也大矣余請易之曰無六經則不可而孟子尤不可無無天子則不可而王道尤不可無嘗試言之易詩書禮樂春秋之六經所以載帝王之道

爲致治之成法固不可無也孟子則闢楊墨距詖行放淫辭使邪說者不得作然後異端以息正道以明堯舜禹湯文武周孔之業不墜此孟子所以爲尤不可無也經曰天子作民父母以爲天下王史曰天子建中和之極其可無之乎夫所謂王道者天子之所行六經之所載孟子之所說者是也孰謂其可無哉無王道則三綱淪九法斁人倫廢而天理滅矣世之學者稍有識見不爲此言豈好事者假設淫辭託賢者之名以行于世乎學者宜謹思之

朱子曰李氏難學者謂孟子以權誘諸侯之說孟子本無此意是李氏設問之過當略明辯之天下可無孟子不可無六經可無王道不可無天子隱之之辯已得之愚又謂有孟子而後六經之用明有王道而後天子之位定有六經而無孟子則楊墨之仁義所以流也有天子而無王道則桀紂之殘賊所以禍也故嘗譬之六經如千斛之舟而孟子如運舟之人天子猶長民之吏而王道猶吏師之法今曰六經可以無孟子天子可以無王道則是舟無人吏無法將焉用之矣李氏自以爲悼學者之迷惑而爲是言曾不知己之迷惑也亦甚哉

運判劉長民先生牧 別見泰山學案

忠宣范堯夫先生純仁見上高平家學

侍講呂原明先生希哲別爲滎陽學案

韓氏家學

僕射韓先生忠彥

韓忠彥字師樸安陽人忠獻長子徽宗時以吏部尙書拜門下侍郎進左僕射封儀國公與曾布不協累降磁州團練副使復太中大夫以宣奉大夫致仕卒嘗入元祐黨籍參史傳

韓氏門人

徽猷趙無愧先生君錫

趙君錫字無愧洛陽人文定公安仁孫母亡事父不違左右夜則寢于傍凡衾裯薄厚衣服寒温藥石精粗飲食旨否櫛髮翦爪整冠結帶如內則所載者無不親之及登進士第以親故不願仕其父每出必扶掖上下至雜立僕御中嘗從謁文潞公潞公異其容止問而知之語諸子令視以爲法及改宗正丞時增諸宗院講書教授官而逐院自備緡錢爲月餽貧者或不能以時致宗師輒移文督取先生言國家養天下士于太學當不較其費安有教育宗室令自行束脩之

理詔悉從官給拜御史中丞卽上疏勸哲宗親講學廣諮問爲躬政之漸知河南府徙應天因清明出郊具奠杜衍張昪張方平趙槩王堯臣蔡抗蔡挺之塋邀七家子孫陪祭于側時人傳其風義紹聖中貶少府少監分司南京卒紹興六年贈徽猷閣直學士參史傳

忠宣家學 高平再傳

縣尉范先生正平

范正平字子夷忠宣次子也學行甚高雖庸言必援孝經論語忠宣卒詔特增遺澤官其子孫先生推與幼弟紹聖中爲開封尉按后戚向氏墳兆忤蔡京及京當國言先生矯撰父遺表又謂李之儀所述純仁行狀妄載中使蔡克明傳二聖虛行之意遂逮先生及之儀克明同詣御史府先生將行其弟正思曰議行狀時兄方營窀穸參預筆削者正思也兄何爲哉先生曰時相意屬我且我居長遂就獄捶楚甚苦皆欲誣服獨克明曰舊制凡傳聖語受本于御前請寶印出注籍于內東門使從其家得永州傳宣聖語本有御寶又驗內東門籍皆同其遺表八事諸子以朝廷大事防後患不敢上之繳申頴昌府印寄軍資庫自頴昌取至亦實獄遂解先生羈管象州之儀羈管太平州先生家屬死者十數人會赦得歸頴昌唐君益爲守表其所

居爲忠直坊取所賜世濟忠直碑額也先生告之曰此朝廷所賜施于金石揭于墓隧假寵于范氏子孫則可若于通途廣陌中爲往來之觀以聳動庸俗不可也君益曰此有司之事君何預焉先生曰先祖先君功名人所知也十室之邑必有忠信異時不獨吾家詒笑君亦受其責矣竟撤去之先生退閒久益工詩尤長五言著有荀里退居編以壽終參史傳

梓材謹案呂紫微童蒙訓多引先生語謝山學案劄記言北宋宰輔范文正家登學案者三世六人文正四子外先生其一也然先生之弟子默亦以學行著因並錄之

范子夷說

仲尼聖人也才作陪臣顏子大賢也簞食瓢飲後之人不逮孔顏遠矣而常嘆仕宦不達何愚之甚

爲事須由衷若矯飾爲之不免有變任誠雖時有失亦不覆藏使人不知但改之而已

附錄

呂紫微童蒙訓曰范子夷能世其家嘗言其家學不卑小官居一官便思盡心治一官之事只此便是學聖人也若以爲州縣之職徒勞

人耳非所以學聖人也

又曰忠宣公當國子夷是時官當入遠不肯用父恩例求移近卒授遠地後爲祥符尉當紹聖初與中貴人爭打量地界不屈待罪去

范先生正思

范正思字子思忠宣次子正平字子夷之弟也

梓材謹案子思當作子默攷忠宣文集補編子夷傳云弟正思字子默學行亦爲士林所推居忠宣憂哀毀過甚因感疾釋服不調者十年是可知先生之槪作子思者因陳了齋說而誤耳

附錄

陳右司曰范子思所知所守過于其兄范氏家學便有使處

忠宣門人

朝請李姑溪先生之儀

李之儀字端叔滄洲人登第三十年乃從蘇文忠于定州幕府歷樞密院編修官通判原州元符中監內香藥庫御史石豫言其嘗從蘇軾辟召勒停徽宗初提舉河南常平坐爲忠宣遺表作行狀編管太平遂居姑熟久之徙唐州終朝請大夫先生能爲文有姑溪集若干卷雲濠案姑溪前後集七十卷惜其晚年狎一妓以生子再爲郭功

父所發于行有不揜云

盱江門人

書記孫介夫先生立節

孫立節字介夫寧都人也師事盱江而與南豐爲友經術深醇嘗作春秋傳泰山先生見而嘆曰吾力所未及者盡發之皇祐五年進士王安石行新法謂曰吾條例司官非得明敏如子者不可先生笑曰相公過矣立節非爲此官者趨而出後爲鎮江軍掌書記二子勰勵皆有名

徵君徐先生唐 別見安定學案

文定曾南豐先生鞏 別見廬陵學案

李氏門人 高平三傳

徵君韋獨樂先生許

韋許字深道蕪湖人李端叔弟子也不事科舉築室湖上榜曰獨樂黃山谷陳了翁俱重之元祐諸公之貶士大夫畏禍雖素所親亦不敢相聞先生每遇之則力爲之周急政和中多薦之者未及用紹興初宰相薦之高宗命之以官且曰當今誰知元祐人有韋許者乎許雖受命然以了翁所贈稱爲湖陰居士終身不改云

孫氏家學

知州孫先生勰

孫勰字志康寧都人立節子有父風讀書博洽年未弱冠受業東坡終不畔所學守正不撓元祐二年擢進士居官以勁直聞知湖廣岳州寓于東未幾卒所著有文集四十卷參姓譜

隱君孫先生勴

孫勴字志舉立節季子涉獵經史尤工詩偕兄勰從東坡遊氣節凜然弗肯從仕臺府舉遺逸不應卜居延春谷東坡榜其舍曰竹林隱居年七十無疾而逝仝上

孫氏門人

教授胡環中先生埜

胡埜字德林寧都人也孫介夫弟子方雅好古端凝介特講學于長春谷藏書萬卷自稱環中居士以八行薦成政和八年進士累官婺州教授睦寇至官吏遁去先生嘆曰先世以勇顯吾以八行起豈可上負朝廷下慙先世城陷不降舉家死之事聞官其從子二人所著有諸經講義

韓氏續傳

廬陵學案表

- 歐陽脩 高平同調
  - 子發
  - 子棐
  - 焦千之
    - 呂希哲 別爲滎陽學案
    - 呂希績
    - 呂希純 並見范呂諸儒學案
  - 劉敞
    - 子奉世
    - 王回 見上廬陵門人
    - 江端禮 別見安定學案
  - 劉攽
    - 劉恭 劉氏續傳
  - 陳舜俞 別見安定學案
  - 丁隲

張巨

胡宗愈

王安石 別爲荊公新學略

曾鞏 弟肇

- 李撰
  - 子彌遜
  - 子彌大
  - 子彌正
- 陳師道

蘇軾

蘇轍 並見蘇氏蜀學略

王回

徐無黨

別附 蔣之奇

鄭耕老

盧陵續傳

尹洙

呂公著　別爲呂范諸儒學案

梅堯臣　並盧陵講友

蘇洵　別爲蘇氏蜀學略

盧陵學侶

宋元學案卷四

鄞縣全祖望補本　　後學慈谿馮雲濠校刊

鄞縣王梓材重校

道州何紹基重刊

廬陵學案

祖望謹案楊文靖公有言佛入中國千餘年秖韓歐二公立得定耳說者謂其因文見道夫見道之文非聖人之徒亦不能也究公之沖和安靜蓋天資近道稍加以學遂有所得使得遇聖人而師之豈可量哉述廬陵學案　梓材案是卷學案亦謝山所特立底稿殘闕亦多以史傳參補

高平同調

文忠歐陽永叔先生脩

歐陽脩字永叔吉州廬陵人四歲而孤母鄭守節親誨之學家貧以荻畫地學書幼敏悟過人及冠嶷然有聲宋興且百年而文章體裁猶仍五季餘習鎪刻駢偶淟涊弗振先生得昌黎遺稾苦志探賾至忘寢食必欲并轡絕馳而追與之並舉進士兩試國子監一試禮部皆第一擢甲科調西京推官始從尹洙遊爲古文議論當世事迭相

師友與梅堯臣遊爲歌詩相倡和遂以文章名冠天下入朝爲館閣校勘范文正仲淹以言事貶在廷多論救司諫高若訥獨以爲當黜先生貽書責之謂其不復知人閒有羞恥事若訥上其書坐貶夷陵令徙乾德令武成節度判官文正使陝西辟掌書記先生笑辭曰昔者之舉豈以爲己利哉同其退不同其進可也久之復校勘進集賢校理慶歷三年知諫院時仁宗更用大臣韓范皆在位增諫官員用天下名士先生首在選中每進見帝延問執政咨所宜行既多所張弛小人翕翕不便先生慮善人必不勝數爲帝分別言之初范文正之貶饒州也先生與尹洙余靖皆以直文正見逐目之曰黨人自是朋黨之論起先生乃爲朋黨論以進先生論事切直人視之如讎帝獨獎其敢言面賜五品服顧侍臣曰如歐陽脩者何處得來同修起居注遂知制誥故事必試而後命先生以特詔除之保州兵亂以龍圖閣直學士爲河北都轉運使陛辭帝曰勿爲久留計有所欲言言之對曰臣在諫職得論事今越職而言罪也帝曰第言之毋以中外爲閒賊平脅從二千人分隸諸郡富鄭公爲宣撫使恐後生變將使同日誅之與先生遇于內黃夜半屏人告之故先生曰禍莫大于殺已降況脅從乎既非朝命脫一郡不從爲變不細鄭公悟而止方是

時杜祁公衍等相繼以黨議罷去先生慨然上疏爭之于是邪黨益忌先生因其孤甥張氏獄傅致以罪左遷知制誥知滁州徙揚州穎州復學士留守南京以母憂去服除召判內銓時在外十二年矣帝見其髮白問勞甚至羣小畏而譖之出知同州帝納吳充言而止遷翰林學士俾修唐書奉使契丹其主命貴臣四人押宴曰此非常制以卿名重故爾知嘉祐二年貢舉時士子尚爲險怪奇澀之文號太學體先生痛排抑之凡如是者輒黜畢事向之囂薄者伺先生出聚譟于馬首街邏不能制然場屋之習從是遂變加龍圖閣學士知開封府承唐書成拜禮部侍郎兼翰林侍讀學士先生在翰林八年知無不言累遷至參知政事帝將追崇濮王命有司議皆謂當稱皇伯改封大國先生引喪服記謂爲人後者爲其父母服降三年爲期而不沒父母之名以見服可降而名不可沒也若本生之親改稱皇伯歷攷前世皆無典據進封大國則又禮無加爵之道故中書之議不與衆同唯蔣之奇說合先生意先生薦爲御史衆目爲姦邪之奇患之思所以自解先生婦弟薛宗孺有憾于先生造帷薄不根之謗摧辱之之奇即上章劾先生神宗初即位欲深護之使詰之奇問所從來辭窮坐黜先生亦力求退罷爲觀文殿學士刑部尚書知亳州明

年遷兵部尚書知青州改宣徽南院使判太原府辭不拜徙蔡州連乞謝事帝輒優詔弗許及守青州又以請止散青苗錢爲王氏所詆故求歸愈切熙寧四年以太子少師致仕五年卒贈太子太師謚曰文忠先生始在滁州號醉翁晚更號六一居士天資剛勁見義勇爲雖機穽在前觸發之不顧放逐流離至于再三志氣自若也方貶夷陵時無以自遣因取舊案反覆觀之見其枉直乖錯不可勝數于是仰天歎曰以荒遠小邑且如此天下可知自爾遇事不敢忽學者求見所與言未嘗及文章惟談吏事謂文學止于潤身政事可以及物顧其文天才自然豐約中度言簡而明信而通引物連類折之于至理天下翕然師尊之獎引後進如恐不及曾子固王介甫蘇洵父子布衣屏處未爲人知先生卽游揚聲譽謂必顯于世凡經賞識率爲聞人好古敏學凡周漢以降金石遺文斷編殘簡一切掇拾研稽異同立說于左的的可表證謂之集古錄奉詔修唐書紀志表自撰五代史記法嚴詞約多取春秋遺旨雲濠案先生所著尚有毛詩本義十六卷左傳節文十五卷文忠集一百五十三卷歸田錄二卷東坡敍其文曰論大道似韓愈論事似陸贄記事似司馬遷詩賦似李白識者以爲知言後從祀孔子廟庭稱先儒歐陽子參史傳

易童子問

童子問曰乾元亨利貞何謂也曰衆辭淆亂質諸聖彖者聖人之言也童子曰然則乾無四德而文言非聖人書乎曰是魯穆姜之言也在襄公之九年

童子問曰象曰天行健君子以自強不息何謂也曰其傳久矣而世無疑焉吾獨疑之也蓋聖人取象所以明卦也故曰天行健乾而嫌其執于象也則又以人事言之故曰君子以自強不息六十四卦皆然也易之闕文多矣

童子問曰乾曰用九坤曰用六何謂也曰釋所以不用七八也乾爻七九則變坤爻八六則變易用變以爲占故以名其爻也陽過乎亢則災數至九而必變故曰見羣龍无首吉物極則反數窮則變天道之常也故曰天德不可爲首也陰柔之動多入于邪聖人因其變以戒之故曰利永貞

童子問曰屯之彖象與卦之義反何謂也曰吾不知也童子曰屯之卦辭曰勿用有攸往彖曰動乎險中大亨貞動而大亨其不往乎象曰君子以經綸不往而能經綸乎曰居屯之世者勿用有攸往衆人也治屯之時者動乎險而經綸之大人君子也故曰利建侯

童子問曰象曰山下出泉蒙君子以果行育德何謂也曰蒙者未知所適之時也處乎蒙者果于自信其行以育德而已蒙有時而發也患乎不果于自修以養其德而待也

童子問曰象曰雲上于天需君子以飲食宴樂何謂也曰需須也事有期而時將至也雲已在天澤將施也君子之時將及矣少待之焉飲食以養其體宴安和樂以養其志有待之道也

童子問曰師貞丈人何謂也曰師正于丈人也其象曰能以衆正可以王矣童子曰敢問可以王矣孰能當之曰湯武是已彼二王者以臣待主其爲毒也甚矣然其以本于順民之欲而除其害猶毒藥瞑眩以去疾也故其象又曰行險而順以此毒天下而民從之童子曰然則湯武之師正乎曰凡師必正于丈人者文王之志也以此毒天下而王者湯武也湯武以順天應人爲心故孟子曰有湯武之心則可也童子曰吉无咎何謂也曰爲易之說者爲无咎者本有咎也猶曰善補過也嗚呼舉師之成功莫大于王也然不免毒天下而僅得補過无咎以此見兵非聖王之所務而湯武不足貴也

童子問曰地上有水比先王以建萬國親諸侯何謂也曰王氏之傳曰萬國以比建諸侯以比親得之矣蓋王者之于天下不可以獨比

也故建爲萬國君以諸侯使其民各比其君而萬國之君共比于王則視天下如身之使臂臂之使指矣

童子問曰同人之象曰唯君子爲能通天下之志象又曰君子以類族辨物何謂也曰通天下之志者同人也類族辨物者同物也夫同天下者不可以一概必使夫各得其同也人睽其類而同其欲則志通物安其族而同其生則各從其類故君子于人則通其志于物則類其族使各得其同也

童子問曰天道虧盈而益謙地道變盈而流謙鬼神害盈而福謙人道惡盈而好謙何謂也曰聖人急于人事者也天人之際罕言焉惟謙之彖略具其說矣聖人人也知人而已天地鬼神不可知故推其迹人可知者故直言其情以人之情而推天地鬼神之迹無以異也然則修吾人事而已人事修則與天地鬼神合矣

童子問曰雷出地奮豫先王以作樂崇德殷薦之上帝以配祖考何謂也曰于此見聖人之用心矣聖人憂以天下樂以天下其樂也薦之上帝祖考而已其身不與焉衆人之豫豫其身爾聖人以天下爲心者也是故以天下之憂爲己憂以天下之樂爲己樂

童子問曰觀之象曰先王以省方觀民設教何謂也曰聖人處乎人

上而下觀于民各因其方順其俗而教之民知各安其生而不知聖
人所以順之者此所謂神道設教也童子曰順民先王之所難與曰
後王之不戻民者鮮矣
童子問曰剝不利有攸往象曰順而止之觀象也君子尚消息盈虛
天行也者何謂也曰剝陰剝陽也小人道長君子道消之時也故曰
不利有攸往君子于此時而止與屯之勿往異矣屯之世衆人宜勿
往而君子動以經綸之時也剝者君子止而不往之時也剝盡則復
否極則泰消必有息盈必有虛天道也是以君子尚之故順其時而
止亦有時而進也
童子問曰復其見天地之心乎者何謂也曰天地之心見乎動復也
一陽初動于下矣天地所以生育萬物者本于此故曰天地之心也
天地以生物爲心者也其象曰剛反動而以順行是矣童子曰然則
象曰先王以至日閉關商旅不行后不省方豈非靜乎曰至日者陰
陽初復之際也其來甚微聖人安靜以順其微至其盛然後有所爲
也不亦宜哉
童子問曰大過之卦辭曰利有攸往亨其象曰君子以獨立不懼遯
世无悶者其往乎其遯乎曰易非一體之書而卦不爲一人設也大

過者橈敗之世可以大有爲矣當物極則反易爲之力之時是以往而必亨也然有不以爲利而不爲者矣故居是時也往者利而亨遯者獨立而无悶

童子問曰坎之卦曰習坎其象曰習坎重險也者何謂也曰坎因重險之象以戒人之慎習也習高山者可以追猿猱習深淵者至能泅泳出沒以爲樂夫險可習則天下之事無不可爲也是以聖人于此戒人之習惡而不自知誘人于習善而不倦故其象曰君子以常德行習教事也上卷

童子問曰咸取女吉何謂也曰咸感也其卦以剛下柔故其象曰男下女是以取女吉也童子又曰然則男女同類與曰男女睽而其志通謂各睽其類也凡柔與柔爲類剛與剛爲類謂感必同類則以柔應柔以剛應剛可以爲咸乎故必二氣交感然後爲咸也夫物類同者自同也何所感哉惟異類而合然後見其感也鐵石無情之物也而以磁石引鍼則雖隔物而應象曰觀其所感而萬物之情可見者謂此類也童子又曰然則聖人感人心而天下和平是果異類乎曰天下之廣蠻夷戎狄四海九州之類不勝其異也而能一以感之此王者所以爲大聖人所以爲能

童子問曰恆利有攸往終則有始何謂也曰恆之爲言久也所謂窮則變變則通通則久也久于其道者知變之謂也天地升降而不息故曰天地之道久而不已也日月往來與天偕行而不息故曰日月得天而能久照四時代謝循環而不息故曰四時變化而能久成聖人者尙消息盈虛而知進退存亡者也故曰聖人久于其道而化成

童子問曰遯亨小利貞何謂也曰遯陰進而陽遯也遯者見之先也陰進至于否則不進利矣遯者陰進而未盛陽能先見而遯猶得小利其正焉

童子問曰明入地中明夷君子以莅衆用晦而明何謂也曰日君象也而下入于地君道晦而天下暗矣大哉萬物各得其隨則君子嚮晦而入宴息天下暗而思明則君子出而臨衆商紂之晦周道之明也因其晦發其明故曰用晦而明童子曰然則聖人貴之乎曰不貴也聖人非武王而貴文王矣

童子問曰家人利女貞何謂也其不利君子之正乎曰是何言與彖不云乎女正位乎內男正位乎外也曰然則何爲獨言利女貞曰家道主于內故女正乎內則一家正矣凡家人之禍未有不始于女子者也此所以戒也嗚呼事無不利于正未有不正而利者聖人于卦

隨事以爲言故于坤則利牝馬之貞于同人則利君子貞于明夷則利艱貞于家人則利女貞

童子問曰睽之象與卦辭之義反何謂也曰吾不知也童子曰睽之卦曰小事吉彖曰睽之時用大矣哉曰小事睽則吉大事睽則凶也凡睽于此者必有合于彼地睽其下而升天睽其上而降則上下交而爲泰是謂小睽而大合使天地睽而上下不交則否矣聖人因其小睽而通其大利故曰天地睽而其事同男女睽而其志通萬物睽而其事類其象又曰君子以同而異

童子問曰履險蹈難謂之蹇解難濟險謂之解二卦之義相反而辭同皆曰利西南者何謂也曰聖人于二卦辭則同而義則異各于其彖言之矣蹇之象曰往得中也解之象曰往得衆也者是已西南坤也坤道主順凡居蹇難者以順而後免于患然順過乎柔則入于邪必順而不失其正故曰往得中也解難者必順人之所欲故曰往得衆也

童子問曰損損下益上益損上益下何謂也曰上君而下民也損民而益君損矣損君而益民益矣語曰百姓足君孰與不足此之謂也童子又曰損之象曰君子以懲忿窒慾益之象曰君子以見善則遷

有過則改何謂也曰嗚呼君子者天下繫焉非一身之損益天下之利害也君子之自損忿慾爾自益者遷善而改過爾然而肆其忿慾者豈止一身之損哉天下有被其害者矣遷善而改過者豈止一身之益哉天下有蒙其利者矣童子曰君子亦有過乎曰湯孔子聖人也皆有過矣君子與衆人同者不免乎有過也其異乎衆人者過而能改也湯孔子不免有過則易之所謂損益者豈止一身之損益哉

童子問曰夬不利即戎何謂也曰謂其已甚也去小人者不可盡蓋君子者養小人者也小人之道長斯害矣不可以不去也小人之道已衰君子之利及乎天下矣則必使小人受其賜而知君子之可尊也故不可使小人而害君子必以君子而養小人夬剛決柔之卦也五陽而一陰決之雖易而聖人不欲其盡決也故其象曰所尚乃窮也小人盛則決之衰則養之使知君子之爲利故其象曰君子以施祿及下小人已衰君子已盛物極而必反不可以不懼故其象又曰居德則忌

童子問曰困亨貞大人吉无咎其象曰險以說困而不失其所亨何謂也曰困亨者困極而後亨物之常理也所謂易窮則變變則通也困而不失其所亨者在困而亨也惟君子能之其曰險以說者處險

而不懼也惟有守于其中則不懼于其外惟不懼則不失其所亨謂身雖困而志則亨也故曰其惟君子乎其象又曰君子以致命遂志者是也童子又曰敢問貞大人吉无咎者古之人孰可以當之曰文王之羑里箕子之明夷

童子問曰革之彖曰湯武革命順乎天而應乎人何謂也曰逆莫大乎以臣伐君若君不君則非君矣是以至仁而伐桀紂之惡天之所欲誅而人之所欲去湯武誅而去之故曰順乎天而應乎人也童子又曰然則正乎曰正者常道也堯傳舜舜傳禹禹傳子是已權者非常之時必有非常之變也湯武是已故其彖曰革之時大矣哉云者見其難之也童子又曰湯武之事聖人貴之乎曰孔子區區思文王而不已其厚于此則薄于彼可知矣童子又曰順天應人豈非極稱之乎何謂薄曰聖人于革稱之者適當其事爾若乾坤者君臣之正道也于乾坤而稱湯武可乎聖人于坤以履霜爲戒以黃裳爲吉也

童子問曰革去故而鼎取新何謂也曰非聖人之言也何足問革曰去故不待言而可知鼎曰取新易無其辭汝何從而得之夫以新易舊故謂之革若以商革夏以周革商故其象曰湯武革命者是也然則以新革故一事爾分于二卦者其誰乎童子又曰然則鼎之義何

謂也曰聖人言之矣以木巽火亨飪也

童子問曰震之辭曰震驚百里不喪匕鬯者何謂也曰震者雷也驚乎百里震之大者也處大震之時衆皆震驚而獨能不失其守不喪其器者可以任大事矣故其象曰震驚百里驚遠而懼邇也不喪匕鬯出可以守宗廟社稷爲祭主者謂可任以大事也童子曰郭公夏五聖人所以傳疑象之闕文柰何曰聖人疑則傳疑也若震之象其辭雖闕其義則在又何疑焉

童子問曰艮之象曰君子以思不出其位何謂也曰艮者君子止而不爲之時也時不可爲矣則止而以待其可爲而爲者也故其象曰時止則止時行則行于斯時也在其位者宜如何思不出其位而已然則位之所職不敢廢也詩云風雨如晦雞鳴不已此之謂也

童子問曰歸妹征凶象曰歸妹天地之大義人之終始也其卦辭凶而象辭吉何謂也曰合二姓具六禮而歸得其正者此象之所謂妹者也若婚不以禮而從人者卦所謂征凶者也童子曰敢問何以知之曰咸之辭曰取女吉其爲卦也艮下而兌上故其象曰上柔而下剛男下女是以吉也漸之辭曰女歸吉其爲卦也艮下而巽上其上柔下剛以男下女皆與咸同故又曰女歸吉也歸妹之爲卦也不然

兌下而震上其上剛下柔以女下男正與咸漸反故彼吉則此凶矣故其象曰征凶位不當也者謂兌下震上也童子曰取必男下女乎曰夫婦所以正人倫禮義所以養廉恥故取女之禮自納采至于親迎無非男下女而又有漸也故漸之象曰漸之進也女歸吉也者是已柰何歸妹以女下男而往其有不凶者乎

童子問曰兌之象曰順乎天而應乎人何謂也曰兌說也說以先民民忘其勞說以犯難民忘其死說莫大于此矣而所以能使民忘勞與死者非順天應人則不可由是見小惠不足以說人而私愛不可以求說

童子問曰萃聚也其辭曰王假有廟渙散也其辭又曰王假有廟何謂也曰謂渙爲散者誰與易無其辭也童子曰然則敢問渙之義曰吾其敢爲臆說乎渙之卦辭曰利涉大川其象曰乘木有功也其象亦曰風行水上渙而人之語者冰釋汗浹皆曰渙然則渙者流行通達之謂也與夫乖戾分散之義異矣嗚呼王者富有九州四海萬物之象莫大于萃可以有廟矣功德流行達于天下莫大于渙可以有廟矣

童子問曰節之辭曰苦節不可貞者自節過苦而不得其正與物被

其節而不堪其苦與曰君子之所以節于己者爲其愛于物也故其象曰節以制度不傷財不害民者是也節者物之所利也何不堪之有乎夫所謂苦節者節而太過待于己不可久雖久而不可施于人故曰不可正也童子曰敢問其人曰異衆以取名貴難而自刻者皆苦節也其人則鮑焦於陵仲子之徒是矣二子皆苦者也

童子問曰小過之象曰君子以行過乎恭喪過乎哀用過乎儉者何謂也曰是三者施于行己雖有過焉無害也若施于治人者必合乎大中不可以小過也蓋仁過乎愛患之所生也刑過乎威亂之所起也推是可以知之矣

童子問曰既濟之象曰君子思患而豫防之者何謂也曰人情處危則慮深居安則意怠而患常生于怠忽也是以君子既濟則思患而豫防之也

童子問曰火在水上未濟君子以慎辨物居方何謂也曰未濟之象火宜居下而反居上水宜居上而反居下二物各失其所居而不相濟也故君子慎辨其物宜而各置其物于所宜居之方以相爲用所以濟乎未濟也

中卷

童子問曰繫辭非聖人之作乎曰何獨繫辭焉文言說卦而下皆非

聖人之作而衆說淆辭亦非一人之言也昔之學易者雜取以資其講說而說非一家是以或同或異或是或非其擇而不精至使害經而惑世也然有附託聖經其傳已久莫得究其所從來而覈其眞僞故雖有明智之士或貪其雜博之辯溺其富麗之辭或以爲辨疑是正君子所愼是以未始措意于其閒若余者可謂不量力矣邈然遠出諸儒之後而學無師授之傳其勇于敢爲而決于不疑者以聖人之經尙在可以質也童子曰敢問其略曰乾之初九曰潛龍勿用聖人于其象曰陽在下也豈不曰其文已顯而其義已足乎而爲文言者又曰龍德而隱者也又曰陽在下也又曰陽氣潛藏又曰潛之爲言隱而未見繫辭曰乾以易知坤以簡能易則易知簡則易從易知則有親易從則有功有親則可久有功則可大可久則賢人之德可大則賢人之業其言天地之道乾坤之用聖人所以成其德業者可謂詳而備矣故曰易簡而天下之理得矣者是其義盡于此矣俄而又曰廣大配天地變通配四時陰陽之義配日月易簡之善配至德又曰夫乾確然示人易矣夫坤隤然示人簡矣又曰夫乾天下之至健也其德行常易以知險夫坤天下之至順也其德行常簡以知阻繫辭曰六爻之動三極之道也者謂六爻而兼三才之道也其言雖

約其義無不包矣又曰易之爲書也廣大悉備有天道焉有人道焉有地道焉兼三才而兩之故六六者非他也三才之道也而說卦又曰立天之道曰陰與陽立地之道曰柔與剛立人之道曰仁與義兼三才而兩之故易六畫而成卦分陰分陽迭用柔剛故易六位而成章繫辭曰聖人設卦觀象繫辭焉而明吉凶又曰辨吉凶者存乎辭又曰聖人有以見天下之動而觀其會通以行其典禮繫辭焉以斷其吉凶是故謂之爻又曰易有四象所以示也繫辭焉所以告也定之以吉凶所以斷也又曰設卦以盡情僞繫辭焉以盡其言其說雖多要其旨歸止于繫辭明吉凶爾可一言而足也凡此數說者其略也其餘辭雖小異而大旨則同者不可以勝舉也謂其說出于諸家而昔之人雜取以釋經故擇之不精則不足怪也謂其說出于一人則是繁衍叢脞之言也其遂以爲聖人之作則又大謬矣孔子之文章易春秋是已其言愈簡其義愈深吾不知聖人之作繁衍叢脞之如此也雖然辯其非聖之言而已其于易義尙有未害也而又有害經而惑世者矣文言曰元者善之長也亨者嘉之會也利者義之和也貞者事之幹也是謂乾之四德又曰乾元者始而亨者也利貞者性情也則又非四德矣謂此二說出于一人乎則殆非人情也繫辭

曰河出圖洛出書聖人則之所謂圖者八卦之文也神馬負之自河而出以授于伏羲者也蓋八卦者非人之所爲是天之所降也又曰包犧氏之王天下也仰則觀象于天俯則觀法于地觀鳥獸之文與地之宜近取諸身遠取諸物于是始作八卦然則八卦者是人之所爲也河圖不與焉斯二說者已不能相容矣而說卦又曰昔者聖人之作易也幽贊于神明而生蓍參天兩地而倚數觀變于陰陽而立卦則卦又出于蓍矣八卦之說如是是果何從而出也謂此三說出于一人乎則殆非人情也人情常患自是其偏見而立言之士莫不自信其欲以垂乎後世惟恐異說之攻之也其肯自爲二三之說以相牴牾而疑世使人不信其書乎故曰非人情也凡此五說者自相乖戾尚不可以爲一人之說其可以爲聖人之作乎童子曰于此五說亦有所取乎曰乾無四德河洛不出圖書吾昔已言之矣若元亨利貞則聖人于彖言之矣吾知自堯舜以來用卜筮爾而孔子不道其初也吾敢妄意之乎童子曰是五說皆無取矣然則繁衍叢脞之言與夫自相乖戾之說其書皆可廢乎曰不必廢也古之學經者皆有大傳今書禮之傳尚存此所謂繫辭者漢初謂之易大傳也至後漢已爲繫辭矣語曰爲趙魏老則優不可以爲滕薛大夫也繫辭者

謂之易大傳則優于書禮之傳遠矣謂之聖人之作則僭僞之書也蓋夫使學者知大傳爲諸儒之作而敢取其是而舍其非則三代之末去聖未遠老師名家之世學長者先生之餘論雜于其門者在焉未必無益于學也使以爲聖人之作不敢有所擇而盡信之則害經惑世者多矣此不可以不辯也吾豈好辯者哉童子曰敢問四德曰此魯穆姜之所道也初穆姜之筮也遇艮之隨而爲隨元亨利貞說也在襄公之九年後十有五年而孔子始生又數十年而始贊易然則四德非乾之德文言不爲孔子之言矣童子曰或謂左氏之傳春秋也竊取孔子文言以上附穆姜之說是左氏之過也然乎曰不然彼左氏者胡爲而傳春秋豈不欲其書之信于世也乃以孔子晚而所著之書爲孔子未生之前之說此雖甚愚者之不爲也蓋方左氏傳春秋時世猶未以文言爲孔子作也所以用之不疑然則謂文言爲孔子作者出于近世乎童子曰敢問八卦之說或謂伏羲已受河圖又俯仰于天地觀取于人物然後畫爲八卦爾二說雖異會其義則一也然乎曰不然此曲學之士牽合傳會以苟通其說而遂其一家之學爾其失由于妄以繫辭爲聖人之言而不敢非故不得不曲爲之說也河圖之出也八卦之文已具乎則伏羲受之而已復何所

爲也八卦之文不具必須人力爲之則不足爲河圖也其曰觀天地觀鳥獸取于身取于物然後始作八卦蓋始作者前未有之言也考其文義其創意造始其勞如此而後八卦得以成文則所謂河圖者何與于其間哉若曰已受河圖又須有爲而立卦則觀于天地鳥獸取于人物者皆備言之矣而獨遺其本始所受于天者不曰取法于河圖此豈近于人情乎考今繫辭二說離絕各自爲言義不相通而曲學之士牽合以通其說而誤惑學者其爲患豈小哉古之言僞而辯順非而澤者殺無赦嗚呼爲斯說者王制之所宜誅也童子曰敢問生蓍立卦之說或謂聖人已畫卦必用蓍以筮也然乎曰不然考其文義可知矣其曰昔者聖人之作易也者謂始作易時也又曰幽贊于神明而生蓍參天兩地而倚數觀變于陰陽而立卦發揮于剛柔而生爻者謂前此未有蓍聖人之將作易也感于神明而蓍爲之生聖人得之遂以倚數而立卦是言昔之作易立卦之始如此爾故漢儒謂伏羲畫八卦由數起者用此說也其後學者知幽贊生蓍之怪其義不安則曲爲之說曰用生蓍之意者將以救其失也又以卦由數起之義害于二說則謂已畫卦而用蓍以筮欲牽合二說而通之也然而考其文義豈然哉若曰已作卦而用蓍以筮則大衍之說

是已大抵學易者莫不欲尊其書故務爲奇說以神之至其自相乖戾則曲爲牽合而不能通也童子曰敢請益曰夫諭未達者未能及于至理也必指事據迹以爲言余之所以知繫辭而下非聖人之作者以其言繁衍叢脞而乖戾也蓋略舉其易知者爾其餘不可以悉數也其曰原始反終故知死生之說又曰精氣爲物游魂爲變是故知鬼神之情狀云者質于夫子平生之語可以知之矣其曰知者觀乎彖辭則思過半矣又曰八卦以象告爻彖以情言云者以常人之情而推聖人可以知之矣其以乾坤之策三百有六十當期之日而不知七八九六之數同而乾坤無定策此雖筮人皆可以知之矣至于何謂子曰者講師之言也說卦雜卦者筮人之占書也此又不待辯而可以知者然猶皆迹也若夫語以聖人之中道而過推之天下之至理而不通則思之至者可以自得之童子曰既聞命矣敢不勉

下卷

梓材謹案謝山學案劄記歐陽公易童子問三卷據此補入又案序錄引楊文靖言佛入中國千餘年秪韓歐二公立得定耳文忠本論中下足與韓文原道諫佛骨表等篇並傳千古故幷入之

佛法爲中國患千餘歲世之卓然不惑而有力者莫不欲去之已嘗去矣而復大集攻之暫破而愈堅撲之未滅而愈熾遂至于無可柰何是果不可去邪蓋亦未知其方也夫醫者之于疾也必推其病之所自來而治其受病之處病之中人乘乎氣虛而入焉則善醫者不攻其疾而務養其氣氣實則病去此自然之效也故救天下之患者亦必推其患之所自來而治其受患之處佛爲夷狄去中國最遠而有佛固已久矣堯舜三代之際王政修明禮義之教充于天下于此之時雖有佛無由而入及三代衰王政闕禮義廢後二百餘年而佛至乎中國由是言之佛所以爲吾患者乘其闕廢之時而來此其受患之本也補其闕修其廢使王政明而禮義充則雖有佛無所施于吾民矣此亦自然之勢也昔堯舜三代之爲政設爲井田之法籍天下之人計其口而皆授之田凡人之力能勝耕者莫不有田而耕之斂以什一差其征賦以督其不勤使天下之人力皆盡于南畝而不暇乎其他然又懼其勞且怠而入于邪僻也于是爲制牲牢酒醴以養其體弦匏俎豆以悅其耳目于其不耕休力之時而教之以禮故因其田獵而爲蒐狩之禮因其嫁娶而爲婚婣之禮因其死葬而爲

喪祭之禮因其飲食羣聚而爲鄉射之禮非徒以防其亂又因而教
之使知尊卑長幼凡人之大倫也故凡養生送死之道皆因其欲而
爲之制飾之物采而文焉所以悅之使其易趨也順其情性而節焉
所以防之使其不過也然猶懼其未也又爲立學以講明之故上自
天子之郊下至鄉黨莫不有學擇民之聰明者而習焉使相告語而
誘勸其愚惰嗚呼何其備也蓋三代之爲政如此其慮民之意甚精
治民之具甚備防民之術甚周誘民之道甚篤行之以勤而被于物
者洽浸之以漸而入于人者深故民之生也不用力乎南畝則從事
于禮樂之際不在其家則在乎庠序之閒耳聞目見無非仁義樂而
趨之不知其倦終身不見異物又奚暇夫外慕哉故曰雖有佛無由
而入者謂有此具也及周之衰秦并天下盡去三代之法而王道中
絕後之有天下者不能勉彊其爲治之具不備防民之漸不周佛于
此時乘間而出千有餘歲之間佛之來者日益衆吾之所爲者日益
壞井田最先廢而兼并游惰之姦起其後所謂蒐狩婚姻喪祭鄉射
之禮凡所以教民之具相次而盡廢然後民之姦者有暇而爲他其
良者泯然不見禮義之及己夫姦民有餘力則思爲邪僻良民不見
禮義則莫知所趨佛于此時乘其隙方鼓其雄誕之說而牽之則民

不得不從而歸矣又況王公大人往往倡而毆之曰佛是真可歸依者然則吾民何疑而不歸焉幸而有一不惑者方艴然而怒曰佛何爲者吾將操戈而逐之又曰吾將有說以排之夫千歲之患徧于天下豈一人一日之可爲民之沈酣入于骨髓非口舌之可勝然則將柰何曰莫若修其本以勝之昔戰國之時楊墨交亂孟子患之而專言仁義故仁義之說勝則楊墨之學廢漢之時百家並興董生患之而退修孔氏故孔氏之道明而百家息此所謂修其本以勝之之效也今八尺之夫被甲荷戟勇蓋三軍然而見佛則拜聞佛之說則有畏慕之誠者何也彼誠壯佼其中心茫然無所守而然也一介之士眇然柔懦進趨畏怯然而聞有道佛者則義形于色非徒不爲之屈又欲驅而逐之者何也彼無他焉學問明而禮義熟中心有所守以勝之也然則禮義者勝佛之本也今一介之士知禮義者尚能不爲之屈使天下皆知禮義則勝之矣此自然之勢也本論中

昔荀卿子之說以爲人性本惡著書一篇以持其論予始愛之及見世人之歸佛者然後知荀卿之說繆焉甚矣人之性善也彼爲佛者棄其父子絕其夫婦于人之性甚戾又有蠶食蟲蠹之弊然而民皆相率而歸焉者以佛有爲善之說故也嗚呼誠使吾民曉然知禮義

之爲善則安知不相率而從哉柰何教之諭之之不至也佛之說孰于人耳入乎其心久矣至于禮義之事則未嘗見聞今將號于衆曰禁汝之佛而爲吾禮義則民將駭而走矣莫若爲之以漸使其不知而趨焉可也蓋鯀之治水也鄣之故其害益暴及禹之治水也導之則其患息蓋患深勢盛則難與敵莫若馴致而去之易也今堯舜三代之政其說尚傳其具皆在誠能講而修之行之以勤而浸之以漸使民皆樂而趨焉則充行乎天下而佛無所施矣傳曰物莫能兩大自然之勢也奚必曰火其書而廬其居哉昔者戎狄蠻夷雜居九州之閒所謂徐戎白狄荆蠻淮夷之類是也三代既衰若此之類並侵于中國故秦以西戎據宗周吳楚之國皆僭稱王春秋書用鄫子傳記被髮于伊川而仲尼亦以不左衽爲幸當是之時佛雖不來中國幾何其不夷狄也以是而言王道不明而仁義廢則夷狄之患至矣及孔子作春秋尊中國而賤夷狄然後王道復明方今九州之民莫不右衽而冠帶其爲患者特佛爾其所以勝之之道非有甚高難行之說也患乎忽而不爲爾夫郊天祀地與乎宗廟社稷朝廷之儀皆天子之大禮也今皆舉而行之至于所謂蒐狩婚姻喪祭鄉射之禮此郡縣有司之事也在乎講明而頒布之爾然非行之以勤浸之以

漸則不能入于人而成化自古王者之政必世而後仁今之議者將曰佛來千餘歲有力者尚無可柰何何用此迂緩之說爲是則以一日之功不速就而棄必世之功不爲也可不惜哉昔孔子歎爲俑者不仁蓋歎乎啓其漸而至于用殉也然則爲佛者不猶甚于作俑乎當其始來未見其害引而內之今之爲害著矣非待先覺之明而後見也然而恬然不以爲怪者何哉夫物極則反數窮則變此理之常也今佛之盛久矣乘其窮極之時可以反而變之不難也昔三代之爲政皆聖人之事業及其久也必有弊故三代之術皆變其質文而相救就使佛爲聖人及其弊也猶將救之況其非聖者乎夫姦邪之士見信于人者彼雖小人必有所長以取信是以古之人君惑之至于亂亡而不悟今佛之法可謂姦且邪矣蓋其爲說亦有可以惑人者使世之君子雖見其弊而不思救豈又善惑者與抑亦不得其救之之術也救之莫若修其本以勝之舍是而將有爲雖賁育之勇孟軻之辯太公之陰謀吾見其力未及施言未及出計未及行而先已陷于禍敗矣何則患深勢盛難與敵非馴致而爲之莫能也故曰修其本以勝之本論下

附錄

呂紫微童蒙訓曰滎陽公嘗言少時與叔祖同見歐陽公至客次與叔祖商議見歐陽公敘契分求納拜之語及見歐陽公既敘契分卽端立受拜如當子姪之禮公退謂叔祖曰觀歐陽公禮數乃知吾輩不如前輩遠矣

施德操曰歐公語易以謂文言大繫皆非孔子所作乃當時易師爲之耳韓魏公心知其非然未嘗與辯但對歐公終身不言易

汪玉山與呂逢吉書曰歐陽公作濮議謂范堯夫傅欽之呂獻可趙大觀皆誣謗英宗以取直名其後章惇以此書納之禁中歐陽公有知當悔怍于地下矣以此知文字不可不慎

呂東萊與周子充書曰歐陽公每以平心自許濮議之成蓋在治平之後辭氣尚有餘怒以此知臨事之難

葉水心習學記言曰以經爲正而不汨于章讀箋詁此歐陽氏讀書法也然其間節目甚多固未易言以其學考之雖能信經而失事理之實者不少

又曰歐陽氏語文學止于潤身政事可以及物始悟人之窮力苦心于學問文辭者徒欲藻飾其身聖賢之事業非所以責之也

又曰歐陽氏策爲三代井田禮樂而發者五似歎先王之道不得行

于後世者然其意則不以漢唐爲非豈特不以爲非而直謂唐太宗之治幾乎三王則不必論矣

王厚齋曰歐陽公以河圖洛書爲怪妄東坡云著于易見于論語不可誣也南豐云以非所習見則果于以爲不然是以天地萬物之變爲可盡于耳目之所及亦可謂過矣蘇曾皆歐陽公門人而議論不苟同如此

廬陵講友

舍人尹河南先生洙

尹洙字師魯河南人博學深于春秋爲文謹嚴舉進士累遷起居舍人唐末以來文章寖微先生與穆伯長倡爲古文以矯時所尚自是文風少變云參姓譜

正獻呂晦叔先生公著別爲范呂諸儒學案

員外梅先生堯臣

梅堯臣字聖俞宣城人侍讀學士詢從子也工爲詩以深遠古淡爲意閑出奇巧初未爲人所知用侍讀蔭爲河南主簿錢惟演留守西京特嗟賞之引與酬唱一府盡傾歐陽兗公自以爲不及大臣累薦宜在館閣召試賜進士出身爲國子監直講累遷尚書都官員外郎

與修唐書未奏而卒寶元嘉祐中仁宗有事郊廟輒獻歌詩又嘗上書言兵注孫子十三篇撰唐載記二十六卷毛詩小傳二十卷宛陵集四十卷先生家貧喜飲酒賢士大夫多從之遊時載酒過門善談笑與物無忤云參史傳

廬陵學侶

文公蘇老泉先生洵別爲蘇氏蜀學略

廬陵家學

大理歐陽先生發

歐陽發字伯和廬陵人文忠公之長子少師安定盡傳其古樂鐘律之說不治科舉業文忠謂其得文昭之學以父蔭官至大理寺丞所著有古今系譜圖宋朝二府年表年號錄

梓材謹案大理傳本在安定學案考宋史先生本傳卒年四十六蘇軾哭之謂其得文忠之學漢伯喈晉茂先之流也當以范忠宣例之移入廬陵以見歐陽子之家學

直閣歐陽先生棐

歐陽棐字叔弼文忠中子廣覽強記能文詞年十三時見文忠著鳴蟬賦侍側不去文忠撫之曰兒異日能爲吾此賦否因書以遺之用

蔭爲祕書省正字登進士乙科調陳州判官以親老不仕文忠卒代草遺表神宗讀而愛之意文忠自作也服除始爲審官累遷職方員外郎知襄州曾布執政其婦兄魏泰倚聲勢來居襄郡縣莫敢誰何至是指州門東偏官邸廢址爲天荒請之吏具成牘至先生曰孰謂州門之東偏而有天荒乎卻之衆共白曰泰橫于漢南久可卻邪先生竟持不與泰怒譖于布徙知路州旋又罷去元符末還朝歷吏部右司二郎中以直祕閣知蔡州奉詔罷覆折之令未幾坐黨籍廢十餘年卒 參史傳

附錄

呂滎陽曰朝廷擬用言者固是美意然亦不可不審歐陽叔弼最爲靜默自正獻當國常患其不來而劉器之攻之以爲奔競權門器之賢者猶有此誤況他人乎

廬陵門人

祕閣焦先生千之

焦千之字伯強潁州焦陂人也從歐陽公學稱上第其時同門之士如曾南豐王深父皆以文學名而先生最有得于躬行歐陽公知潁州呂正獻公爲通判正獻日與公講學其于諸弟子中獨敬先生延

之館使子希哲輩師事焉耿介不苟終日危坐未嘗妄笑語諸生有不至則召之坐面切責之不少假借其後希哲兄弟雖徧從安定泰山康節伊川諸公遊然其學所以成者內則正獻及其夫人督課甚嚴外則先生之力正獻歸京師以先生偕歐陽嘗贈之詩所云有能掇之行可謂仁者勇是也後以遺逸薦爲祕閣校理知無錫呂待制希純知潁州築宅于城南以居先生潁人稱曰焦館

侍讀劉公是先生敞

劉敞字仲邍父新喻人學者稱爲公是先生舉慶歷進士廷試第一編排官王堯臣其內兄也以親嫌自列乃以爲第二通判蔡州直集賢院判尚書考功夏竦歿賜謚文正先生疏駁之三上改謚文莊方議定大樂使中貴人參其間先生諫曰王事莫重于樂今儒學滿朝辯論有餘而使若趙談者參之臣懼爲袁盎笑也權度支判官徙三司使吳充以典禮得罪先生因對極論之帝曰充能官京亦亡宅中書惡其太直不相容耳對曰陛下寬仁好諫而中書乃排逐言者是蔽君之明止君之善也帝深納之奉使契丹順州山中有異獸如馬而食虎豹契丹不能識問先生曰此所謂駁也爲說其音聲形狀且誦山海經管子書曉之契丹益歎服使還求知揚州徙鄆州時蜀人

龍昌期著書傳經以詭僻惑衆文潞公薦諸朝賜五品服先生與歐陽公俱曰昌期違古畔道學非而博王制之所必誅未使即少正卯之刑已幸矣又何賞焉乞追還詔書毋使有識之士窺朝廷深淺昌期聞之懼不敢受賜先生以識論與衆忤求知永興軍拜翰林侍讀學士先生侍英宗講讀每指事據經因以諷諫時兩宮方有小人間言諫者或訐而過直先生進讀史記至堯授舜以天下拱而言曰舜至側微也堯禪之以位天地享之百姓戴之非有他道惟孝友之德光于上下耳帝竦體改容知其以義理諷也患眩瞀疾予告帝固重其才每燕見他學士必問先生安否帝食新橙命賜之疾少間復求外以爲汝州旋改集賢院學士判南京御史臺熙寧元年卒年五十先生學問淵博自佛老卜筮方樂山經地志皆究知大略尤精于天文嘗得先秦彝鼎數十銘識奇奧皆案而讀之因以攷知三代制度尤珍惜之每曰我死子孫以此蒸嘗我朝廷每有禮樂之事必就其家以取決焉爲文尤贍敏掌外制時將下直會追封王子公主九人立馬卻坐頃之九制成歐陽兗公每于書有疑折簡來問對其使揮筆答之不停手公服其博長于春秋爲書四十卷行于時參史傳

公是先生弟子記

承叔問曰人之性必善然則孔子謂上智與下愚不移可乎劉子曰可愚智非善惡也雖有下愚之人不害于爲善善者親親尊尊而已矣孔子謂子貢曰女與回也孰愈對曰賜也聞一以知二回也聞一以知十然則其亦有聞十而知一聞百而知一聞千而知一者矣愚智之不可移如此

承叔曰以人性爲善道不可廢以人性爲惡道不可廢以人性爲善惡混道不可廢以人性爲上者善下者惡中者善惡混道不可廢然則學者雖毋言性可也劉子曰仁義性也禮樂情也以人性爲仁義猶以人情爲禮樂也非人情無所作禮樂非人性無所明仁義性者仁義之本情者禮樂之本也聖人惟欲道之達于天下是以貴本今本在性而勿言是欲導其流而塞其源食其實而伐其根也夫不以道之不明爲言而以言之不及爲說此不可以明道而惑于言道不可以無言而迷于有言者也

雲濠謹案公是先生弟子記四庫書目入子部儒家類語多可采今特采其與廬陵問答者二條亦可見其學之一斑云

謝山公是先生文鈔序曰予嘗謂文章不本于六經雖其人才力足以淩厲一時而總無醇古之味其言亦必雜于機變權術

至其虛矯恫喝之氣未流或一折而入于時文有宋諸家廬陵南豐臨川所謂深于經者也而皆心折于公是先生蓋先生于書無所不窺尤篤志經術多自得于先聖所著七經小傳春秋五書經苑中莫與抗故其文雄深雅健摹春秋公穀兩家大小戴記皆能神肖當時先生亦自負獨步虎視一時雖歐公尚以不讀書爲所誚而歐公不敢怨之世或言先生卒以此忤歐公今稽之墓志始知其不然也梓材案黃溍翁跋先生帖謂劉侍讀文忠公門人也溍翁及見先生此語當得其實觀謝山所云蓋先生之于廬陵及門而未心折者耳邵氏聞見後錄言呂汲公終身重敬原父之學知先生之見重當世如是又案先生之弟公非先生被薦于文忠亦得列廬陵之門也

舍人劉公非先生攽

劉攽字叔贛父公是先生之弟也學者稱爲公非先生與公是同登科第仕州縣二十年始爲國子監直講歐陽兗公與趙公槩薦試館職歷知曹州兗州亳州襄州蔡州孫莘老蘇文忠等言其博記能文章政事侔古循吏身兼數器守道不回召拜中書舍人著書百卷尤邃史學司馬温公修資治通鑑專職漢史參史傳

附錄
劉靜春曰吾家原父貢父二先生高才博物風節凛然惜其與關洛同時而不偕之講學
雲濠謹案原父即遷父貢父即贛父古今字耳
縣令陳先生舜俞別見安定學案
正言丁先生隲
丁隲字公點蘇州人嘉祐進士以經學倡後進尤長于易春秋爲文自成一家官太常博士元祐中爲左正言五上章論何正臣治獄殘酷巧詆刻深甚于羅織黨錮事載國史著有文集二十卷參姑蘇志
直講張先生巨
張巨字微之晉陵人嘉祐中舉明經薦爲國子監直講王荆公新法行乃引去時論高之先生嘗從安定學復與蔣之奇胡宗愈丁隲同學易于歐陽公著易解十卷
簡修胡先生宗愈
胡宗愈字完夫晉陵人文恭從子舉進士甲科爲光祿丞文恭得請杭州英宗問子弟誰可繼者以先生對召試學士院神宗立累遷至同知諫院王介甫用李定爲御史先生言御史不因薦得是殆一出

執政意郎大臣不法誰復言之蘇頌李大臨不草制坐絀先生又爭之介甫怒出判真州元祐初以吏部右司郎中進起居郎中書舍人給事中御史中丞請刪差法哲宗嘗問朋黨之弊對曰君子指小人爲姦則小人指君子爲黨陛下能擇中立之士而用之則黨禍熄矣明日具君子無黨論以進拜尙書右丞于是諫議大夫王覿論其不當而劉安世韓川孫覺等合攻之朝廷依違踰年出覿潤州而言者愈力乃罷爲資政殿學士知陳州徙成都府蜀人安其政召爲禮部尙書遷吏部卒年六十六贈左銀青光祿大夫謚簡修參史傳

文公王臨川先生安石別爲荊公新學略

文定曾南豐先生鞏

曾鞏字子固南豐人生而警敏讀書數百言脫口輒誦年十二試作六論援筆而成辭甚偉甫冠名聞四方歐陽公見而奇之中嘉祐二年進士第調太平州司法參軍召編校史館書籍遷館閣校勘集賢校理爲實錄檢討官出判越州還知齊州累徙襄州洪州福州最後徙明亳滄三州先生負才名久外徙世頗謂偃蹇不偶一時後生輩鋒出先生視之泊如也過闕神宗召見勞問甚寵遂留判三班院上疏議經費帝曰鞏以節用爲理財之要世之言理財者未有及此帝

以三朝兩朝各自爲書將合而爲一加先生史館修撰專典之不以大臣監總旣而不克成會官制行拜中書舍人時自三省百執事選授一新除書日至十數人人舉其職于訓辭典約而盡尋掌延安郡王牋奏故事命翰林學士至是特屬之甫數月丁母艱去又數月而卒年六十五先生性孝友父亡奉繼母益至撫四弟九妹于委廢單弱之中宦學婚嫁一出其力平生嗜書家藏至二萬餘卷手自讎對雖白首不倦又集古今篆刻爲金石錄五百餘卷所著文集曰元豐類稿（雲濠案四庫書目采錄元豐類稾五十卷其續稾四十卷外集十卷並佚）其文開闔馳騁應用不窮然言近旨遠要其歸必止于仁義一時工作文詞者鮮能過也呂申公嘗告神宗以先生爲人行義不如政事政事不如文章以是不大用云（參史傳）

附錄

葉水心習學記言曰曾某不附王安石流落外補汲汲自納于人主其辭皆諂而哀要之其文與識皆未達于大道

問南豐云有知之之明而不能好之未可也故加之以誠心好之有好之之心而不能樂之亦未可也故加之以至意樂之用工夫卻在誠心至意上否陳潛室曰此用論語意從致知上發源皆先儒所不

道南豐屢屢屢言之度越諸公遠矣但其說樂處語不瑩耳樂者極至之意是他知好工夫到後自見此境界耳若用一物以樂之卽非所以爲樂木鐘集

文忠蘇東坡先生軾

文定蘇潁濱先生轍並見蘇氏蜀學略

縣令王先生回

王回字深父侯官人先生敦行孝友質直平恕造次必稽古人所爲而不爲小廉曲謹以求名譽由進士爲衞眞簿有所不合稱病自免作告友曰古之言天下達道五者各以其義行而人倫立其義廢則人倫亡然而父子兄弟之親天性也夫婦之合人情也君臣之從衆心也雖欲自廢而理勢持之惟朋友者舉天下之人莫不可同亦舉天下之人莫不可異同異在我則義安所卒歸乎是其漸廢之所由也親非天性也合非人情也從非衆心也羣而同別而異有善不足與榮有惡不可與辱大道之行公與義者可至焉下斯而言其能及者鮮矣是以聖人崇之以列于君臣父子夫婦兄弟而壹爲達道也夫人有四肢所以成身一體不備則謂之廢疾而人倫缺焉何以爲世姑求其肯告吾過而樂聞其過者與之友乎退居潁州久之不肯

仕在廷多薦者治平中以爲忠武軍節度推官知南頓縣命下而卒先生在頴川與處士常秩友善熙寧中秩上其文集補其子汾爲郊社齋郎 參史傳

梓材謹案焦秘閣傳云同門如曾南豐王深父皆以文學名故以先生次南豐

教授徐先生無黨

徐無黨永康人從歐陽永叔學古文詞永叔嘗稱其文日進如水湧山出又云其馳騁之際非常人筆力可到嘗註五代史妙得良史筆意皇祐中以南省第一人登進士第仕至郡教授

別附

文穆蔣頴叔之奇

蔣之奇字頴叔宜興人舉進士元祐初累拜翰林學士兼侍讀坐責守汝州徙慶州徽宗立拜知樞密院事崇寧元年知杭州以棄河湟事奪職降中大夫以疾告歸提舉靈仙觀三年卒嘗入元祐黨籍後錄其陳紹述之言盡復官職謚文穆 參史傳

梓材謹案謝山爲文穆端研記云文穆在熙寧元祐崇寧推爲博聞强識之儒曾在禁林記諸典章文物之舊曰逸史至數百

卷是亦北宋一魁儒也惜其受知廬陵因患姦邪之目轉劾廬陵爲瑜不揜瑕耳

焦氏門人廬陵再傳

侍講呂原明先生希哲別爲滎陽學案

庶官呂先生希績

待制呂先生希純並見范呂諸儒學案

劉氏家學

僉樞劉先生奉世

劉奉世字仲馮新喻人逮父子天資簡重有法度以進士歷官至樞密直學士僉書院事坐黨籍累貶謫居沂兗以赦歸復端明殿學士優于吏治尙安靜文詞雅贍最精漢書學常云家世唯知事君內省不愧怍士大夫公論而已得喪常理也譬如寒暑加人雖善攝生者不能無病也正須安以處之參史傳

劉氏門人

縣令王先生回見上廬陵門人

江季恭先生端禮別見安定學案

曾氏家學

文昭曾曲阜先生肇

曾肇字子開南豐人南豐先生之弟也舉進士累官至龍圖閣學士坐黨籍安置汀州數年歸潤而卒先生天資仁厚而容貌端嚴自少力學博覽經傳爲文温潤有法其調黃巖簿也邵安簡公聞其賢請爲州學教授四方之士聞風踵至授經無虛席後更十一州類多善政 雲濠案先生著有曲阜集四十卷外集十卷奏議十二卷尙書講義八卷邇英殿故事一卷元祐外制集十二卷庚辰外制集三卷內制集五卷又曾氏譜圖一卷楊龜山狀其行紹興初謚曰文昭參史傳

曾氏門人

通判李先生撰

李撰字子約吳縣人受業南豐官至通判袁州以興學校爲先務有文翁常袞風 雲濠案先生著有毛詩訓解二十卷孟子講義十四卷文集五十卷史贊論五卷龜山楊文靖公誌其墓子彌遜彌大彌正

正字陳後山先生師道

陳師道字履常一字無已彭城人好學苦志年十六以文謁曾子固大奇之許以文著時留受業焉熙寧中王氏經學盛行先生心非其

說遂絕意進取子固典五朝史事得自擇其屬朝廷以白衣難之元祐初蘇文忠軾傅獻簡堯俞孫莘老覺薦其文行起爲徐州教授又用梁壽薦爲太學博士言者謂在官嘗越境出南京見軾改教授潁州又論其進非科第罷歸調彭澤令不赴家素貧或經日不炊妻子慍見弗恤也久之召爲祕書省正字卒年四十九友人鄒浩斂之先生高介有節安貧樂道于諸經尤邃詩禮爲文精深雅奧喜作詩自云學黃庭堅至其高處或謂過之然小不中意輒焚去今存者纔十一世徒喜誦其詩文至若奧學至行或莫之聞也初遊京師踰年未嘗一至貴人之門傅獻簡欲識之先以問秦少游曰是人非持刺字俛顏色伺候乎公卿之門者殆難致也獻簡曰非所望也吾將見之懼其不吾見也子能介于陳君乎知其貧懷金欲爲餽比至聽其論議益敬畏不敢出章惇在樞府將薦于朝亦屬少游延致先生答曰辱書諭以章公降屈年德以禮見招不佞何以得此豈侯常欺之邪公卿不下士尚矣乃特見于今而親于其身幸孰大焉愚雖不足以齒士猶當從侯之後順下風以成公之名雖然有一于此幸公之他日成功謝事幅巾東歸師道當御款段乘下澤侯公于上東門外未晚也及惇爲相又致意焉終不往官頗時東坡知州事待之絕厚欲

參諸門弟子閉而先生賦詩嚮來一瓣香敬爲曾南豐之語其自守
如此學者稱爲後山先生參史傳
附錄
葉水心習學記言曰陳師道所師獨曾鞏至與孔子同稱然其云學
欲至之捷而守之迂識欲覺之先而持之後見理未盡而執志甚堅
惜乎
魏鶴山師友雅言曰後山詩仰看一鳥過虛負百年身甚有深意
李氏家學廬陵三傳
侍郎李筠溪先生彌遜
尙書李先生彌大合傳
李彌遜字似之吳縣人通判撰子弱冠以上舍登大觀三年第調單
州司戸累官起居郞以封事剴切貶知廬山縣改奉嵩山祠廢斥隱
居者八載宣和末知冀州金人犯河朔諸郡皆警備先生率勇士邀
斬甚衆靖康初召爲衞尉少卿出知瑞州二年建康牙校周德叛單
騎招降之時李綱行次建康先生與謀誅首惡五十人撫其餘黨一
郡帖然改淮南運副後奉興國宮祠知饒州召對首奏當堅定規模
排斥姦言輔臣有不悅者以直寶文閣知吉州陛辭帝曰行召卿矣

七年秋遷起居郎先生自政和末以上封事得貶垂二十年及復居是職直前論事鯁切如初冬試中書舍人奏六事曰固藩維以禦外侮嚴禁衛以尊朝廷練兵卒以壯國勢節財用以備軍食收民心以固根本擇守帥以責實效時駐蹕未定有旨料舟給卒以濟宮人先生繳奏曰事雖至微懼傷大體帝嘉納之試戶部侍郎秦檜再相惟先生與吏部侍郎晏敦復有憂色八年上疏乞外甚力詔不允趙豐公罷相檜專國贊帝決策通和胡忠簡銓上疏乞斬檜范如圭曾開抗聲折檜皆遭貶逐先生乃請對言金使之請和欲行君臣之禮有大不可帝詔廷臣大議檜邀先生至私第曰政府方虛員茍和好無異議當以兩地相浼答曰彌遜受國恩深厚何敢見利忘義今日之事獨有一去可報相公次日再上疏言愈切直檜大怒先生引疾九年春再上疏乞歸田以徽猷閣直學士知端州改知漳州十年歸隱連江西山十二年檜追仇向者盡言之臣嗾言者論先生與豐公王庶曾開四人同沮和議于是先生落職十餘年間不通時相書不請磨勘不乞任子不序封爵以終其身二十三年卒朝廷思其忠節詔復敷文閣待制有奏議三卷外制二卷議古三卷詩十卷雲濠案先生著有筠溪集二十四卷弟彌大字似矩官刑工戶三部尚書參史

祖望謹案先生在兄弟中最以風節著至其講學則固未有聞
也予攷其經紀胡邦衡之家事而贈以遠竄之言曰有天命有
君命不擇地而安之曰唯君子困而不失其所故亨曰名節之
士猶未及道更宜進步曰無我方能爲大事曰天將任之必有
所摧折曰建功立名非知道者不能曰學必明心記問辯說其
餘也然則先生之講學者深矣其歸隱連江也張忠獻公爲治
田宅力辭不受

吏部李先生彌正

李彌正字似表通判子官吏部郎兼史館上書忤秦檜指爲趙忠簡
公黨人廢二十年

廬陵續傳

機宜鄭先生耕老

鄭耕老字穀叔莆田人紹興十五年進士明州教授以薦召見孝宗
擢國子監簿添差福建安撫司機宜文字著詩易中庸洪範論孟訓
釋參閩書
讀書說

立身以力學爲先力學以讀書爲本今取六經及論語孟子孝經以字計之毛詩三萬九千二百二十四字尚書二萬五千七百字周禮四萬五千八百六字禮記九萬九千二十字周易二萬四千二百七字春秋左氏傳一十九萬六千八百四十五字論語一萬二千七百字孟子三萬四千六百八十五字孝經一千九百三字大小九經合四十八萬九十字且以中材爲率若日誦三百字不過四年半可畢或以天資稍鈍中材之半日誦一百五十字亦止九年可畢苟能熟讀而溫習之使入耳著心久不忘失全在日積之功耳里諺曰積絲成寸積寸成尺寸尺不已遂成爲匹此語雖小可以喻大後生其勉之

梓材謹案此說有作歐陽公讀書法者其數諸經先孝經次論語一萬一千七百五字次孟子次周易二萬四千一百七字次尚書次詩三萬九千二百三十四字次禮記九萬九千一十字次周禮次春秋左傳先後字數微有不同又云九經正文通不過四十七萬八千九百九十五字童子日誦三百字不五年略可上口是先生之說蓋本歐公而字數有異爾又其闢佛亦與歐公同故移水心文集一段于後而特爲立傳云

附錄

葉水心志其墓曰穀叔嘗著仁義禮樂扶中截流等論推明聖人之道歸于中正不偏常行不厭而佛者以寂滅無爲亂之此性命道德之蠧

劉氏續傳

縣令劉先生恭

劉恭字伯協南城人紹熙元年進士知瑞安縣象山嘗作書言郡縣官貪殘之害以告大吏先生以其人家世方盛若極言之恐攖其怒且居是邦非其大夫或于名分未安象山答以向來區區之意不在利害至于理之所在必爭雖匹夫不可犯先生又以道大何所不容爲辭象山以不知務示之

梓材謹案是傳謝山稾底列象山門人顧象山與書一稱之以門下再尊之以來示又自遜曰敬虛心以俟教則先生特象山講友初未及象山之門也攷楊誠齋集先生爲新吉守誠齋與之書曰近世人物之盛莫江西若者江西人物之盛又莫劉氏若者公是公非二先生偕以道鳴如古文篇何必減原道如弟子所記何必減法言如西垣訓詞何必減西京家傳正學之派

心授斯文之脈不在執事而在誰乎據此則先生固承二劉家學者不必附之陸門矣故移入于此

宋元學案卷四

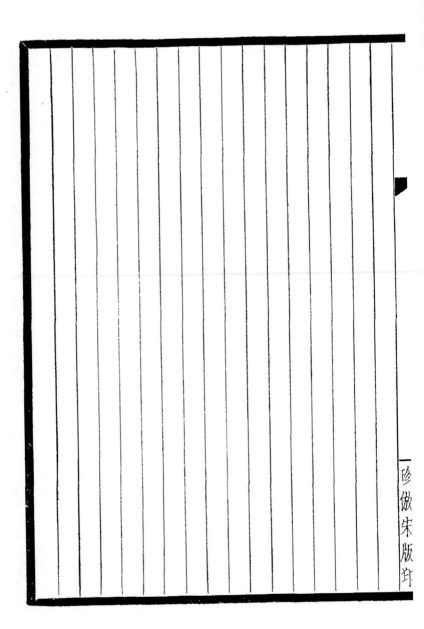

古靈四先生學案表

陳襄 安定同調

孫覺 別見安定學案

吳道

張公諤

章衡

傅楫——從子希龍

陳貽範

管師復

管師常——林石——沈躬行 別見周許諸儒學案

陳砥

呂逢時——錢景臻

黃穎——子公坦

劉淮夫

鄭穆

陳烈
周希孟——劉康夫
潘鯁
曾伉
劉彝 別見安定學案
並古靈講友
章望之
吳師仁 並見士劉諸儒學案
司馬光 別爲涑水學案
張載 別爲橫渠學案
並古靈同調
劉夔
曹穎叔
蔡襄

並公闢學侶

鄞縣全祖望補本　　後學慈谿馮雲濠校刊

鄞縣王梓材重校

道州何紹基重刊

古靈四先生學案

祖望謹案安定泰山並起之時閩中四先生亦講學海上其所得雖未能底于粹深然而略見大體矣是固安定泰山之流亞也宋人溯導源之功獨不及四先生似有闕焉或曰陳烈亦嘗師安定未知所據述古靈四先生學案梓材案古靈學案謝山所特立謂之述者謙辭也黃氏補本仍屬之梨洲非是又案其表以古靈爲安定門人亦無據

安定同調

忠文陳古靈先生襄

陳襄字述古侯官人也學者稱爲古靈先生是時學者方溺于雕篆之文相高以詞華所謂知天盡性之說皆指以爲迂闊而士亦莫之講也先生獨有志于傳道與其同里陳烈鄭穆周希孟者爲友氣古行高以天下之重爲己任聞者始皆笑之先生不爲動躬行益篤學

者亦稍稍化之多從之遊而閩海閒遂有四先生之目雖有誕突恣傲不可率者不敢失禮于其門已而四先生之名聞于天下有從遠方來受學者以進士爲浦城簿縣闕令先生行令事斷獄明決人莫能干以私首興學宮爲諸生講學從之者五百餘人而章衡卒爲名臣部使者安積至其縣先生以十事陳之安是之皆爲施行以遷爲仙居令仙居山縣莫知學先生之興學宮課諸生如浦城有問難者得乘先生聽訟之暇入問于庭偶出行部遇山谷中有小學輒下車爲童子輩講經從學者漸多而管師復兄弟卒爲名儒遷著作佐郎知河陽縣仙居之民攀車遮道幾不得出境時富鄭公帥河陽一見厚禮之先生之興學宮課諸生如仙居或謗之富公曰是賺子弟輩束脩耳富公以告先生曰自反而縮何嫌人言或勸先生罷講答曰以讒人使諸生遂不得聞道吾恥之講益力富公久而益奇之入相薦爲太常博士召試秘閣校理尋判祠部譯經僧法護遺奏乞度十僧趙槩亦請列于廟中三年度一道士先生堅執不行且請禁宮闈要近之妄有陳乞者坐是解祠部編昭文館書籍已而以祠部員外郎知常州復興學宮課諸生如河陽時承安定先生湖學之後東南講席稍衰先生復振之以顧臨司之每晨親往與諸生講經義旁決

吏事于是毗陵之威擬于湖學常州運渠橫遏震澤積水不得北入于江爲吳下民田之害先生以渠之丈尺對民田之步畝分授以浚深廣有制不月而成遂削望亭古堰而震澤積水乃克北流田患以除遷司封員外郎爲開封府推官將行得公帑雜收無名錢數百萬因以償積年官逋之未清者入爲三司判官使遼尋修起居注知諫院管句國子監等先生薦可爲太學師長者四人小程子其一也尋罷諫院兼侍御史知雜事故事左右史以次知制誥而臺雜乃遷三司副使于是有旨候知制誥闕召試先生辭曰陛下以義使臣敢不惟命是聽豈敢計較資地以爲輕重況知雜之任上裨朝政下肅臺綱豈顧寵祿之居後哉若有顧避之心身且不正焉能正人乃許追寢前命于是王荆公執政行新法先生力言青苗不便五奏皆不報其進第四狀曰臣觀制置奏請莫非引經以爲言而其實貸民以取利是特爲管仲商君之術臣願陛下爲堯舜之君以仁義治天下不願陛下爲霸主也陛下富有中國廣輪萬里內無強臣敵國之患外無西戎北狄之難四海九州之賦供用不爲不足不于此時與廟堂之臣坐而論道以行王政而反屑屑爲均輸舉貸之事臣竊惜之其第五狀曰誤陛下者王安石也誤安石者呂惠卿也安石持強辯以

熒惑于前惠卿畫詭謀以陰助于後故雖陛下之至聖不能無惑近者中丞呂公著而下皆以不職乞從責降臣獨區區未敢請者尚冀犬馬之誠一悟聖意許以青苗之法下百官集議如臣等言非甘從遠竄如是則安石惠卿乞行貶斥以謝天下又言劉述劉琦錢顗等皆以言事責降范純仁以此待罪朝廷上下之情乖戾若此臣甚憂之乞免其罪以大有容之德又乞召還范純仁以厭人望又言中丞呂公著以造膝之言落職補郡安石增改誥詞暴揚其語欲以中傷尤失事體右正言李常待罪兩月不報必非陛下之意又言韓絳以制置三司條例司而爲參政是以利進自古進用大臣所未有又言李南公李定不可用王子韶爲小人于是神宗有詔召先生試知制誥而所奏皆留中不下先生辭曰臣所言不能開悟聖心方且待不職之罪未知譴所召試非臣所敢當荆公方遣人趣先生承命見奏大恨議出爲陝西轉運使上曰陳襄經術宜在講筵乃復令修起居注直舍人院兼天章閣侍講先生固辭神宗賜手詔曰卿以言事未遂不受知制誥之命且求外補朕慕卿經術深惜遠去特還舊職庶幾左右經席漸摩道義來奏尚欲固辭豈未悉朕意與還卿來章當亟就職先生不敢復辭次年卒用爲知制誥荆公終欲出之上不許

詔直學士院荆公惡之不已以草河北詔言水不潤下中書改之又赦文有奉祠紫宮之語爲犯俗先生乞出遂知陳州未期移杭州先生以杭之學校不興復修築聚講如常州且修六井水利已而復知陳州其講學如杭州熙寧八年召還知銀臺遷樞密直學士判太常次年兼侍講又次年命爲郊祀禮儀使詳定郊廟禮樂元豐二年判尙書都省神宗且有意大用之而先生病矣次年卒妻子問遺言索筆書先聖先師四字贈給事中其後累贈少師謚忠文所著書有易義中庸義古靈集二十五卷雲濠案先生所著書尙有州縣提綱其古靈集二十五卷爲先生子紹夫所編居易錄稱爲二十卷蓋未見完帙也先生一言一行皆以古人爲法喜怒不形于色荆公之退也先生在講筵薦司馬温公以下三十三人神宗善之而不能盡用也元祐名臣皆在其中南渡後高宗得其稿詔示天下以爲薦士者法

祖望謹案宋仁之世安定先生起于南泰山先生起于北天下之士從者如雲而正學自此造端矣閩海古靈先生于安定蓋稍後其孜孜講道則與之相埒安定之門先後至一千七百餘弟子泰山弗逮也而古靈亦過千人安定之門如孫莘老管臥雲輩皆兼師古靈者也于時濂溪已起于南涑水橫渠康節明

道兄弟亦起于北直登聖人之堂古靈所得雖遜之然其倡道之功則固安定泰山之亞較之程張為前茅焉故特為立一學案而以鄭氏陳氏周氏三子並見于後

古靈先生文集

隱居求志古人尚之然有聖人之隱有賢人之隱有介夫之隱聖人之隱樂天以俟命時未可而潛時可而躍者蜿蜿蜒蜒莫知其神舜伊尹是也賢人之隱養氣以畜德庸言庸行居貧賤而樂顏曾是也介夫之隱但潔其身而不累乎世足以自牧而不足與憂天下長沮桀溺是也是則君子不為也 與章表民

後進士來茲者亦早夜不已有所勉然進而是退而疑故吾日為之憂恐不能有遠到者 與陳砥

好善之人惟恐有所不聞好為善之人惟恐有聞 答黃殿丞

不離經而用權不先利而後義

視非正色謂之不明聽非正言謂之不聰故君子不以耳目近小人不以小人亂視聽也 以上與安度支

聖人之經待人而傳當明大義折諸家異同之說以示後學不宜有讓 答許太博

僕他無一二至于古人至于好人之善樂聞己之過則似有之答周有終

君子患己不立不患不能文德至斯言至矣與元屯田

常患近世之士溺于章句之學而不知先王禮義之大上自王公下逮士人其取人也莫不以善詞章者爲能守經行者爲迂闊天下之士習固已塗瞶其耳目而莫之能正矣某自治事以來以興學養士爲先務以明經篤行爲首選將以待夫有志之士彼四方之學者輕千里而外其亦有望于茲德薄任重不足以獨當其責思得先生共教以德行道藝之事與顧臨

凡人生而與萬物俱生長而與萬物俱化終身與萬物浮沈以是而求至于聖人難哉孔子語顏淵曰非禮勿視非禮勿聽非禮勿言非禮勿動然後天下歸仁

今有裸衣而倒行者目之者曰此狂惑喪心之人至于學者喪其本心不惟不自知亦無目而指之者豈不宜大自驚懼持循而修省哉

以上答徐洪

去聖日遠聃周楊墨之說衣被天下故後之習孔子者多聞見則易愼擇之則難自韓退之來六百年有餘矣季甫比日于吾儒爲有功

足下慎折衷之 答周公闢

君子之所貴乎身者道焉而已不苟利不苟進不苟得惟義而止 答元屯田

行與止係乎天進與退存乎己 與富相公

古人事死如生葬則欲其返虞則欲其安祔則欲其存而不忘哭之有倚廬事之有祖廟廬于墓非古也 答劉太博

古之聖賢存其心視天下之民如其子一夫不獲則不能安乎其身曰天假手于我以養之吾何忍弗顧也故禹稷三過其門而不入伊尹五就桀太公七十歸周孔子皇皇諸侯之國彼豈不知養心治氣安佚之樂一畝之宅可以終身訢然而忘天下哉今之仕者與之祿則受之至于民有死亡危苦則聽之又惡知畏天命而愍人窮也比見欽之于河陽其議論誠佳矣然而未知其仁今將有民社以爲政吾于是觀焉欽之勉之 與傅察推序

行身乎大方之塗養心于至義之源游泳乎詩書之和沈潛乎易春秋之微博之以文藝約之以禮法而歸之于誠亦庶乎其至也 送管師常序

好學以盡心誠心以盡物推物以盡理明理以盡性和性以盡神 送

章衡序

祖望謹案古靈崛起南嶠昌明正學雖其立言尚有未盡融洽者如此五語是也然其大意已通關洛之津較之石徂徠輩則入細矣

無近名無躐學無急于奔競 送章衡序

君子之道正以持之通以行之正者道之經通者道之權二者相用而成孰爲正曰中庸是也孰爲通曰隨時之義是也仁以居之義以由之正在其中矣智以遷之禮以和之通在其中矣君子知是四者所以藏身也庸言之信庸行之謹雞鳴而起孳孳守之而弗失其善持之也是謂之正萬物相感而情僞生萬物相交而利害生故其道有否泰時有險易而濟之以屈伸語默之變是謂之通 何秉字序

誠至于高明博厚而不息也然後能定明至于廣大精微而不惑也然後能應

聰明不足以自任權勢不足以自私 以上上殿劄子

聖人先得乎誠誠則明矣賢人思誠者也因明而後誠存其所謂正而公者去其所謂邪而私者此之謂擇善戒慎于不睹不聞之際此之謂慎獨而固執之此之謂明則誠矣 誠明說

予愍汝邑民不識爲學父子兄弟不相孝友鄉黨鄰里不相存恤其心惟汲汲爭財競利爲事以至身冒刑憲鞭箠流血而不知止忝奉天子教條不可私恕每刑一人若傷膚髮而汝輩不知予心乃相煽熾搆訟成獄自以爲能使予日不得食夜不得寢是誠何心然非汝百姓之樂于此也蓋不知讀書之故也十室之邑必有忠信汝父老歸告子弟令來學予將擇明師而教諭之 仙居勸學文

爲吾民者父義母慈兄友弟恭子孝夫婦有恩男女有別子弟有學鄉里有禮貧窮患難親戚相救婚姻死喪鄰保相助無惰農桑無作盜賊無學賭博無好爭訟無以惡凌善無以富吞貧行者讓路耕者讓畔頒白者不負戴于道路則爲禮義之俗矣 仙居勸俗文

學校之設非以教人爲詞章取利祿而已當致學者首明周官三物之要使有以自得于心而形于事業然後可以言仕 杭州勸學文

古靈語

人不可爲人所容 見晁氏客語

格君心之非吾徒事也

世之欲堯舜其君者莫若求大賢而進之 以上見劉執中所作祠堂記

祖望謹案王偁作陳古靈傳詆其迂闊心竊異之謂偁不應乖謬至此及讀程俱北山小集乃知此語本于紹聖實錄而偁不審而實之者也北山有曰襄所薦三十餘人其所學皆不以當時之所建立爲然者襄之行己從可知矣北山又曰襄之美以壬午之詔而益明梓材案壬午當作壬子

熙寧經筵論薦三十三人品目

端明殿學士右諫議大夫集賢院修撰提舉西京嵩山崇福宮司馬光素有行實忠亮正直以道自任博通書史之學可備顧問

端明殿學士翰林侍讀學士吏部郎中知許州韓維器質方重學亦醇正知盡心性理之說得道于內可以應務于外

翰林侍讀學士寶文閣學士戶部侍郎提舉崇福宮呂公著道德醇明學有原本事君以進賢汲善爲己任以上三人皆股肱心膂之臣不當久外

祕書監集賢院學士知杭州蘇頌長于史學國朝典故多所練達可充編撰之任

右司諫直集賢院孫覺明經術義理之學端良信厚可以鎮浮厲世

祠部員外郎祕閣校理知齊州李常性行醇正兼治經術可比于覺

兵部員外郎直集賢院知和州范純仁器識通明忠義骨鯁足濟大事以上三人可充侍從
祠部員外郎直史館權知河中府蘇軾豪俊端方雖不長于經術然百氏無所不覽文詞美麗尤通政事
祠部員外郎集賢校理權知洪州曾鞏文詞典雅與軾各爲一體二人可備文翰
祠部員外郎集賢校理同修起居注孫洙博學能文所守亦端兼明世務可充史臣
祕書丞集賢校理王存學行素著方重有守不爲勢利所遷
太子中允判武學顧臨才豪氣剛兼有識略喜于聞過可屬以危難之事
著作佐郎集賢校理林希少有文行
祖望謹案三十三人中惟斯人晚節不終
右司郎中分司南京李師中人多稱其有才可當邊帥
兵部員外郎傅堯俞以義去就有古諍臣風
太常博士河東提刑胡宗愈文醇行循兼明經術以上三人以言事

前著作佐郎王安國材器磊落罪廢不忘進學
太子中允應天簽判劉摯性行端醇詞學淵遠
太常博士宗正丞虞太熙治經有行不苟于進可充臺閣
太子中允監西京洛河竹木務程顥性行端醇明于義理可備風憲
太子中允權發遣淮南西路運判劉載少治經術兼有文行可備臺閣
殿中丞充秦鳳熙河路句當官薛昌朝才質俱美持守端直可置臺閣
著作佐郎崇文校書張載養心事道不苟仕進西方學者一人而已
興國軍掌書記蘇轍學與文若不逮軾而靜厚過之
前台州司戶今召試館閣孔文仲性行淳粹文章正直
歙州推官吳賁以孝行聞治經學尤盡心于民政
前延陵令吳恕器識醇深學通義理
屯田郎中知太康縣林英和而不隨直而不撓
都官員外郎監泗州倉孫奕士行著于鄉閭節義信于朋友所至以善政聞可當一路
著作佐郎監揚州糧料院林旦通曉民政兼有持守

太常博士監衡州鹽倉鄒何操履端方吏才通敏
大理評事唐垧性雖輕脫才幹明敏以言事竄今監杭州龍山稅流
落遠方
前監安上門英州安置勒停鄭俠愚直敢言發于忠義望陛下矜憐
使得生還
祖望謹案古靈先生講學以誠明爲主其立朝尤以薦賢爲急
今觀其三十三人品目自温公申公韓范劉王諸大臣無不當
其性行其謂横渠則曰西方學者一人而已于東坡則曰不長
經術即此可見先生之學之醇故備錄之其生平薦士于當路
尚多今皆附載于後
與陳安撫薦士書九人
殿中丞致仕胡瑗博學通經負文武之道而適用不迂雖老尚可大
用
舒州通判王安石才性賢明篤于古學
頴州司法劉彝其政與學通達體要
合肥主簿孫覺才質老成經學浸有原本文辭簡粹
揚州孫處高介好古而志道安貧不仕文辭必臻于理

衢州江山縣周穎剛義孝友不畏強禦
越州蕭山縣吳孜勇于爲義少習聲律之學旣而約心于理甘貧養
親其二人卽陳烈鄭穆
祖望謹案其與韓丞相薦士書十七人曰知綿州龍安縣劉載
虔州推官吳賁前澧陽令監泰州如皐縣鹽倉戚倚松陽令余
京上虞令丁騭江寧府監上元縣管師常長垣主簿孫路以上
皆文行經術之士沂州防禦推官宋希元葉縣尉吳道鄆州觀
察推官許安世監池州酒務楊國寶前涇州觀察推官王巖叟
明州鄞縣尉陳頤以上皆強志力行之士左軍巡院判官黃灝
節度推官曾華旦大理寺丞黃默松溪令賈易以上皆幹能之
士其與蔡舍人薦士書八人曰太學直講胡瑗進士吳孜管師
常任原倪天隱張京明經顧臨又友人陳烈此皆古靈未甚達
時所薦及修起居注則薦常秩爲侍御史則薦陳烈領國子監
事則薦常秩陳烈程頤管師常知杭州則薦吳師仁爲樞密直
學士又薦陳烈其試士則薦陸佃而其薦三十三人最在後能
留心天下之人材未有過于先生者也其中多講學儒者自胡
公二程張子外戚倚吳孜劉彝顧臨周穎倪天隱皆安定弟子

楊國寶賈易皆伊川弟子而孫覺管師常則先生之徒而卒業于安定者惟常秩林希有負先生之舉耳先生又嘗以徂徠忠義經術乞官其子

梓材謹案先生所薦又有禮祠客膳四部主簿黃庭僉見黃豫章外集

古靈講友

祭酒鄭閎中先生穆

鄭穆字閎中侯官人也四先生之一醇謹好學讀書至忘櫛沐進退容止必以禮門人千數以進士爲壽安簿召爲國子監直講尋編集賢館書籍積官太常博士以集賢校理通判汾州熙寧三年召爲岐王侍講又爲嘉王侍講神宗謂古靈曰如鄭穆德行乃堪左右王者耳凡居館閣三十年而在王邸一紀非公事不及執政之門講經至可爲勸戒者必反復擿誦二王咸敬禮焉元豐三年以朝散大夫知越州先是鑑湖旱乾民因田其中延袤百里官籍而脫之既而連年水溢民逋官租且萬緡先生悉奏免之未滿乞休管句杭州洞霄宮元祐初召拜國子祭酒每坐講席無閒寒暑雖童子必朝服延接以禮送迎學者尊其德而服其教故人張景晟者死遺白金五百兩託

其孤先生曰恤孤吾事也金于何有反金而育其子三年揚王荊王並請爲講官解祭酒以直集賢院充荊王府侍講荊王薨復爲揚王府翊善太學諸生請之有詔仍任祭酒兼充徐王府翊善四年拜給事中兼祭酒次年遷寶文閣待制兼官如故明年乞休詔以提舉洞霄宮致仕太學諸生數千人以狀白宰相乞留范給事淳夫言穆雖年逾七十精力尚強古者大夫七十致仕有不得謝則賜之几杖祭酒居師資之地正宜老成願毋輕聽其去因引唐韓愈留孔戣故事不報于是公卿大夫各爲詩贈行空學出祖汴東門之外都人觀者如堵淳夫詩曰顧我言非韓吏部多公節似孔尚書明年卒先生著述不傳古靈謂其深造于道心仁氣正勇于爲義文博而壯淳夫亦曰閎中真長者元祐之盛羣賢咸在朝居祭酒者前推先生後推顏復皆真儒云

直講陳季甫先生烈

陳烈字季慈侯官人也學者稱爲季甫先生天性介特篤于孝友年十四繼喪父母水漿不入口者五日自壯迨老享奉如生事禮寢興晦朔未嘗止一日夢中衰絰哭其親于中庭哀聲震戶外家人聞之而先生未寤也嘗語古靈曰烈今日縱得尊榮父母不之見何足爲

樂其無意于世矣力學不羣平日端嚴終日不言雖御童僕如對大賓里有冠昏喪祭請而後行從學者數百父兄訓厥子弟者必舉其言行以規之慶歷初應試不中選遂不復赴禮部或勉之仕則曰伊尹守道成湯三聘以幣呂望持誠文王載之與歸今天子仁聖好賢有湯文之心豈無有先覺如伊呂者仁宗以大臣之薦累詔之不起或問其故曰吾學未成也自是交章論舉先生志不少易古靈每謂人曰世多以季甫爲潔身不仕之流非也蓋其志孔孟之道不肯苟進而已嘉祐中詔授本州教授不拜而福建提刑王陶奏先生以妻林氏疾病醜瘦遣歸其家十年不視烈貪詐人也已行之命乞賜削奪司馬温公在諫院上言臣素不識烈不知其人果如何惟見國家常患士人不修名檢故舉烈以獎勵風俗若烈平生操守出于誠實雖有迂闊之行不合中道猶爲守節之士亦當保而全之願委公正官吏通儒術識大體者覆實若止于夫婦不相安諧則使之離絕而灝洗其過庶復申眉于後若復敗亂名教則嚴賜刑誅幷治舉者之罪以明至公于是陶奏不行明年歐陽公復薦其行除國子直講竟不出久之詔許從其志以宣德郎致仕先是古靈在臺中舉先生自代稱其道已造大賢之域然先生行過拘故終多以矯僞疑之者皆

王陶之流也元祐初復詔爲本州教授不受祿敝衣糲食處之裕如稍有餘卽以周貧乏者七十六歲而卒

附錄

或問陳烈行古禮率子弟匍匐以弔蔡君謨爲世俗譏笑太不近人情張橫浦曰今取鄉黨言誾誾侃侃踧踖與與色勃足躩豈不爲怪狀但世俗以人視人故耳

梓材謹案此條梨洲所節橫浦心傳本在橫浦學案今以言陳季甫事移錄于此

助教周公闢先生希孟

周希孟字公闢侯官人也四先生者古靈最有名閩中亦顯于朝而先生與季甫獨不出然交相重也遍通五經尤邃于易弟子七百餘人知州劉夔曹穎叔蔡襄皆親至學舍質問經義部使者相繼薦于朝詔賜粟帛授將仕郎試國子監四門助教充本州學教授三表力辭不許尤闢佛氏之說卒門人曾伉等祠其遺像于五福寺中所著有易義詩義春秋義今皆不傳案古靈先生引先生說大有之九四謂前儒以彭爲旁之非彭盛也九四體是離明能知九三之專不從其盛專心以奉六五也以彭爲盛蓋自先生發之

知州劉先生彝 別見安定學案

古靈同調

光祿章先生望之

宮教吳先生師仁 並見士劉諸儒學案

文正司馬涑水先生光 別爲涑水學案

獻公張橫渠先生載 別爲橫渠學案

公闢學侶

侍郎劉先生夔

劉夔字道元崇安人第進士歷知陝廣潭州所至有廉名累官樞密直學士知鄆州發廩賑饑民賴全活盜賊屏息後知建州以戶部侍郎致仕 參姓譜

雲濠謹案先生所著有春秋褒貶志五卷見鄭氏通志

龍圖曹先生穎叔

曹穎叔字力之亳州譙人進士及第累官右司郎中陝西都轉運使自慶歷鑄大錢行陝西民盜鑄不已先生請罷鑄諸郡鐵錢以三鐵錢當銅錢之一從之進龍圖閣學士知永興軍卒于官 參史傳

忠惠蔡先生襄

蔡襄字君謨仙遊人舉進士爲西京留守推官館閣校勘范文正仲淹以言事去國余忠襄靖論救之尹師魯請與同貶歐陽文忠移書高司諫若訥三人皆坐遣先生作四賢一不肖詩都人爭相傳寫契丹使買以歸張于幽州館後仁宗更用輔相親擢忠襄文忠及王懿敏素爲諫官先生又以詩賀三人列薦之帝亦命之知諫院進直史館兼修起居注益任職論事無所回撓歷知開封府以樞密直學士再知福州郡士周公闢陳季甫陳述古鄭閎中以行義著先生備禮招延誨諸生以經學召爲翰林三司使旋乞爲杭拜端明殿學士以往卒年五十六贈吏部侍郎先生工于書爲當時第一仁宗尤愛之乾道中賜謚忠惠同上

梓材謹案歐陽公爲先生墓誌云徙知福州復知泉州往時閩人多好學而專用賦以應科舉公得先生周希孟以經術傳授學者常至數百人公爲親至學舍執經講問爲諸生率延見處士陳烈尊以師禮而陳襄鄭穆方以德行著稱鄉里公皆折節下之較史傳更爲分明

古靈門人

學士孫莘老先生覺別見安定學案

縣尉吳先生道
吳道字眞常浦城人也學于古靈從之至河陽古靈嘉其志節謂能修身治性不爲事物之惑使爲河陽學舍都講遂游太學以進士爲葉縣尉古靈嘗薦之韓忠獻公謂能知無不爲剛直不撓可任以難事

張先生公諤
張公諤者閩縣人也其在古靈門下見知與吳道等河陽都講其一爲公諤而道副之

待制章先生衡
章衡字子平浦城人登進士第一歷鹽鐵判官同修起居注出知汝州頴州還判太常寺出知鄭州奏罷原武監弛牧地四千二百頃以予民復判太常知審官西院使遼燕射連發破的遼以爲文武兼備待之異他使歸纂歷代帝系名曰編年通載神宗覽而善之賜三品服判吏部流內銓未幾擢知通州進銀臺司直舍人院拜寶文閣待制元祐中加集賢學士從黃氏補本錄入
祖望謹案古靈劾李定未行定擢中允三舍人不行而章子平行之見元城語錄

附錄
元城語錄曰王安石薦李定時陳襄彈之未行已擢監察御史裏行宋次道封還詞頭辭職罷之次直李大臨再封還最後付蘇子容又封還之更奏復下至于七八俱落職奉朝請名譽赫然此乃祖宗德澤百餘年閒養成風俗其與齊太史見殺三人而執簡如初者何異再後攝官修起居注章衡行之賢不肖于此可見

龍圖傅先生楫
傅楫字元通仙遊人少自刻厲從孫莘老又從古靈學第進士歷官太學博士四年以薦爲太常博士進侍講翊善後以鄒道鄉浩得罪被貶徽宗即位歷監察御史中書舍人在朝歲餘每以遵祖宗法度安靜自然爲言以龍圖閣待制知博州卒從黃氏補本錄入

州判陳先生貽範
陳貽範字伯模臨海人治平四年進士嘗遊胡安定之門又師事陳古靈而與羅提刑適爲友歷宗正丞通判處州民懷其德有道不拾遺劍月照處州城之謠所著有慶善集參台州府志
雲濠謹案先生著有干題適變錄十六卷見宋史藝文志

隱君管臥雲先生師復

管師復者龍泉人也古靈講學仙居先生與其弟師常不告父母奔走而來閉門官舍中惡衣粗食聞古善言善行必欲力行而進之每與人言及其親之老則涕泗滂沱不能收友愛其弟爲人仁勇且直好古而義朋友有暴戾弗革者先生能屈之或至泣下古靈因使爲仙居都講聚諸子使教之諸生畏先生之糾彈莫敢犯矩度者古靈北官先生復從學安定其名曰盛然無仕進意神宗以大臣之薦召至問曰聞卿工詩所得如何對曰滿塢白雲耕不破一潭明月釣無痕臣所得也官之不受學者稱爲臥雲先生所著有白雲集

助教管先生師常

管師常者師復弟也履行正固精經術師復學于古靈而歸仙居之弟子失其齋長古靈使先生司之容止莊謹雖退食不脫冠帶橫經夜坐如對古人終歲如一日古靈喜曰生不屑屑于糾彈而修身自律以勸人其更峻也已而從學安定益留心民事適于時用以薦爲太學正古靈管太學嘗薦爲助教其後監江甯府上元縣事古靈又嘗薦之韓忠獻公云先生深于大易春秋之旨惜其書無傳者

陳先生砥

陳砥不知其何所人也古靈仙居學中高弟嘗與管氏兄弟並稱

隱君呂先生逢時附門人錢景臻

呂逢時字原道仙居人也古靈爲令首執弟子禮仙居人知學者自此始入太學與鄭獬友駙馬都尉錢景臻師之欲奏以官固辭不受羅適以孝廉舉不就隱居白巖山終身

縣令黃先生穎附子公坦

黃穎字仲實莆田人也元祐中以經明行修薦不赴孫莘老爲中丞薦之知長泰縣好講學每晨治公事即入學與諸生說經抵暮而歸一如古靈之在浦城諸邑也職田所入穀可餘三百石盡以給耕民兼權龍溪縣其興學如長泰病卒兩縣之民爭致賻子公坦皆謝還之論者以爲再世不媿師門

雲濠謹案先生子公坦宣和六年進士官通直郎見福建通志

朝散劉先生淮夫

劉淮夫字長源閩縣人彝之子也先生于古靈爲甥少從學孝于親元豐中爲台州判累被薦更歷一考即可改官以父被召赴闕不忍離遂不待任滿乞隨侍去父卒監江寧府酒務念母年幾九十思歸陽羨雖甚貧不復顧祿即乞以朝散郞致仕雲濠案安定學案執中附子長源傳作累官朝散大夫太守以下再三留之皆不可得母卒

無屋可居無田可食而守之甚固未嘗一毫有求于人東南薦紳先生皆稱爲孝子先生輒皇恐曰此人子之常然無足道也鄒忠公薦之終不起

公闢門人

教授劉先生康夫

劉康夫字公南閩縣人也彝之從子少從學于周氏熙寧中五路置學官以薦主番禺教嘗進志述二十七篇其文皆羽翼六經之言也元祐中特奏名未唱名卒鄭監門俠志其墓

奉議潘先生鯁

潘鯁字昌言齊安人從周氏學元豐進士授蘄水縣尉還和州防禦推官知江州瑞昌縣遷吉州軍事推官以奉議郎致仕張耒志其墓曰齊安有君子曰潘昌言其學也正其言也文其居家篤于孝弟其爲吏惠下愛民君子哉著有春秋斷義十二卷講義十五卷易要義三卷

曾先生伉

曾伉周公闢門人也熙寧二年從三司條例司之請遣先生及程伯淳顥劉執中彝盧仲甫秉謝卿材侯叔獻王汝翼王廣廉八人行諸

路相度農田水利稅賦科率徭役利害參通鑑

傅氏家學古靈再傳

縣令傅先生希龍

傅希龍者仙遊人也楫之從子官漳浦令以不附二蔡入邪等楫曰不負吾學

管氏門人

隱君林塘奧先生石

林石字介夫瑞安人少有志操初習進士聲律既而曰古人之學不如是遂刻意諸經聞括蒼管師常明春秋往從受之遭父喪廬墓三年不茹草木之滋臨川王氏三經行先生獨不趨新學以春秋教授鄉里既而春秋爲時所禁乃絕意仕進築室躬耕作萱堂以養母或勸以仕不答講論古今必先實行而後文藝曰本之不立末于何有邑官初至率來謁執弟子禮母卒年九十餘白首終喪如父時人以爲難建中靖國年無疾而逝周行己爲沈子正墓銘云河南程正叔京兆呂與叔括蒼龔深之與介夫皆傳古道名世宗師唯是書成弗以示人故世無傳焉學者稱塘奧先生雲濠案謝山劄記先生著有塘奧集三游集

梓材謹案管臥雲附弟傳并及門林塘奧傳黃氏原本在安定學案後謝山特立古靈學案且爲二管各立一傳故于安定卷刪臥雲原傳而移著林氏于是卷

林氏門人古靈三傳

沈石經先生躬行別見周許諸儒學案

宋元學案卷五

士劉諸儒學案表

士建中——趙狩 別見泰山學案
　　　　私淑 李縕 別見泰山學案

劉顏 附師高弁並泰山同調——子 庠
　　　　——曹起 附見泰山學案
　　　　——張洞 別見泰山學案

王開祖

丁昌期——子 寬夫
　　　　子 廉夫
　　　　子 志夫

吳師仁——弟 師禮

楊適——王說 見下鄞江家學

杜醇

王致——從子 說——子 珩——孫 勳——曾孫 正己

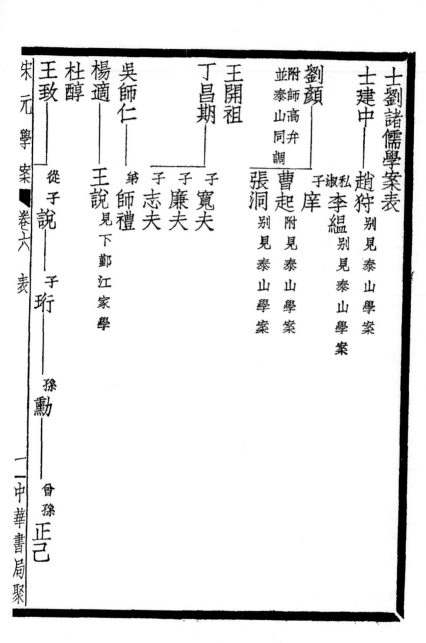

樓郁
並安定同調

從子該
子璀

周師厚
子鍔見上西湖門人

子銖

史簡
子詔見上西湖門人

豐稷別見范呂諸儒學案

袁轂見下西湖門人

汪洙
子思温
孫大猷別見龜山學案

姚孳

俞偉

陳攄
子常
元孫鑰別見邱劉諸儒學案

豐稷別見范呂諸儒學案

袁轂
子灼
元孫燮別爲絜齋學案

羅適 別見安定學案

周鍔

史詔

孫 浩 別見橫浦學案

曾孫 彌忠

曾孫 彌鞏

曾孫 彌林

並見慈湖學案

舒亶

章望之

黃晞

並古靈同調

侯可

孫 仲良 別見劉李諸儒學案

申顏

並關學之先

宋元學案卷六

鄞縣全祖望補本

後學慈谿馮雲濠校刊

鄞縣王梓材重校

道州何紹基重刊

士劉諸儒學案

祖望謹案慶歷之際學統四起齊魯則有士建中劉顏夾輔泰山而興浙東則有明州楊杜五子永嘉之儒志經行二子浙西則有杭之吳存仁皆與安定湖學相應閩中又有章望之黃晞亦古靈一輩人也關中之申侯二子實開橫渠之先蜀有宇文止止實開范正獻公之先篳路藍縷用啟山林皆序錄者所不當遺述士劉諸儒學案梓材案是卷學案亦謝山所特立吳存仁當作師仁

泰山同調

評事士熙道先生建中

士建中字熙道鄆州人也雲濠案謝山劉記云大名府魏縣人也孫泰山講學先生同時而起泰山之所推重者先生為第一而石徂徠其次也泰山贈徂徠詩曰攘臂欲為萬丈戈力與熙道攻浮譌又嘗

薦之范文正公而徂徠高視一切其所服膺自泰山外惟先生其集中與蔡副樞書薦之尤力先生所著述如道論以言帝王之道原福以究禍福之本原鬼以明鬼神之理隨時解以著守正背邪遺近趨遠之說皆醇儒之言也其後以進士授評事宰魏不知其官爵所止雲濠案劉記云校書郎

祖望謹案先生嘗以泰山五十未娶謀爲之買田宅以置室其古道可想至于箴規徂徠謂其未抵中道尤切當其弊是眞伊洛以前躬行君子而世無傳者祖望葺學案聊爲之補傳使不至泯泯焉

主簿劉子望先生顏 附師高弁

劉顏字子望彭城人也少孤好古學不專章句師事高侍御弁舉進士第以試祕書省校書郎知龍興縣坐事免久之授徐州文學居鄉里教授數十百人採漢唐奏議爲輔弼名對馮元劉筠錢易蔡齊上其書除任城主簿歲饑發大姓所積粟活數千人李文定迪知兗州青州皆辟爲從事卒著儒術通要經濟樞言復數十篇石徂徠見其書歎曰恨不在弟子之列子庠 參史傳

安定同調

進士王儒志先生開祖

王開祖字景山永嘉人也學者稱爲儒志先生皇祐進士不仕杜門著書從學常數百人復以薦召試賢良方正未赴而卒先生見道最早所著有儒志編言復者性之宅无妄者誠之原又言學者離性而言情奚情之不惡又曰使孔子用于當時則六經之道反不如今之著又言由孟子以來道學不明今將述堯舜之道論文武之治杜淫邪之路開皇極之門吾畏天者也豈得已哉其言如此是時伊洛未出安定泰山徂徠古靈諸公甫起而先生之言實遙與相應永嘉後來問學之盛蓋始基之惜其得年僅三十有二未見其止爲可惜也

儒志編

形容不欺紛木幽晦不欺鬼神言而不欺童昏動而不欺愚懵

凝目于鼻游心于帶是制心者也非治心者也坐則見其存于室行則見其立于輿是治心者也非養心者也

中夜息于幽室之中吾心之清明者還矣孝弟忠信生乎此時舜與周公坐以待旦急吾行而不忘也

心動則氣窒心外慮則氣昏耗

情本于性則正離于性則邪

君子之道始于復成于泰極于夬小人之道始于姤成于否極于剝
君子之德莫不原于誠誠則物之來也如鑑
君子有天下之私小人有一身之公
膠柱不能求五音之和方輪不能致千里之遠拘庸庸之論者無通
變之略持規規之見者無過人之功
燭事之者莫若隨之者見之明矣奕爲之者不若睹之者之詳也人
之智長于人短于己求人之是非易求己之是非難李翺曰凡慮己
事則不明斷他人事則必明己私而他人公也
言不行則言隱知不行則知隱
道之充者須時以用之物之穉者須澤以養之須時者養人須澤者
養于人此君子小人之分也
丁經行先生昌期 附子寬夫廉夫志夫
丁昌期者永嘉人也學者稱爲經行先生永嘉師道之立始于儒志
先生王氏繼之者爲塘奧先生林氏安定古靈之再傳也而先生參
之其家世以篤行稱至先生尤明經術嘗築醉經堂以講學三子寬
夫鄉貢進士廉夫舉八行志夫進士兄弟好古清修自相師友各以
所得質于其父不爲苟同曰此理天下所共不可爲家庭有阿私也

尤斥去浮屠之說喪祭無不本古禮云

宮教吳先生師仁

吳師仁字坦求錢塘人陳古靈爲郡守以遺逸薦于朝元祐初召爲太學正遷博士後充吳王宮教授卒先生履行醇正器識高遠嘗肄業太學名聞縉紳應舉不第退居田里甘貧守道每授學者以誠明義理之學而不爲異端之說士習爲之嚮風參兩浙名賢錄

梓材謹案謝山學案序錄稾底及刊本並作杭之吳存仁偏闕篇策古靈時杭之鄉先生止有名師仁者存仁之存當由筆誤

助教楊大隱先生適

楊適字安道慈溪人隱居大隱山爲人醇厚介特議論辯博平正人有善則稱之不善如未之聞爲學要行乎己惟恐爲人所知毀譽榮辱不以動其心人莫得而親疏蓋自比仲元叔度之流鄉人嚴憚之相語不以名氏而尊之曰大隱先生衣食纔自給非義之餽一介不取躬耕養親族之貧者分賑之鄰盜其稼人告之先生愀然曰彼窮厄而求其生爾勿治也盜聞之慚悔其後無敢侮者善言治道究歷代治亂之原孫威敏公沔自諫官出案浙東西刑獄欲見先生先生不肯見先生之越時范文正公守越聞之就見焉輿致府中澹焉無

求公益賢之先生治經不守章句黜浮屠老子之說歌詩卓越超邁容儀甚偉衣冠儼如始友錢塘林逋後與同郡王致杜醇結交後進莫不師之退處四十年德行益高名聞京師仁宗詔求遺逸太守鮑柯以名聞賜以粟帛太守錢公輔又薦之授將仕郎試太學助教州遣從事致詔書袍笏輿從迎之先生辭不受遁去年七十有六遺令篆石壙前曰宋隱人之墓熙寧二年滎陽張峋爲文表之（參四明文獻集）

學師杜石臺先生醇

杜醇者越之隱君子也居慈溪學以爲己隱約不求人知孝友稱于鄉里耕桑釣牧以養其親經明行修學者以爲模楷慶歷中鄞始建學縣令王文公安石請先生爲之師其書曰天之有斯道固將公之我先得之而不推餘于人使同我所有非天意且有所不忍也願先生留聽而賜臨之安石與有聞焉先生引孟子柳宗元之說以辭再書強起之曰孟子謂好爲人師者謂無諸中而爲有之者豈先生謂哉彼宗元惡知道韓退之毋爲師其孰能爲師天下士將惡乎師哉先生始就焉慈溪令林肇立學又起先生爲師亦固辭王文公作師說以勉之二邑文風之盛自先生始先生談詩書不倦爲詩質而清

當時謂學行宜爲人師者也同上

謝山慶歷五先生書院記曰吏攷五先生皆隱約草廬不求聞達而一時牧守來浙者如范文正公孫威敏公皆樞衣請見惟恐失之最親近者則王文公乃若陳賈二相非能推賢下士者也而亦知以五先生爲重文公新法之行大隱石臺鄞江已逝西湖桃源尚存而不肯一出以就功名之會年望彌高陶成倍廣數十年以後吾鄉遂稱鄒魯邛樊緼褐化爲紳纓其功爲何如哉

處士王鄞江先生致

王致字君一鄞縣人與同郡楊杜二先生爲友俱以道義化鄉里諸生子弟師尊之稱三人皆爲先生嘗與牧守言政事王文公安石復書曰無事于職而愛民之心乃至于此可以爲仁矣年七十樂道安貧妻收遺秉子拾墮樵浩然無悶鄉人莫不高其行參四明文獻集

謝山辯鄞江墓誌曰鄞江先生極爲荊公所重其墓誌係荊公作然不載于集中惟舊志引其語曰四明立言之士自先生始而已至聞蘂泉作鄞縣志始盡錄其全文予疑其冗蔓不類荊公文體及觀其所記門下弟子自豐稷袁轂周師厚諸人外又

稱遊學者有張機張邵張郯張祁攷郯祁皆邵之弟邵係徽宗宣和三年進士建炎初假禮部使金補其弟祁爲明州觀察推官遂家焉邵于紹興十三年歸自金二十五年卒于廣德而鄞江先生卒于至和二年邵兄弟能遊學其門最少亦不下弱冠而自至和以及宣和凡六十七年始登第又八年始使金留十四年乃歸又十二年始卒抑何其長年也以豐尚書之輩行相去幾三世而謂其同門不亦謬乎或曰桃源先生爲鄞江之猶子邵兄弟或嘗經受業而誤以爲鄞江此于時代尚不甚遠然卽如此說而誌文之出于依託可知也

梓材謹案鄞江墓誌云上聞其德行召拜校書郎命至則先生不起謝山以此誌爲依託荆公之作惟荆公文集弔先生詩作悼王處士故第以處士標之

正議樓西湖先生郁

樓郁字子文自奉化徙鄞卜居城南志操高厲學以窮理爲先爲鄉人所尊處窮約屢空自樂慶歷中詔郡縣立學延致鄉里有文學行義者爲之師先生掌教縣庠者數年又教授郡學前後三十餘年學行篤矣信于士友一時英俊皆在席下門人之知名者清敏豐公稷

光祿袁公轂天台羅公適也登進士第調廬江主簿自以祿不及親
絕仕進意以大理評事終于家有遺集三十卷贈正議大夫子孫皆
踵世科五世孫鑰德行文章爲時名臣仕至參知政事參四明文獻
集

謝山五先生書院記曰五先生之著述不傳于今故其微言亦
闕雖然排奸詆奄讜論稟稟豐清敏之勁節也急流勇退蕭月
蘋風周銀青之孤標也再世蘭芽陔南弗替史冀公父子之純
孝也嬰兒樂育以姓爲字陳將樂俞順昌之深仁也殺虎之威
同于驅鱷姚夔州之異政也于公治獄民自不冤袁光祿之神
明也一編麟經以紹絕學汪正奉之豐藩也金橘不知蕭然詩
葉望春先生之清貧也即以有負門牆如舒信道者其人不足
稱而文辭終屬甬上名筆則五先生之淵源可知矣

古靈同調

光祿章表民先生望之

章望之字表民浦城人少孤喜問學志氣宏放爲文辯博長于議論
初由伯父郇公蔭爲祕書省校書郎監杭州茶庫逾年辭疾去舉賢
良方正郇公在相位以嫌捉之乃上書論時政凡萬餘言不報丁母

憂毀瘠過制服除浮游江淮閒犯艱苦汲汲以營衣食不自悔人勸之仕不應也其兄拱之知晉江縣忤其郡守守怒誣以贓貶先生號泣力訴于朝時守方貴顯事久不得直先生訴不已章十餘上起獄數年朝廷爲再劾卒脫兄冤復官如初先生遂不復仕覃恩遷太常太祝大理評事翰林學士歐陽修韓絳知制誥吳奎劉敞范鎮同薦其才宰相欲稍用之除僉書建康軍節度判官不赴又除知烏程縣趣令受命固辭遂以光祿寺丞致仕卒先生喜議論宗孟子言性善排荀卿楊雄韓愈李翺之說著救性七篇歐陽修論魏梁爲正統先生以爲非著明統三篇江南李盱江著禮論謂仁義智信樂刑政皆出于禮先生訂其說著禮論一篇其議論多有過人者嘗北游齊趙南汎湖湘西至汧隴東極吳會山水勝處無所不歷有歌詩雜文數百篇集爲三十卷

助教黃聱隅先生晞

黃晞字景微建安人少通經聚書數千卷學者多從之遊自號聱隅子著歔欷瑣微論十卷以爲聱隅者枘物之名歔欷者歎聲瑣微者述辭也石徂徠在太學遣諸生以禮聘召先生走匿鄰家不出樞密使韓魏公琦表薦之以爲太學助教致仕受命一夕卒

殿丞侯華陰先生可

申先生顏合傳

侯可字無可其先太原人徙華陰少倜儻不羈以氣節自喜既壯盡易前好篤志爲學祁寒酷暑未嘗廢業博物強記于禮之制度樂之形聲詩之比興易之象數天文地理陰陽氣運醫算之學無所不究自陝而西多宗其學先生亦以樂育爲己任主華學之教者幾二十年再試不遇遂棄其業孫威敏公征儂智高請先生參其軍事奏凱敘功知巴州化成縣巴俗尙巫而輕醫先生誨以義理巴人化之娶婦多責財于女氏至有老弗能嫁者先生爲定昏禮又爲減官輸絲帛之賦調耀州華原簿痛抑富民之兼幷者誅姦胥以大理評事簽書儀州判官韓忠獻公鎮長安與先生謀涇源之地至其境以朝廷恩德諭其酋豪翌日詣軍門輸土不費一矢因城熟羊以撫之嘗以數十騎行邊猝與敵遇乃分其騎爲四令高其旗幟旋山徐行敵以爲有大兵而誘之也避去以忠獻薦遷殿中丞知涇陽縣議復鄭白水利得請而讒者搆之罷官去不竟其施以元豐己未卒有申顏先生者君子也非法不言非禮不履關中之人無老幼見之坐者必起

與先生爲莫逆顧皆貧先生之未仕也嘗與易衣互出謀食以養兩家有無均之申顏先生嘗曰吾不可一日失侯無可或問之曰無可能攻吾之過耳申顏先生病先生徒步千里爲之求醫未至而死其目不瞑或曰是待侯先生而瞑乎未斂先生馳至撫之而瞑申顏先生嘗欲葬其先世而未能及死無子先生傾所有不足賣衣以益之卒成其志天寒先生父子尙單衣忽有饋白金者謂其子曰申顏先生之妹將嫁速以資之其好義如此其卒也戒其子勿用浮屠先生之女兄適程氏明道伊川二先生之母也故明道志先生之墓先生之孫是爲荊門先生仲良

祖望謹案呂舍人本中曰關學未興申顏先生蓋亦安定泰山之儔未幾而張氏兄弟大之然則申顏先生之有功關中亦已多矣而先生爲之死生之友觀其所學非腐儒之無用者而宋史僅著之義士傳中予故特表而出之

蜀學之先

中允宇文止止先生之邵

宇文之邵字公南綿竹人舉進士爲文州曲水令神宗即位求言疏言公卿大夫民之表宜先以節義廉恥風導之凡所建置必與大臣

共議以廣其善號令威福則專制之疏奏不報喟然曰吾不可仕矣遂致仕以太子中允歸時年未四十自強于學不易其志日與交友爲經史琴酒之樂退居十五年而卒司馬溫公曰吾聞志不行顧祿位如錙銖道不同視富貴如土芥今于之邵見之矣范蜀公亦曰之邵位下而言高學富而行篤少我二十一歲而先我掛冠使吾慊然其爲兩賢所推尙如此參史傳

士氏門人

趙先生狩別見泰山學案

士氏私淑

縣尉李先生縕別見泰山學案

劉氏家學

知州劉先生庠

劉庠字希道子望之子也八歲能詩蔡齊妻以子第進士爲高密廣平院教授英宗求直言先生上書論時事除監察御史裏行神宗立遷殿中侍御史爲右司諫言中國禦戎之策守信爲上除集賢殿修撰河東轉運使進天章閣待制河北都轉運使移知眞定又爲河東都轉運召知開封先生不肯屈事王荊公荊公欲見之戒典謁者曰

今日客至勿納惟劉尹來即告我或語先生盍往見之先生曰見之何所言自彼執政未嘗一事合人情脫問青苗免役將何辭以對竟不往奏論新法又與蔡確爭廷參禮遂以龍圖閣直學士歷知渭州卒年六十四參史傳

劉氏門人

縣令曹先生起附見泰山學案

進士張先生洞別見泰山學案

吳氏家學

直閣吳先生師禮

吳師禮字安仲錢塘人師仁弟太學上舍賜第歷官右司員外郎工翰墨徽宗嘗訪以字學對曰陛下御極之初當志其大者臣不敢以末伎對終直祕閣知宿州遊太學時其兄爲正守春秋學他學官有惡之者條其疑問諸生先生悉以兄說對學官怒鳴鼓坐堂上衆質之先生引據三傳意氣自如江公望時在旁心竊喜後遂定交參史傳

楊氏門人

銀青王桃源先生說見下鄞江家學

鄞江家學

銀青王桃源先生說附子珩

王說字應求鄞縣人鄞江先生之從子也受學鄞江與弟該皆著名教授鄉里三十餘年熙寧中以特恩補州長史無田以食無麻桑以衣怡然自得子孫世其學子珩字彥楚大觀三年進士官宗正少卿參四明文獻集

雲濠謹案宋景濂守齋類藁序云昔在宋時桃源王應求亦鄞人同季父致招樓郁楊適杜醇諸公因就妙音院立孔子像講貫經史倡爲有用之學學者宗之應求所著唯在立言他則未暇及故有五經發源五十卷奏議書疏詩文二百十一篇薦者列其事召爲明州長史應求辭及其旣沒敕建桃源書院贈銀青光祿大夫賜紫金魚袋

梓材謹案謝山宋神宗桃源書院御筆記云五先生之倡道其三皆以布衣終身卽仕者亦不達而先生獨邀宸奎之賜固異數也又案王一辰甬上三補耆舊詩于先生傳云師仲父鄞江先生及楊先生適友杜先生醇樓先生郁是先生又爲大隱門人

縣令王望春先生該 附子瓘

王該字蘊之桃源先生之弟學者稱爲望春先生登慶歷六年進士王荆公宰鄞時與之友善以詩章相唱酬與兄齊聲令鄧城官舍旁有嘉木葉長可尺許每得一詩取葉書之既卒歸槖蕭然惟脫葉甚富子瓘字元圭元豐進士喜藏書以文稱 參寶慶四明志

提舉王先生勳 附子正己

王勳字上達桃源先生之孫也政和八年進士提舉廣南市舶一錢之利皆歸有司家人不識舶貨之名及卒賈胡率錢二百萬緡爲賻子正己卻之曰吾父以廉直聞雖貧猶能負喪以歸不媿廉叔度也清白之傳實桃源家訓正己終太府卿 參四明文獻集

鄞江門人

運判周先生師厚

周師厚字敦夫鄞縣人從王鄞江游皇祐五年進士仕至朝散郎荆湖南路轉運判官時役法方行先生言四方風俗不同復有勞逸輕重不宜槩賦朝議是之章惇闢溪峒蠻擾辰沅二州議輸常平粟以備邊先生持不可曰溪獠靜擾無常常平歲入有程當使邊卒廣屯田爲便從其議 參延祐四明志

蕺公史先生簡

史簡鄞縣人以後人貴封蕺公爲鄞江高弟事母最孝最開越公之先或謂其作吏用杖者謬越公爲西湖高弟再世與豐清敏同門 參鮚埼亭外編自注

清敏豐相之先生稷 別見范呂諸儒學案

朝奉袁公濟先生轂 見下西湖門人

正奉汪先生洙 附子思溫

汪洙字德溫鄞縣人父元吉爲縣從事爲范文正公所知王荊公宰鄞以廉平吏薦于轉運使孫威敏沔先生以春秋教授于鄉鄉人稱之爲汪先生子思溫以上舍爲雄州教授調餘姚令築堤浚湖民信愛之欽宗以諸王就傅擇除贊讀 參鄞縣志

梓材謹案謝山五先生書院記自注云汪正奉春秋實與孫明復齊名容齋稱其豐滀不施而近志妄謂其官閣學

知州姚先生孳

姚孳字舜徒以字行慈溪人幼開爽穎悟學如夙植熙寧九年進士爲桃源宰訊民疾苦而振雪之郡將怙威淩僚吏屬邑患苦先生毅然爭論郡將爲之少戢鄰郡有訴不平必丐于部使者願付先生決

之捐貲修孔子廟督課諸士翕然向方鄉有虎先生以文禱諸社越
三日虎仆祠旁奏績爲天下第一除提舉成都府路常平等事陛辭
神宗諭以卿任桃源有愛民之心先生退謁丞相論蜀道利疚乞以
義倉之儲置吏立法收養鰥寡老幼死給衣棺官爲殮葬歲薦饑閉
有遺兒請顧嫗乳之丞相爲奏行焉丁艱未赴服除改湖南神宗復
諭以居養安濟漏澤爲朕施實德于民卿向有言故復命卿後由江
東副曹除直龍圖閣知夔州興學勸農有古循吏風卒之日夔民罷
市聚哭訃聞桃源民乃即先生祠爭出貲薦奠焉 參寧波府志

縣令俞先生偉

俞偉字仲寬鄞縣人元祐初宰南劍之順昌閩人生子多者皆不舉
建劍尤甚先生作戒殺子文召父老列坐廡下以俸置醪醴親酌使
歸勸鄉人活者以千計生子多以俞爲字朝廷爲立法行一路先生
被差他郡還邑有小兒數百迎于郊部使者聞于朝降詔獎諭進秩
再任且去出粟以賑其蓐臥而病者 參延祐四明志

縣令陳先生攄

陳攄字君益鄞縣人紹聖間宰南劍之將樂敦崇學校獎進士類政
尚愷悌先是邑民家舉一子富室不過二子餘悉棄之先生至諭以

天性申以令甲犯者窮治自茲民無不舉子男陳其名女陳其氏後卒于官邑人思慕祠而祀之遇旱禱雨輒應鄰境淫雨亢陽乞靈祠下咸遂所祈部使者以其有功于民乃請于朝錫廟額曰旌福參寶慶四明志

西湖家學

知軍樓先生常

樓常正議子治平進士知興化軍參鄞縣志

西湖門人

清敏豐相之先生稷別見范呂諸儒學案

朝奉袁公濟先生轂附子灼

袁轂字容直一字公濟鄞縣人嘗一試于開封兩試于鄉皆第一嘉祐六年登第博貫羣書擅名詞藻歷知邵武軍通判杭州其爲開封舉首也蘇文忠實爲之亞及貳郡而文忠爲守相得益驩唱酬篇什甚富移知處州終朝奉大夫子灼字子烈元祐進士爲光祿丞軍器少監出知婺州有武臣曹宗者時相蔡京姻黨爲害鄉曲子烈械之獄死焉坐是貶秩起知隨州宣和末召爲倉部郎面對力勸帝清心省事安不忘危言甚切直黜知泗州終朝議大夫參寶慶四明志

提刑羅赤城先生適別見安定學案

銀青周鄞江先生鍔

周鍔字廉彥鄞縣人師厚子元豐二年進士初仕爲桐城尉慨然曰學優則仕吾昔所治科舉耳遂益究治六籍諸子百氏之說悉著論其本旨當官桐城辭不赴乃遊潁昌訪其舅范忠宣純仁過洛見文潞公司馬溫公咸器重之在京師上書言徐禧永樂之失國子祭酒豐相之給事中范淳夫交薦之後知南雄以言邊事忤時相入黨籍卽退休于家參延祐四明志

謝山書鄉先生宋中大夫家傳後曰大夫預名元祐黨人之一大夫之舅氏范丞相忠宣公純仁右丞純禮待制純粹及大夫初娶婦翁胡右丞宗愈再娶婦翁王學士覿中表兄弟范開封正平九族之中登錮籍者七人又讀陳忠肅公瓘與兄書云章氏議郤不成農師極惓惓亦不敢就自到官尤覺中饋不可無人瑞奴等零丁益可憐不免議同年周戶曹之妹其家清貧其人年長貧則不驕長則諳事舉家好善故就之戶曹卽大夫也嗟乎卽忠肅之書可以見大夫一門之賢而其得力于范文正公胡文恭公之典型者亦豈少哉文正壻爲賈東明蕃以不附

新法忤荆公而忠宣之出司馬侍郎忠潔公朴温公羣從握節死于金者也大夫胡氏之私則僚壻鄧考功忠臣亦在黨禁可謂同岑之盛矣

越公史八行先生詔

史詔字升之鄞縣人父蕘公簡母葉氏夫人遺腹子也頎秀豐下少有立志嘗與豐清敏舒中丞受業于鄉先生樓郁以孝行聞遇大比輒引避嘗曰無母氏之節已無史氏矣誓終身母子不相離或曰辟薦所以榮母也先生曰朝廷設科思得其用敢竊爲己榮邪設與計偕則初志爽矣況亡親欺君士君子所不爲也大觀二年詔舉八行鄉人以先生應命遂與母避于縣東大田山郡守迹所往迫使就道誓不起鄉人稱爲八行先生參寧波府志

中丞舒嬾堂亶

舒亶字信道鄞縣人號嬾堂官至中丞爲樓正議高弟本屬正學特以附麗荆公遂爲呂蔡一流力與東坡爲難良可惜也

周氏家學鄞江再傳

銀青周鄞江先生鍔見上西湖門人

進士周先生銖

周銖師厚次子鄞江鍔之弟崇寧二年進士兄弟偕隱鄉人慕之參延祐四明志

史氏家學

越公史八行先生詔見上西湖門人

侯氏家學

侯荊門先生仲頁別見劉李諸儒學案

汪氏家學鄞江三傳

莊靖汪適齋先生大猷別見龜山學案

八行家學

忠定史真隱先生浩別見橫浦學案

文靖史自齋先生彌忠

華文史獨善先生彌鞏

史和旨先生彌林並見慈湖學案

西湖續傳

宣獻樓攻媿先生鑰別見邱劉諸儒學案

袁氏續傳

正獻袁絜齋先生燮別為絜齋學案

宋元學案卷六

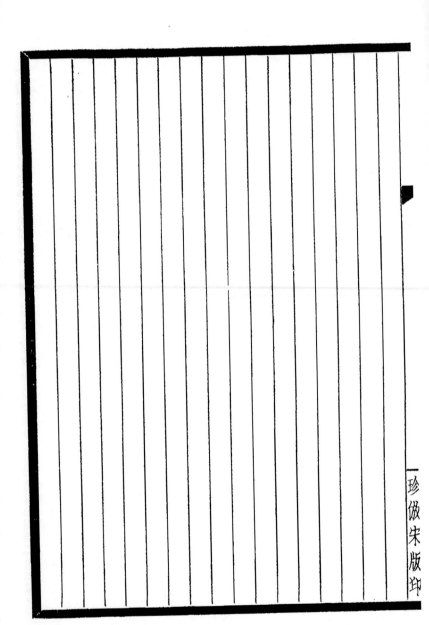

涑水學案表

司馬光 古靈同調

子康　孫植 別見百源學案

從子宏　子朴　孫通國

劉安世 別爲元城學案

范祖禹 別爲華陽學案

晁說之 別爲景迂學案

歐陽中立

樊資深

田述古 別見安定學案

尹材　從子焞 別爲和靖學案

張雲卿

李陶

邢居實 別見安定學案

牛師德 別見百源學案

邵雍別爲百源學案

私淑陳瓘 別爲陳鄒諸儒學案

唐廣仁 別見陳鄒諸儒學案

黃隱 —— 曾縣黼

陸賀 ——
子九思
子九皐 —— 劉堯夫 別見槐堂諸儒學案
子九韶
子九齡 並爲梭山復齋學案
子九淵 別爲象山學案

朱松 別見豫章學案

李燾 並涑水續傳 ——
子壁
子𡍼 並見嶽麓諸儒學案

張載別爲橫渠學案
程顥別爲明道學案
程頤別爲伊川學案
陳舜俞別見定安學案
並涑水講友
劉恕——子羲仲
劉攽別見廬陵學案
並涑水學侶
呂誨
范鎮別爲范呂諸儒學案
呂公著別爲范呂諸儒學案
李常別見范呂諸儒學案
趙瞻
傅堯俞

宋元學案卷七

鄞縣全祖望補本

後學慈谿馮雲濠校刊
鄞縣王梓材重校
道州何紹基重刊

涑水學案上

祖望謹案小程子謂閱人多矣不雜者司馬邵張三人耳故朱子有六先生之目然于涑水微嫌其格物之未精于百源微嫌其持敬之有歉伊洛淵源錄中遂祧之草廬因是敢謂涑水尚在不著不察之列有是哉其妄也述涑水學案梓材案涑水學案梨洲原本已佚謝山補定分爲兩卷稾亦無存茲特采錄迂書而以疑孟潛虛足之至謝山所補門人小傳則其稾尙存

古靈同調

文正司馬涑水先生光

司馬光字君實陝州夏縣人也父池天章閣待制先生七歲時凜然如成人聞講左氏春秋愛之退爲家人講卽了其大指羣兒戲于庭一兒登甕沒水中先生持石擊甕破之水迸兒得活其後京洛閒畫以爲圖仁宗寶元初中進士甲科年甫冠性不喜華靡聞喜宴獨不

戴花同列曰君賜不可違乃簪一枝歷官直秘閣開封府推官交趾貢異獸謂之麟先生言眞僞不可知且非自至不足爲瑞願還其獻又奏賦以風修起居注判禮部未幾同知諫院仁宗不豫國嗣未立諫官范公鎭首發其議先生在并州聞而繼之且貽書勸范公以死爭至是復面言臣昔通判并州所上三章願陛下果斷力行疏再上帝大感動遂立英宗爲皇子進知制誥固辭改天章閣待制兼侍講英宗立詔兩制集議濮王典禮先生曰爲人後者爲之子不得顧私親議上與大臣意殊御史六人爭之力皆斥去先生請與俱貶不許進龍圖閣直學士神宗卽位擢爲翰林學士先生力辭帝曰卿有文學何辭爲對曰臣不能爲四六帝曰如兩漢制詔可也竟不獲辭上疏論君德曰仁曰明曰武論治道曰官人曰信賞曰必罰其說甚備且曰臣平生力學所得盡在是矣先生常患歷代史繁人主不能徧覽遂爲通志八卷以獻英宗悅之命置局續其書至是神宗名之曰資治通鑑自製序授之俾日進讀河朔旱傷執政以國用不足乞南郊勿賜金帛先生曰救災節用宜自貴近始與安石爭議不已會安石草詔引常袞辭祿事責兩府兩府不敢復辭安石得政行新法先生逆疏其利害邇英進讀至曹參代蕭何事帝曰漢守蕭何之法不

變可乎對曰寧獨漢也使三代之君常守禹湯文武之法雖至今存可也侍講吳申以先生言是帝亦欲用先生訪之安石安石曰光外託劘上之名內懷附下之實苟在高位則異論之人倚以爲重韓信立漢赤幟趙卒氣奪今用光是與異論者立赤幟也安石以韓魏公上疏臥家求退帝乃拜先生樞密副使先生辭曰陛下徒榮以祿位不取其言是以大官私非其人也陛下誠能罷新法雖不用臣臣受賜多矣抗章至七八帝猶未允安石起視事先生乃得請遂求去以端明殿學士知永興軍徙知許州趣入覲不赴請判西京御史臺歸洛自是絕口不論事求言詔下先生感泣欲默不忍乃復陳六事又移書責宰相吳充帝欲復用先生蔡確沮之帝謂資治通鑑賢于荀悅漢紀數促使終篇及成加資政殿學士凡居洛十五年天下以爲真宰相田夫野老皆號爲司馬相公婦人孺子亦知爲君實也帝崩赴闕臨衞士望見皆以手加額所至民遮道聚觀曰公無歸洛留相天子活百姓哲宗立太皇太后遣使問所當先先生請開言路詔榜朝堂大臣有不悅者爲設六語云若此者罪無赦后以示先生先生曰此非求諫乃拒諫也改詔行之先生又奏修身治國之要其目各有三即仁宗朝所陳者而英宗神宗初立嘗以爲獻玆乃復申其說

起知陳州過闕留爲門下侍郎元祐初病作時青苗免役將官之法猶在先生折簡與呂申公云光以身付醫以家事付愚子惟國事未有所託今以屬公乃論免役五害乞直降敕罷之又立十科薦士法皆從之拜尙書左僕射兼門下侍郎遂罷青苗復常平法是時兩宮虛己以聽遼夏使至必問先生起居敕邊吏曰中國相司馬矣毋輕生事開邊隙海內之民得離新法之苦歡若更生君子稱其有旋乾轉坤之功云先生自見言行計從欲以身殉社稷賓客憫其體羸謂宜少節煩勞先生曰死生命也爲之益力病革不復自覺諄諄如夢中語然皆朝廷天下大事也是年九月卒年六十八太皇太后聞之慟與帝臨喪襚以一品禮服賻特厚贈太師溫國公謚文正賜碑曰忠清粹德京師人罷市往弔鬻衣以致奠巷哭以過車嶺南封州父老亦相率具祭四方皆畫像以祀飲食必祝先生孝友忠信恭儉正直居處有法動作有禮其兄太中大夫旦年將八十奉之如嚴父保之如嬰兒自少至老語未嘗妄自言吾無過人但平生所爲未嘗有不可對人者天下敬信陝洛間化其德有不善曰君實得無知之乎于學無所不通惟不喜釋老曰其微言不能出吾書其誕吾不信也文集八十卷他著述二十種五百餘卷雲濠案先生遺文名傳家集

東坡爲先生行狀稱文集八十卷外有資治通鑑三百二十四卷考異三十卷歷年圖七卷通歷八十卷稽古錄二十卷本朝百官公卿表六卷翰林詞草三卷注古文孝經一卷易說三卷注繫辭二卷注老子道德論二卷注太玄經八卷大學中庸義一卷注楊子十三卷文中子傳一卷河水諮目三卷書儀八卷家範四卷續詩話一卷遊山行記十二卷醫問七篇又潛虛一卷末及謝山學案劄記温公易傳三卷又一卷 紹聖初御史周秩論其誣謗先帝惇卞請發冢斲棺詔奪贈謚仆所立碑惇言不已連追貶崖州司戶參軍徽宗立復太子太保蔡京擅政復降正議大夫京撰姦黨碑令郡國皆刻石長安石工安民辭曰司馬相公者海內稱其正直今謂之姦邪不忍刻也府官欲加罪泣曰乞免鐫安民二字于石末恐得罪後世聞者媿之靖康初還贈謚建炎中配饗哲宗廟庭咸淳中從祀于孔廟明嘉靖中祀稱先儒司馬子子康 參史傳

温公迂書

夫樹木樹之一年而伐之足以給薪蘇而已三年而伐之則足以爲桷五年而伐之則足以爲楹十年而伐之則足以爲棟豈非收功愈遠而爲利愈大乎 釋迂

或曰夫士者當美國家利百姓功施當時澤及後世豈獨齗齗然謹司其分不敢失隕而已乎曰非謂其然也智愚勇怯貴賤貧富天之分也君明臣忠父慈子孝人之分也僭天之分必有天災失人之分必有人殃堯舜禹湯文武勤勞天下周公輔相致太平孔子以詩書禮樂教洙泗顔淵簞食瓢飲安于陋巷雖德業異守出處異趣如此其遠也何嘗舍其分而妄爲哉 士則

言不可不重也子不見鐘鼓乎夫鐘鼓叩之然後鳴鏗訇鏜鞳人不以爲異也若不叩自鳴人孰不謂之祅邪可以言而不言猶叩之而不鳴也亦爲廢鐘鼓矣 言戒

或曰蘧伯玉五十而知四十九年非信乎曰何啻其然也古之君子好學者有垂死而知其未死之前所爲非者況五十乎夫道如山也愈升而愈高如路也愈行而愈遠學者亦盡其力而止耳自非聖人有能窮其高遠者哉 知非

易曰窮理盡性以至于命世之高論者競爲幽僻之語以欺人使人跂懸而不可及憒瞀而不能知則盡而舍之其實奚遠哉是不是理也才不才性也遇不遇命也 理性命

迂叟事親無以踰人能不欺而已矣其事君亦然 事親

寬而疾惡嚴而原情政之善者也寬猛

或問子能無心乎迂叟曰不能若夫回心則庶幾矣何謂回心曰去惡而從善舍非而從是人或知之而不能徙以爲如制駻馬如斡磻石之難也靜而思之在我而已如轉戶樞何難之有回心

言而無益不若勿言爲而無益不若勿爲余久知之病未能行也無益

學者所以求治心也學雖多而心不治何以學爲學要

小人治迹君子治心治心

或問子絕四何以始于毋意迂叟曰吉凶悔吝未有不生乎事者也事之生未有不本乎意者也意必自欲欲既立于此矣于是乎有從有違從則有喜有樂有愛違則有怒有哀有惡此人之常情也愛實生貪惡實生暴貪暴惡之大者也是以聖人除其萌塞其原惡奚自而至哉或曰無意于惡既聞矣敢問聖人亦無意于善乎曰不然聖人之爲善豈有意乎其閑哉事至而應之以禮義耳禮者履也循禮則事無不行義者宜也守義則事無不得聖人執禮義以待事不爲善而善至矣聖人豈有意乎其閑哉或曰毋固毋必奚以異乎曰在我爲固在人爲必聖人出處語默唯義所在無可無不可奚其固成

敗禍福繫命所遭誰得而知之奚其必或曰然則何以終于毋我曰有意有必有固則有我有我則私私實生蔽無意無必無固則無我無我則公公實生明絶四

人情若厭其所有羨其所不可得未得則羨已得則厭厭而求新則爲惡無不至矣羨厭

治心以正保躬以靜進退有義得失有命守道在己成功則天夫復何爲莫非自然無爲贊

或曰莊子之文人不能爲也曰君子之學爲道乎爲文乎夫唯文勝而道不至者君子惡諸是猶朽屋而塗丹雘不可處也智井而冪綺繢不可履也烏喙而漬飴糖不可嘗也而子獨嗜之乎或曰莊子之辯雖當世宿學不能自解曰然則佞人也堯之所畏舜之所難孔子之所惡是青蠅之變白黑者也而子獨悅之乎斥莊

或曰有人于此人指其過而告之則喜何如曰文子也或又曰曷若無過而指諸曰君子履中正而行者也故有過則人得而指諸若夫不中不正之人終日所爲皆過也又安得而指之指過

鞠躬便辟不足爲恭長號流涕不足爲哀敝衣糲食不足爲儉三者以之欺人可矣感人則未也君子所以感人者其惟誠乎欺人者不

旋踵人必知之感人者益久而人益信之三歎

温公疑孟附朱子讀余隱之尊孟辯

孟子稱所願學者孔子然則君子之行孰先于孔子孔子歷聘七十餘國皆以道不合而去豈非非其君不事乎孺悲欲見孔子孔子辭以疾豈非非其友不友乎陽貨爲政于魯孔子不肯仕豈非不立于惡人之朝乎爲定哀之臣豈非不羞汙君乎爲委吏爲乘田豈非不卑小官乎舉世莫知之不怨天不尤人豈非遺佚而不怨乎飲水曲肱樂在其中豈非阨窮而不憫乎居鄉黨恂恂似不能言豈非由由然與之偕而不自失乎是故君子邦有道則見邦無道則隱事其大夫之賢者友其士之仁者非隘也和而不同遯世无悶非不恭也苟無失其中雖孔子由之何得云君子不由乎

辯曰孟子曰伯夷隘柳下惠不恭隘與不恭君子不由原孟子之言非是瑕疵夷惠也而清和之弊必至于此蓋以一于清其流必至于隘一于和其流必至于不恭其弊如是君子豈由之乎苟得其中雖聖人亦由之矣觀吾孔子之行時乎清而清時乎和而和仕止久速當其可而已是乃所謂時中也是聖人之時者也詎可與夷惠同日而語哉或謂伯夷制行以清柳下制行以和拯時之

弊不得不然亦非知夷惠者苟有心于制行則清也和也豈得至于聖哉夷之清惠之和蓋出于天性之自然特立獨行而不變遂臻其極致此其所以爲聖之清聖之和也孟子固嘗以百世之師許之矣慮後之學者慕其清和而失之偏于是立言深捄清和之弊大有功于名教疑之者誤矣

朱子曰觀吾孔子之行時乎清而清時乎和而和仕止久速當其可而已是乃所謂時中也是聖人之時者也詎可與夷惠同日而語哉四十九字愚欲刪去而補之曰然此不待別求左驗而是非乃明也姑卽温公之所援以爲說者論之固已曉然矣如温公之說豈非吾夫子一人之身而兼二子之長歟然則時乎清而非一于清矣是以清而不隘時乎和而非一于和矣是以和而未嘗不恭其曰聖之時者如四時之運温涼寒燠各以其序非若伯夷之清則一于寒涼柳下惠之和則一于温燠而不能相通也以是言之則是温公之所援以爲說者乃所以助孟子而非攻也又曰苟有心于制行至章末愚欲刪去而易之曰使夷惠有心于制行則方且勉強修爲之不暇尙何以爲聖人之清和也歟彼其清且和也蓋得于不思不勉之自然是以特立獨行終其身而不變此孟

子所以直以爲聖人而有同于孔子也又恐後之學者慕其清和而失之一偏于是立言以捄其末流之弊而又曰乃所願則學孔子也其抑揚開示至深切矣亦何疑之有

仲子以兄之祿爲不義之祿蓋謂不以其道事君而得之也以兄之室爲不義之室蓋謂不以其道取于人而成之也仲子蓋嘗諫其兄矣而兄不用也仲子之志以爲吾既知其不義矣然且食而居之是口非之而身享之也故避之居于於陵於陵之室與粟身織屨妻辟纑而得之也非不義也豈當更問其築與種者誰歟以所食之鶃兄所受之饋也故哇之豈以母則不食以妻則食之邪君子之責人當探其情仲子之避兄離母豈所願邪若仲子者誠非中行亦狷者有所不爲也孟子過之何其甚邪

辯曰陳仲子弗居不義之室弗食不義之祿夫孰得而非之居于於陵以彰兄之過與妻同處而離其母人則不爲也而謂仲子避兄離母豈所願邪殊不曉其說仲子之兄非不友孰使之避仲子之母非不慈孰使之離烏得謂之豈所願邪仲子齊之世家萬鍾之祿世有之矣不知何爲諫其兄以其祿與室爲不義而弗食弗居也謂仲子爲狷者有所不爲避兄離母可謂狷乎孟子深闢之

者以離母則不孝避兄則不恭也使仲子之道行則天下之人不知義之所在謂兄可避母可離其害教也大矣孟子之言履霜之戒也歟

朱子曰溫公云仲子嘗諫其兄而兄不用然且食而居之是口非之而身享之也故避之又曰仲子狷者有所不爲者也愚謂口非之而身享之一時之小嫌狷者之不爲一身之小節至于父子兄弟乃人之大倫天地之大義一日去之則禽獸夷狄矣雖復謹小嫌守小節亦將安所施哉此孟子絕仲子之本意隱之云仲子之兄非不友孰使之避仲子之母非不慈孰使之離愚謂正使不慈不友亦無逃去之理觀舜之爲法于天下者則知之矣

孔子聖人也定哀庸君也然定哀召孔子孔子不俟駕而行過位色勃如也足躩如也過虛位且不敢不恭況召之有不往而他適乎孟子學孔子者也其道豈異乎夫君臣之義人之大倫也孟子之德孰與周公其齒之長孰與周公之于成王成王幼周公負之以朝諸侯及長而歸政北面稽首畏事之與事文武無異也豈得云彼有爵我有德齒可慢彼哉孟子謂蚳鼃居其位不可以不言言而不用不可以不去己無官守無言責進退可以有餘裕孟子居齊齊王師之夫

師者導人以善而救其惡者也豈謂之無官守無言責乎若謂之爲貧而仕邪則後車數十乘從者數百人仰食于齊非抱關擊柝比也詩云彼君子兮不素餐兮夫賢者所爲百世之法也余懼後之人挾其有以驕其君無所事而貪祿位者皆援孟子以自況故不得不疑辯曰孟子將朝王王使人來曰寡人如就見者也有寒疾不可以風朝將視朝不識可使寡人得見乎探王之意未嘗知以尊德樂道爲事方且恃萬乘之尊不肯先賢者之屈故辭以疾欲使孟子屈身先之也孟子知其意亦辭以疾者非驕之也身可屈道其可屈乎其與君命召不俟駕而行異矣又孟子曰天下有達尊三朝廷莫如爵鄉黨莫如齒輔世長民莫如德夫尊有德敬者老乃自古人君通行之道也人君所貴者爵爾豈可慢夫齒與德哉若夫伊尹之于太甲周公之于成王此乃大臣輔導幼主非可與達尊概而論也又孟子謂蚳鼃爲士師職所當諫諫之不行則當去爲臣之道當如是也爲王之師則異矣記曰君之所不臣于其臣者二而師處其一尊師之禮詔于天子無北面非所謂有官守有言責者也其進退豈不綽綽然有餘裕哉孟子以道自任一言一行未嘗少戾于道意謂人君尊德樂道不如是則不足與有爲而謂

挾其有以驕其君無所事而貪祿位者過矣

朱子曰溫公云孔子聖人也定哀庸君也然定哀召孔子孔子不俟駕而行過位色勃如也足躩如也過虛位且不敢不恭況召之有不往而他適乎孟子學孔子者也其道豈異乎夫君臣之義人之大倫也孟子之德孰與周公其齒之長孰與周公之于成王成王幼周公負之以朝諸侯及長而歸政北面稽首畏事之與事文武無異也豈得云彼有爵我有齒德可慢彼哉愚謂孟子固將朝王矣而王以疾要之則孟子辭而不往其意若曰自我而朝王則貴貴也貴貴義也而何不可之有以王召我則非尊賢之禮矣如是而往于義何所當哉若其所以與孔子異者則孟子自言之詳矣恐溫公亦未深考爾孟子達尊之義愚謂達者通也三者不相值則各伸其尊而無所屈一或相值則通視其重之所在而致隆焉故朝廷之上以伊尹周公之忠聖耆老而祇奉嗣王左右孺子不敢以其齒德加焉至論輔世長民之任則太甲成王固拜手稽首于伊尹周公之前矣其迭爲屈伸以致崇極之義不異于孟子之言也故曰通視其重之所在而致隆焉惟可與權者知之矣官守言責一職之守爾其進退去就決于一事之得失一言之從違

者也若爲師則異于是矣然亦豈不問其道之行否而食其祿邪觀孟子卒致爲臣而歸齊王以萬鍾留之而不可得則可見其出處大概矣

孟子知燕之可伐而必待能行仁政者乃可伐之齊無仁政伐燕非其任也使齊之君臣不謀于孟子孟子勿預知可也沈同既以孟子之言勸王伐燕孟子之言尚有懷而未盡者安得不告王而止之乎夫軍旅之事民之死生國之存亡者皆繫焉苟動而不得其宜則民殘而國危仁者何忍坐視其終委乎

辯曰沈同問燕可伐孟子答之曰可伐者言燕之君臣擅以國而私與受其罪可伐沈同亦未嘗謂齊將伐之也豈可臆度其意預告之以齊無善政不可伐燕歟且言之不可不慎也久矣彼欲伐人之國未嘗與己謀苟逆探其意而沮其謀政恐不免貽禍矣或謂其勸齊伐燕孟子已嘗自明其說意在激勸宣王使之感悟而行仁政爾孟子答問之際抑揚高下莫不有法讀其書者當求其立言垂訓之意而究其本末可也

朱子曰聖賢之心如明鑑止水來者照之然亦照其面我者而已矣固不能探其背而逆照之也沈同之問以私而不及公問燕而

不及齊惟以私而問燕故燕之可伐孟子之所宜知也惟不以公而問齊故齊之不可伐孟子之所不宜對也溫公疑孟子坐視齊伐燕而不諫隱之以爲孟子恐不免貽禍故不諫溫公之疑固未當而隱之又大失之觀孟子言取之而燕民悅則取之取之而燕民不悅則勿取然則燕之可取不可取決于民之悅否而已使齊能誅君弔民拯之于水火之中則烏乎而不可取哉

經云當不義則子不可不爭于父傳云愛子教之以義方孟子云父子之閒不責善是不諫不教也可乎

辯曰孟子曰古者易子而教之非謂其不教也又曰父子之閒不責善父爲不義則爭之非責善之謂也傳云愛子教之以義方豈自教也哉胡不以吾夫子觀之鯉趨而過庭孔子告之不學詩無以言不學禮無以立鯉退而學詩與禮非孔子自以詩禮訓之也陳亢喜曰問一得三聞詩聞禮又聞君子之遠其子孟子之言正與孔子不約而同其亦有所受而言之乎

朱子曰子雖不可以不爭于父觀內則論語之言則其諫也以微隱之說已盡更發此意尤佳

告子云性之無分于善不善猶水之無分于東西此告子之言失也

水之無分于東西謂平地也使其地東高而西下西高而東下豈決導所能致乎性之無分于善不善謂中人也瞽瞍生舜舜生商均豈陶染所能變乎孟子曰人無有不善此孟子之言失也丹朱商均自幼及長所日見者堯舜也不能移其惡豈人之性無不善乎

辯曰孟子曰人性之善也猶水之下也人無有不善水無有不下蓋言人之性皆善也繫辭曰一陰一陽之謂道繼之者善也成之者性也是則孔子嘗有性善之言矣中庸曰天命之謂性樂記曰人生而靜天之性也人之性稟于天曷嘗有不善哉荀子曰性惡楊子曰善惡混韓子曰性有三品皆非知性者也犧生犂胎龍寄蚘腹豈常也哉性人也人與鳥獸草木所受之初皆均而人爲最靈爾由氣習之異故有善惡之分上古聖人固有稟天地剛健純粹之性生而神靈者後世之人或善或惡或聖或狂各隨氣習而成其所由來也遠矣堯舜之聖性也朱均之惡豈性也哉夫子不云乎惟上智與下愚不移非謂不可移也氣習漸染之久而欲移下愚而爲上智未見其遽能也詎可以此便謂人之性有不善乎

孟子云白羽之白猶白雪之白白雪之白猶白玉之白告子當應之云色則同矣性則殊矣羽性輕雪性弱玉性堅而告子亦皆然之此

所以來犬牛人之難也孟子亦可謂以辯勝人矣
辯曰孟子白羽之白與白雪白玉之同異者蓋以難告子生之謂性之説也告子徒知生之謂性言人之爲人有生而善生而惡者殊不知惟民生厚因物有遷所習不慎流浪生死而其所稟受亦從以異故有犬牛人性之不同而其本性未始不善也猶之水也其本未嘗不清所以濁者土汩之耳澄其土則水復清矣謂水之性自有清濁可乎孟子非以辯勝人也懼人不知性而賊仁害義滅其天理不得已而爲之辯孝經曰天地之性人爲貴以言萬物之性均惟人爲貴爾性之學不明人豈知自貴哉此孟子所以不憚諄諄也
朱子曰此二章某未甚曉恐隱之之辯亦有未明處
禮君不與同姓同車與異姓同車嫌其偪也爲卿者無貴戚異姓皆人臣也人臣之義諫于君而不聽去之可也死之可也若之何以其貴戚之故敢易位而處也孟子之言過矣君有大過無若紂紂之卿士莫若王子比干箕子微子之親且貴也微子去之箕子爲之奴比干諫而死孔子曰商有三仁焉夫以紂之過大而三子之賢猶且不敢易位也況過不及紂而賢不及三子者乎必也使後世有貴戚之

臣諫其君而不聽遂廢而代之曰吾用孟子之言也非篡也義也其可乎或曰孟子之志欲以懼齊王也是又不然齊王若聞孟子之言而懼則將愈忌惡其貴戚聞諫而誅之貴戚聞孟子之言又將起而蹈之則孟子之言不足以格驕君之非而適足以爲篡亂之資也其可乎

辯曰道之在天下有正有變堯舜之讓湯武之伐皆變也或謂堯舜不慈湯武不義是皆聖人之不幸而處其變也禪遜之事堯舜行之則盡善子噲行之則不善矣征伐之事湯武行之則盡美魏晉行之則不美矣伊尹之放太甲霍光之易昌邑豈得已哉爲人臣者非不知正之爲美或曰從正則天下危從變則天下安然則孰可苟以安天下爲大則必曰從變可惟此最難處非通儒莫能知也伊光異姓之卿擅自廢立後世猶不得而非之況貴戚之卿乎紂爲無道貴戚如微子箕子比干不忍坐視商之亡而覆宗絕祀反覆諫之不聽易其君之位孰有非之者或去或奴或諫而死孔子稱之曰商有三仁焉以仁許之者疑于大義猶有所闕也三仁固仁矣其如商祚之絕何季札辭國而生亂孔子因其來聘貶而書名所以示法春秋明大義書法甚嚴可以鑒矣君有大過貴

戚之卿反覆諫而不聽則易其位此乃爲宗廟社稷計有所不得已也若進退廢立出于羣小閹寺而當國大臣不與焉用彼卿哉是故公子光使專諸弒其君僚春秋書吳以弒不稱其人而稱其國者歸罪于大臣也其經世之慮深矣此孟子之言亦得夫春秋之遺意歟

朱子曰隱之云三仁于大義有闕此恐未然蓋三仁之事不期于同自靖以獻于先王而已以三仁之心行孟子之言孰曰不可然以其不期同也故不可以一方論之況聖人之言仁義未嘗備舉言仁則義在其中矣今徒見其目之以仁而不及義遂以爲三子猶有偏焉恐失之蔽也此篇大意已正只此數句未安

君子之仕行其道也非爲禮貌與飲食也昔伊尹去湯就桀豈能迎之以禮哉孔子棲棲皇皇周遊天下佛肸召欲往公山弗擾召欲往彼豈爲禮貌與飲食哉急于行道也今孟子之言曰雖未行其言也迎之有禮則就之禮貌衰則去之是爲禮貌而仕也又曰朝不食夕不食君曰吾大者不能行其道又不能從其言也使饑餓于我土地吾恥之周之亦可受也是爲飲食而仕也必如是是不免于鬻先王之道以售其身也古之君子之仕也殆不如此

辯曰孔子之于魯衞始接之以禮則仕及不見悅于其君則去豈可謂不爲禮貌而仕歟爲魯司寇不用從而祭燔肉不至不稅冕而行豈可謂不爲飲食而仕歟進以禮退以義得之不得曰有命孰謂孔子栖栖皇皇不爲禮貌與飲食哉孟子曰迎之有禮則就禮貌衰則去又曰朝不食夕不食周之亦可受者則是言也未嘗或戾于吾孔子之所行如曰不爲飲食則當慕夷齊可也又何仕爲聖賢固不專爲飲食其所以爲飲食云者爲禮貌爾而謂古之君子能辟穀者邪不顧廉恥而苟容者邪誦孟子之言而不量其輕重之可否何說而不可疑

朱子曰孟子言所就三所去三其上以言之行不行爲去就此仕之正也其次以禮貌衰未衰爲去就又其次至于不得已而受其賜則豈君子之本心哉蓋當是時舉天下莫能行吾言矣則有能接我以禮貌而周我之困窮者豈不善于彼哉是以君子以爲猶可就也然孟子蓋通上下言之若君子之自處則在所擇矣孟子于其受賜之節又嘗究言之曰饑餓不能出門戶則周之亦可受也免死而已矣以是而觀則溫公可以無疑于孟子矣而隱之所辯引孔子事爲證恐未然也

所謂性之者天與之也身之者親行之也假之者外有之而內實亡
也堯舜湯武之于仁義也皆性得而身行之也五霸則強焉而已夫
仁所以治國家而服諸侯也皇帝王霸皆用之顧其所以殊者大小
高下遠近多寡之閒爾假者文具而實不從之謂也文具而實不從
其國家且不可保況于霸乎雖久假而不歸猶非其有也
辯曰仁之爲道有生者皆具有性者同得顧所行如何爾堯舜之
于仁生而知之率性而行也湯武之于仁學而知之體仁而行也
五霸之于仁困而知之意謂非仁則不足以治國家服諸侯于是
假而行之其實非仁也而謂皇帝王霸皆用之顧其所以殊者大
小高卑遠近多寡之閒爾何所見之異也孟子之言曰堯舜性之
湯武身之五霸假之假之而不歸惡知其非有正合中庸所謂或
安而行或利而行或勉強而行及其成功一也孟子之意以勉其
君爲仁爾惜乎五霸假之而不能久也
朱子曰隱之以五霸爲困知勉行者愚謂此七十子之事非五霸
所及也假之之情與勉行固異而彼于仁義亦習聞其號云爾豈
真知之者哉温公云假者文具而實不從之謂也文具而實不從
其國家且不可保況于霸乎雖久假而不歸猶非其有也愚謂當

時諸侯之于仁義文實俱喪惟五霸能具其文爾亦彼善于此之謂也又有大國資強輔因竊仁義之號以令諸侯則孰敢不從之也哉使其有王者作而以仁義之實施焉則爝火之光其息久矣孟子謂久假不歸惡知其非有止謂當時之人不能察其假之之情而遂以爲真有之爾此正溫公所惑而反以病孟子不亦誤哉

虞書稱舜之德曰父頑母嚚象傲克諧以孝烝烝乂不格姦所貴乎舜者爲其能以孝和諧其親使之進退以善自治而不至于惡也如是則舜爲子瞽瞍必不殺人矣若不能止其未然使至于殺人執于有司乃棄天下竊之以逃狂夫且猶不爲而謂舜爲之乎是特委巷之言也殆非孟子之言也且瞽瞍既執于皐陶矣舜烏得而竊之雖負而逃于海濱皐陶外雖執之以正其法而內實縱之以予舜是君臣相與爲僞以欺天下也惡得爲舜與皐陶哉又舜既爲天子矣天下之民戴之如父母雖欲遵海濱而處民豈聽之哉是皐陶之執瞽瞍得法而亡舜也所亡益多矣故曰是特委巷之言殆非孟子之言也

辯曰桃應之問乃設事爾非謂已有是事也桃應之意蓋謂法者天下之大公舜制法者也皐陶守法者也脫或舜之父殺人則如

之何孟子答之曰執之者士之職所當然也舜不敢禁者不以私恩廢天下之公法也夫有所受云者正如爲將閫外之權則專之君命有所不受士之守法亦然蓋以法者先王之制與天下公共爲之士者受法于先王非可爲一人而私之舜既不得私其父將寘之于法則失爲人子之道將置而不問則廢天下之法寧弃天下願得竊負而逃處于海濱樂以終其身焉更忘其爲天子之貴也當時固無是事彼既設爲問目使孟子不答則其理不明孟子之意謂天下之富天子之貴不能易事父之孝遂答之以天下可忘而父不可暫舍所以明父子之道也其于名教豈曰小補之哉

朱子曰龜山先生嘗言固無是事此只是論舜心爾愚謂執之而已矣非洞見臯陶之心者不能言也此一章之義見聖賢所處無所不用其極所謂止于至善者也隱之之辯專以父子之道爲言卻似實有此事于義未瑩

宋元學案卷八

鄞縣全祖望補本

後學慈谿馮雲濠校刊

鄞縣王梓材重校

道州何紹基重刊

涑水學案下

温公潛虛

萬物皆祖于虛生于氣氣以成體體以受性性以辨名名以立行行以俟命故虛者物之府也氣者生之戶也體者質之具也性者神之賦也名者事之分也行者人之務也命者時之遇也

梓材謹案朱子跋張氏潛虛圖與晁氏讀書志皆言潛虛多有闕文其無闕者泉州本也吳禮部潛虛後序稱初得全本又得孫氏許氏闕本蓋温公本未成書今亦無從審其何者爲闕秖得錄其全文而張敦實十論亦並錄于後

氣圖

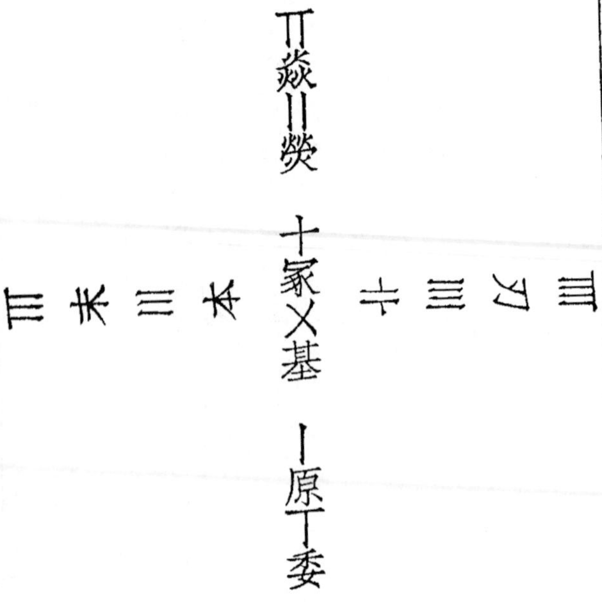

張敦實曰五行之在天地閒具自然之氣故有自然之象與自然之數天一居北爲水地二居南爲火天三居東爲木地四居西爲

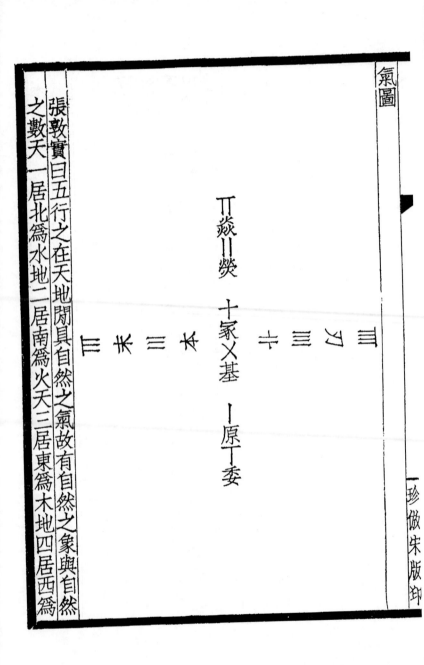

金天五居中爲土在虛則有原有熒有本有卝有基焉至于水一得土五而成六火二得土五而成七木三得土五而成八金四得土五而成九中央五土合而成十此生數一十有五成數四十生成之數五十有五所以具天地終始之道成變化而行鬼神也故五行更生得土以助之昔之原者今有委昔之熒者今有焱昔之本者今有末昔之卝者今成刃昔之基者今成冡矣

體圖

庶人

士
十十 家家 左右

大夫
𝍨𝍨 刃刃 左右

卿
𝍧𝍧 末末 左右
𝍨十 刃家 左右

侯
丌丌 焱焱 左右
𝍧𝍨 末刃 左右

率
丅丅 委委 左右
丌𝍧 焱末 左右
𝍧十 末家 左右

牧
乂乂 基基 左右
丅丌 委焱 左右
丌𝍨 焱刃 左右

岳
𝍣𝍣 卝卝 左右
乂丅 基委 左右
丅𝍧 委末 左右
丌十 焱家 左右

公
𝍢𝍢 本本 左右
𝍣乂 卝基 左右
乂丌 基焱 左右
丅𝍨 委刃 左右

王
〢〢 熒熒 左右
𝍢𝍣 本卝 左右
𝍣丅 卝委 左右
乂𝍧 基末 左右
丅十 委家 左右

〡〡 原原 左右
〢𝍢 熒本 左右
𝍢乂 本基 左右
𝍣丌 卝焱 左右
乂𝍨 基刃 左右

〡〢 原熒 左右
〢𝍣 熒卝 左右
𝍢丅 本委 左右
𝍣𝍧 卝末 左右
乂十 基家 左右

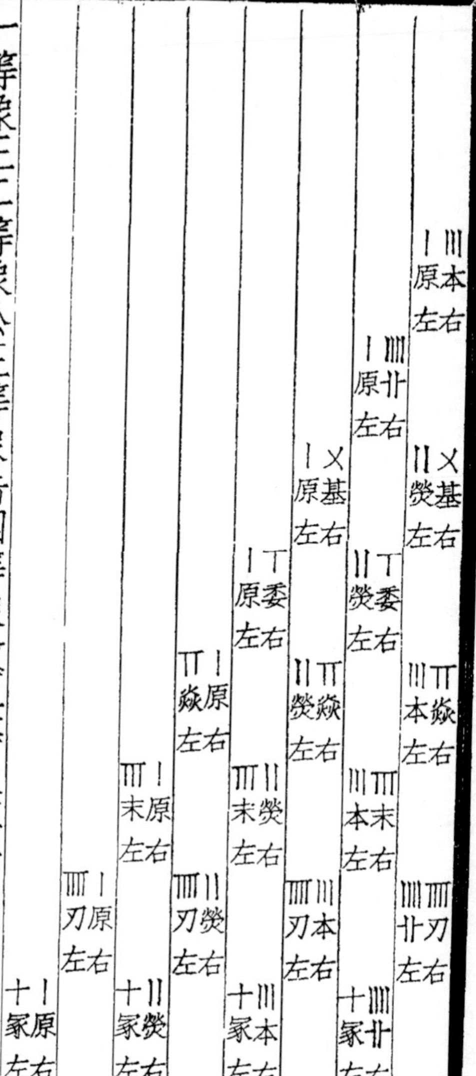

一等象王二等象公三等象岳四等象牧五等象率六等象侯七等象卿八等象大夫九等象士十等象庶人一以治萬少以制衆其惟綱紀乎綱紀立而治具成矣心使身身使臂臂使指指操萬物或者不爲之使則治道病矣卿詘一大夫詘二士詘三庶人詘四位愈卑詘愈多所以爲順也詘雖多不及半所以爲正也正順萬墜之大誼也

張敦實曰天地之數陽奇陰偶陰陽合德而剛柔有體此五位所以相得而各有合也天一與地六相得合而生水有原而有委地二與天七相得合而生火有熒而有燄天三與地八相得合而生木有本而有末地四與天九相得合而生金有廾而有刃天五與地十相得合而生土有基而有家以五行生成分言之則有五合言之則有十故一等至十等總五十有五體體有左右辨賓主也有上下辨尊卑也左右上下遞純遞詘以興天下之治以成天下之業故能若綱在綱若臂使指無尾大不掉之患

性圖

1 1 水	2 2 火	3 3 木	4 4 金	5 5 土	6 6 水	7 7 火	8 8 木	9 9 金	10 10 土
1 2 火	2 3 木	3 4 金	4 5 土	5 6 水	6 7 火	7 8 木	8 9 金	9 10 土	10 1 水
1 3 木	2 4 金	3 5 土	4 6 水	5 7 火	6 8 木	7 9 金	8 10 土	9 1 水	10 2 火
1 4 金	2 5 土	3 6 水	4 7 火	5 8 木	6 9 金	7 10 土	8 1 水	9 2 火	10 3 木
1 5 土	2 6 水	3 7 火	4 8 木	5 9 金	6 10 土	7 1 水	8 2 火	9 3 木	10 4 金
1 6 水	2 7 火	3 8 木	4 9 金	5 10 土					

凡性之序先列十純十純既浹其次降一其次降二其次降三其次降四最後五配而性備矣始于純終于配天地之道也

張敦實曰五行之性皆相生以相繼相克以相成虛始于十純其體立而不改其次降一故水與火配其次降二故水與木配其次降三故水與金配其次降四故水與土配自降一至降四其下亦降次以相配焉最後五行生成大率不出乎此

名圖

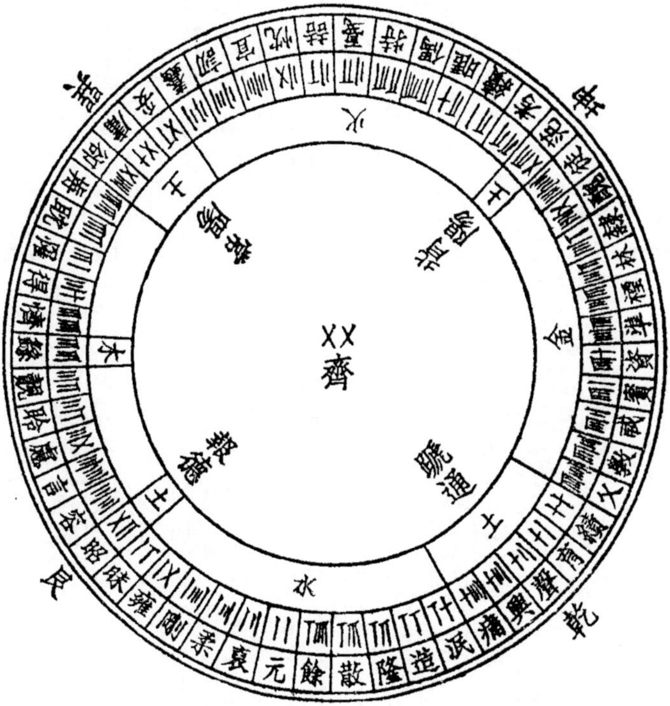

一六置後二七置前三八置左四九置右通以五十五行叶序卬而
瞻之宿躔從度卬則爲蔑頫則爲墜卬得五宮頫得十數元餘者物
之始終故無變齊者中也包斡萬物故無位眞至之氣起于元轉而
周三百六十四變變尸一日迺授于餘而終之以步蔑軌以叶歲紀
人之生本于虛虛然後形形然後性性然後動動然後情情然後事
事然後德德然後家家然後國國然後政政然後功功然後業業終
則返于虛矣故萬物始于元著于㝗蒲侯存于齊消于散訖于餘五
者形之運也柔剛雍昧昭性之分也容言慮聆覬動之官也緜㦤牋
西得懼耽都含情之訹恤也葤卻庸妥吐火蠢尺尹事之變也訒刃
宜忱喆戛德之塗也特偶暱續考家之綱也范徒醜隸林國之紀也
禋因準資賓戒政之務也斆做乂績育聲功之具也興痡鋪泯造隆
業之著也爲人上者將何爲哉養之教之理之而已養之故人賴以
生也教之故人賴以明也治之故人賴以乂也夫如是故人愛之如
父母信之如卜筮畏之如雷霆是以功成而各自也夫爲人上而不
能養則人離叛矣養而不能教則人殽亂矣教而不能治則人抵捍
矣三具者亡而祈有功者可得乎
張敦實曰周天三百六十五度四分度之一五行生成合體而立

名不過五十有五齊于天地之中包斡萬物故有名而無位冬至之氣起于元轉而周三百六十四變變尸一日迺授于餘而終之一六居後在天則斗牛女虛危室壁之分三八居左在天則角亢氐房心尾箕之分二七居前在天則井鬼柳星張翼軫之分四九居右在天則奎婁胃昴畢觜參之分自泯至昧十有一名在北而屬水自容至前十有一名在東而屬木自蠢至考十有一名在南而屬火自徒至乂十有一名在西而屬金昭一土也處報德之維分王于丑卻庸忞三土也處常陽之維分王于辰范一土也處背陽之維分王于未續育聲與痡五土也處虒通之維分王于戌齊中土也處大中之內在天其北極之任乎

行圖	變圖	解圖
丨丨元　元始也夜半日之始也朔月之始也冬至歲之始也好學智之始也力行道德之始也任人治亂之始也	慎于舉趾差則千里機止其矢	慎于舉趾差則遠也
丨川裒　裒聚也氣聚而物宗族聚而家聖賢聚而國	初　進而逡而俟其信而利用正	聚不可苟必進逡也
	二　人倮而繁獸猛而殫	人倮而繁善以道羣也
	三　百毒之聚勝者爲主惟物之蠹	百毒之聚止害人也
	四　羽毛鱗介各從其彙	羽毛鱗介聚以倫也
	五　菟絲之莠附草絕根	菟絲之莠不知固根也
	六　八音和鳴神祇是聽	八音之裒感人神也
	上　雲還于山冰泮于川	雲還冰泮聚極必分也
丨川柔　柔地之德也臣之則也天爲剛矣不逆四時君爲剛矣不卻嘉謀金爲剛矣從人所	初　馬牛服役左右殫力	馬牛服役臣職宜也
	二　蘧蒢戚施盜跖之祈或得其答	盜跖之祈靡不爲也或得其答爲主所知也
	三　齒剛必缺久存者舌	齒缺舌存久剛必危也

爲故剛而不柔末有能成者也

四　蜚石之落抗之以幕　蜚石之落强不能支也

五　大柔如水利物無已　大柔如水不與物違也

六　蒲梁柳轂傾檍脫輻　蒲梁柳轂任重力微也

上　綴旒靡委政不在己　綴旒靡委君道非也

丨Ⅲ　剛

剛天之道也君之守也地爲柔矣負載山岳臣爲柔矣正直謇謇水爲柔矣頹崖穿石故柔而不剛末有能立者也

初　偃王無骨莫之自立　人之有骨以自立也

二　不忍小辱自經溝瀆　自經溝瀆小人決也

三　目瞋耳塞拔木觸石一跌而踣螻蟻之食　一跌而踣不復振也

四　金輿玉軸歷險不覆　金輿玉軸任重載也

五　介潔自守其要无咎　其要无咎由寡欲也

六　精金百鍊有折無卷　有折無卷質不渝也

上　歐冶鑄劍利用加錫　利用加錫過剛則折也

丨乂　雍

雍和也天地萬物之性不剛則柔不晦則

初　匪飛匪潛出門交有功　出門交有功尙和也

二　柳下惠不易其介伯夷怨是用希　夷清不偏惠和不流也

明通而行之其在和乎

三 玉質金聲利用陳于帝庭

玉質金聲有嘉德也

四 狺狺頷頷無施而適摶沙雜礫舒席卷棘

狺狺頷頷不可如何也

五 鬻者減求者增卒會于平

鬻減求增益寡損多也

六 鹽梅不適羹羹不食

鹽梅不適性有頗也

上 天地融融萬物雍雍

天地融融萬物和也

丅丨 昧

昧晦也日之晦晝夜以成月之晦弦望以生君子之晦與時偕行

初 取足于己不知外矣

取足于己所以昧也

二 日匿其光徯于東方

日匿其光德未耀也

三 鐵目石耳蹈于淵水

鐵目石耳不可導也

四 冥行失足或導之燭

或導之燭能受教也

五 無相之瞽闔戶而處

闔戶而處未失道也

六 不習而斲敗材毀樸

不習而斲不免咎也

上 偶人守金衆盜攸侵

以昧居上必有盜也

丅丅乂 昭

初 匽其鑑拂其塵觀其形

匽鑑拂塵以自照也

昭明也天地之明靡不察也日月之明靡不燭也人君之明官羣材也恒有辜也懋有功也

二 隨珠照夜不如膏燭　珠能照夜不可常也

三 察窮秋毫物駭而逃　察窮秋毫物所駭也

四 鑿隙偷光厥志唯勤爭畀之燭　鑿隙偷光善借明也爭畀之燭遂光大也

五 循牆不蹶秉燭而跌　秉燭而跌恃明懈也

六 日麗于天萬物粲然　日麗于天無不照也

上 宿火于灰　宿火于灰善養明也

𝍢容

容貌也尊卑有儀軍國有容舍之則陋

初 修而貫而久而安而　修容有常久則貫也

二 葆首夷俟不若端死　葆首夷俟不可忍見也

三 頮面不飾　頮面不飾質不變也

四 褧衣錦裏君子養美　褧衣錦裏不自絢也

五 如圭如璋以和以莊　以和以莊容之善也

六 朱襮紫裏服久必敝　朱襮之敝其裏見也

上 樛木之垂甘瓠之纍　木垂瓠纍貴下賤也

言

言辭也有雷有風天心始通有號有令君心無隱有話有言中心乃宣

初 壺囊之口可用以受瘖者之食稻粱之賊

稻粱之賊言不可已也

二 人不我知鑽金而疑

鑽金而疑人弗信也

三 不固其關禍溢浮天

禍溢浮天不可收也

四 天信其時萬物攸期

萬物攸期素信之也

五 庸言之謹必顧其行

言行之謹以立誠也

六 時言之利上下攸賴

上下攸賴其利博也

上 言由于德弗思而得萬世之式

言由于德非意之也萬世之式當于理也

慮

慮思也聖人無思自合于宜賢者之思以求其時臨事不思不能言幾學道不思不能造微

初 秋毫差機矢不可追

秋毫差機不可不慎也

二 旁瞻千里卻顧百世

旁瞻卻顧所慮遠也

三 澄源正本執天之鍵

澄源正本萬術盡也

四 林甫月室愠入笑出匪躬之益

匪躬之益終自及也

五 萬物之神出天入塵

出天入塵無不賾也

六 謀利忘寢商賈之任

謀利忘寢思不遠也

上　孔子從心不踰矩　|　孔子從心從容中道也

丁川　聆

聆聽也天下其耳舜達四聰聽而不聞是謂耳聵聞而不擇是謂心聾所以王者聽德惟聰學者非禮不聽

初　聽德惟聰否不若聾　|　否不若聾聞無益也

二　黈纊弗徹舜聰四達　|　舜聰四達聽不蔽也

三　甘言便耳沒于淵水　|　甘言便耳不可悅也

四　苦言刺耳惟身之利　|　苦言利身不可惡也

五　卑聽惟順擇其利病　|　擇其利病由乎心也

六　蟻鬬聞聲惟邇言是聽　|　邇言是聽心不達耳也

上　聖人無擇惡聲不入　|　惡聲不入耳不順非也

丌川　覿

覿視也天高其目舜明四目視而弗見是謂目盲見而弗擇是謂心瞽所以王者視遠惟明學者非禮不視

初　紛澤之暉覆穽埋機眛者不知明者識微　|　眛者不知目誘之也

二　項楚姚虞形似心殊　|　形似心殊明不在目也

三　馳車擊轂自掩其目坦途猶覆　|　自掩其目不能見也

四　虎視眈眈其心潭潭　|　其心潭潭審所視也

五　蘧篨戚施俯仰相疑　|　俯仰相疑任偏見也

六　漆器象箸因微知著離婁之目視細猶巨　視細猶巨明辨晳也

上　凝旒十二惟目之蔽同仁一視　凝旒之蔽不用目也

ⅢⅢ 繇

繇喜也天地同春萬物忻忻聖賢相逢四海歸仁

初　凱風怡怡萬物熙熙　凱風怡怡怒氣散也萬物熙熙無疾憊也

二　悅之匪人涉于幽榛覆車陷輪　悅之匪人徇所愛也

三　爰笑爰語神清心與弗喪其斧　弗喪其斧未失則也

四　聞謗而喜反求諸己　聞謗而喜以從道也

五　喜怒以律愛惡不失大人元吉　大人元吉不失律也

六　賞溢于喜重器是委或顛而毀　賞溢于喜愛人從政也

上　爵祿錫予飾喜之具惜印吝金人委而去　爵祿飾喜不虛拘也惜印吝金人失望也

ⅢⅢ 懠

懠怒也天地之怒風霆橫飛王者之怒爰整六師君子之怒暴亂是夷小人之怒適為身菑

初　匪怒之遒必理之求拔刃難收　必理之求先慮後斷也

二　自怒自解人不之畏　自怒自解威已玩也

三　快心一朝忘其宗祧失不可招鯈鮋之浮為鳶之求　快心一朝忘後患也

四　雷霆赫赫亂是用息狠睥死國　雷霆赫赫以止亂也

五　有衆有形怒然後與　無形而怒祇取嫚也

六　忍之少時福祿無期　忍之少時迺免難也

上　雷風既息繼以沛澤　風息而雨羣物濟也

十|||　得

得欲也牝牡飲食禽獸之識官爵財利僕隸之志欲仁求仁入自聖門

初　耳目鼻口外交中誘惟心之咎　外交中誘心不君也

二　以禮制心成湯之德漢高入關弗徇貨色　弗徇貨色智之事也

三　聖人徇理百物不廢其心無累　其心無累過不留也

四　豨腹饕饕爲人益膏　豨腹饕饕貪欲不厭也

五　守常知足不危不辱　不危不辱又何求也

六　不學無義惟飲食牝牡之嗜禽獸之態　禽獸之態猶可食也

上　鴟爭腐鼠鵷雛弗顧　腐鼠弗顧乃可貴也

|Ⅲ　懼

懼憂也知命樂天無憂則賢樂天知命有憂則聖若夫涉世應事則有常理始于憂

初　飽食無憂襟裾馬牛　襟裾馬牛人必有憂也

二　巨艦之峨衝風激波濟于江河先哭後歌　先哭後歌憂則有喜也

三　火在薪下安寢不懼　安寢不懼無所知也

勤終于逸樂人無遠慮必有近憂

四　德誼不積惟躬之戚

德誼不積賢者之憂也

五　嫠婦之悴匪知其緯

嫠不恤緯知所憂也

六　杞人蚩蚩憂天之墮

憂天之墮亦過計也

上　周規孔制後世之計

周規孔制憂萬世也

|||| 湛

湛樂也以欲忘道惑而不樂樂以道制欲樂而不亂去欲從道其樂也誠

初　利用作室罔憚于勤大廈以成婦子欣欣

婦子欣欣享其安也

二　萬民不匱守業安居形苦心愉

形苦心愉內自適也

三　醉飽之惛歌舞之紛突火將焚盜倚其門

醉飽之惛忘躬之戚也

四　酒食衎衎威儀反反繩墨不遠

酒食衎衎以禮自飭也

五　不勤厥畝喪其稷黍

不勤厥畝無以食也

情有七而虛其五何也人喜斯愛之怒斯惡之故喜怒所以兼愛惡也

六　家有韶濩外忘其慕

家有韶濩樂道德也

上　王用宴于鎬京

鎬京之宴樂以天下也

||||| 歬

歬進也駑馬日進騏驥可及學者日進聖

初　歬非獲已進寸退尺飾其金屨

歬進之初不可不慎也

二　盲人操舟乘彼湍流

盲人操舟禍在不振也

門可入爲國日進功業可得險途冒進或至于踣

三　日出而征日沒而息君子之則　君子之則出處順也

四　兔跳而跼鳥飛而伏弧張肘縮　兔跳而跼以退爲進也

五　主人三宿日中必暴失時不逐　主人三宿征勿問也

六　駑馬之疲驥馬之追鷇羽强蜚墜于藩籬　駑馬追驥力疲盡也

上　日沒而征力憊而登遇棹逢兵　日沒而征危辱近也

IIII乂　卻

卻退也日月進退晦明以成寒暑進退品物以生君子進退功名以彰

初　一葉于蜚木陰未稀我心傷悲　一葉于蜚陰始長也

二　納屨而顧心留迹去　納屨而顧心有望也

三　唾面不辱叱嗟不縮或擠諸谷　唾面不辱顏之强也

四　雲蜚于江舟藏于浦雷出于山車稅于宇　雲蜚于江識微象也

五　揖之則趨麾之則止無慍無喜　揖趨麾止動不妄也

六　膳珍不御致鼎而去勿須其飫　膳珍不御志不享也

上　龍登于雲垂尾之卷下人式瞻　垂尾之卷終可卬也

十乂　庸

初　天地之德變化無極四時不忒　變化無極終有常也

庸常也日月運行不差旦暮四時變化不愆寒暑君能下下不失其尊聖賢達節不亂其經

丁乂 妥

妥靜也息也日息于夜月息于晦鳥獸息于蟄草木息于根爲此者誰曰天地天地猶有所息而況于人乎

二 井泉之渫汲者不絕　井泉之渫常可久也

三 嶽鎮之巍無增無虧　嶽鎮之巍善保常也

四 樹楊沃水一日十徙　一日十徙不能以榮也

五 晝作夜息寒耕暑織小人其職　小人其職君子治也

六 井汚而久蟲幕其口　井汚而久不知變也

上 魚跳失水困于螻蟻　魚跳失水不安常也

初 藏心于虛非有非無其樂于于　藏心于虛不假物也

二 止水之清鑑物而明　鑑物而明得所止也

三 窮瀆之腐衆惡攸聚　窮瀆之腐不能擇居也

四 馴鹿籠鷴由習得成　由習得成制而心也

五 居則鬱鬱動則愈屈吉人之得躁人之失　吉人之得靜以待也

六 鵾匐于泥不能鳴蜚　鵾匐于泥志在汚也

上 雷伏于地或震于天火伏于灰或燎于原　雷震火燎因時勢也

‖‖ 蠢

蠢動也天之動晝夜以行地之動草木以生聖賢之動功業以成

初 陽氣潛萌品彙咸生充物乾坤　陽氣潛萌動在中也

二 新居之徙舊居之棄不如其已　新居之徙未有利也

三 狙入于罔跳梁仆仰　狙入于罔躁益纏也

四 據于蒺藜欲去何之不去何為去或得岐　雖無所之不可處也

五 鑿凍樹稷勞而無得　鑿凍樹稷徒自勤也

六 樹穀于雨拔草于暑　樹穀于雨貴及辰也

上 說心藏密龍蛇其蟄利用無極　龍蛇之蟄以存神也

川‖ 訒

訒仁也天地好生秋不先春王者尚恩德先于刑人無惻隱虎狼奚異擴而充之同仁一視

初 牽牛釁鐘惻于厥心　牽牛惻心仁之祖也

二 養虺縱蝗匪仁之方　養虺縱蝗失所與也

三 工不踰闑車成轢轍　工不踰闑冥中度也

四 青銎白刃利以征亂　青銎白刃斷以義也

五 赤子在谷大人濡足　赤子在谷濡不避也

六 推輿濟人不如杠梁之辰　推輿濟人惠不大也

上 至德如春浹于無垠莫知其然 仁道大成萬物遂也

||||
||
宜

宜義也君子有義利以制事事無常時務在得宜知宜而通惟義之功闇宜而執亦義之賊所以天地當就不廢肅殺聖人用刑不害慈愛

初 盜跖莊蹻諱聞其惡 跖蹻諱惡有羞惡也

二 守爾庖魚喪爾囊珠匪愚則迂 喪爾囊珠所失大也

三 徇利遺節託名以說汚于斧鉞 託名以說以欺世也

四 名駒大輅安行正路疾徐中度 疾徐中度不失節也

五 李瓘殺身無所成名 李瓘殺身不可爲名也

六 斷臂納肝毀形殘生惟心所安 毀形殘生義无咎也

上 徇義之大手足無愛 手足無愛大得宜也

乂
||
忱

忱信也天地信而歲功成日月信而歷象明人君信而號令行人臣信而邦家榮苟爲舍之未見其能久長者也

初 可用交勿恤其孚後有徒 勿恤其孚自誠也

二 言無夸嗇懼不能踐 言無夸嗇省華求實也

三 天道難測四時不忒下土之式 下土之式人信之也

四 父子乖離吐心而疑禍不在辜 父子乖離不知其可也

五 硜硜之信小夫之謹 小夫之謹可爲民也

六 小信之必大義之失君子不由
君子不由輕重權也

上 堅城捍外彊隄過水革囊浮海漏不在大
城隄浮囊不可不完也

丅‖ 喆

喆智也經天緯地必有其理智者見之心閑事濟鑿以為巧詐以為姦聖門論智其說不然

初 益薪火發滌穢泉冽
益薪滌穢務學祛蔽也

二 斤斧顬顬梓匠之從
梓匠之從小役大也

三 盜兵利吏不制
盜兵利祇益害也

四 動若流水惟物之利
流水之動以利物也

五 務本安分金玉其命
務本安分知保身也

六 狙鼠狡譎志在竊食
狙鼠狡譎以竊食也

上 神禹濬川行其自然
行其自然不為鑿也

丌‖ 戞

戞禮也天高地下制禮之經尊隆卑殺飾禮之文人不知禮進退無度手足罔措國不用禮紀綱不舉四鄰之侮

初 仰天俯地以定民志正名辨位
仰天俯地名位判也

二 敝衣敝形猶愈裸裎
敝衣敝形猶愈無也

三 衣冠周孔揖遜發冢
揖遜發冢以飾姦也

四 犫牛之狂服畝遵場
犫牛之狂能自制也

五 偶人粉澤

偶人粉澤徒飾外也

六 斐如煌如紀如綱如四海王如

斐如煌如如王者事也

上 男女貴辨嫂溺則援

嫂溺則援禮有權也

丌Ⅲ 特

特天也天氣下降地資以生日光旁燭月借以明夫和而正婦聽以行是謂天地之終陰陽之義人道之始

初 桃李之衰情懌心悲松筠之思

松筠之思晚無及也

二 有猴在牢或投之刀先笑後號

先笑後號不求終也

三 夫剛而令婦順而聽

夫剛婦順未失常也

四 閨門雍穆靡歌靡哭

靡歌靡哭得中節也

五 德禮不貳舜嬪媯汭

德禮不貳以身先也

六 鉛刀析薪折齒餘斷

折齒餘斷不可用制也

上 枯楊生華老夫得其女妃蛇入燕巢惟雛之悲

枯楊生華何可久也蛇入燕巢必敗家也

丌Ⅲ 偶

偶妃也天能始事地實終之陽能生物陰實成之有夫無婦中饋孰主所以咸先于

初 嗜酒之甘不知沈酣虺蛇是長未或成蟒

未或成蟒不早辨也

二 忌疾貪鄙徇情黜理

徇情黜理不服訓也

三 牝雞司晨惟家之索

牝雞司晨反常也

恆男下于女

四　墜柔而靜品物咸正

墜柔而靜順承天也

五　無非無儀中饋攸司

中饋攸司未失道也

六　康王晏起姜后請罪

姜后之請警戒相成也

上　君王后治齊不可用正呂武用口

不可用正婦人從子也

十丌　暱

暱親也疏者必疏親者必親事之常理人之常情苟違其常心安可怙識者畏之如避豺虎

初　九族咸序省躬之故

省躬之故知所從也

二　象封有庳食而弗治

食而弗治弗私以政也

三　竹枯不拔蚿死不蹶

竹蚿之安輔之多也

四　條亡枿存或斧之根

條亡枿存見者執柯也

五　父母妻屬等衰以睦

等衰以睦示不同也

六　劙臂斷足易之金玉其肌不屬

劙臂易玉棄親即宅也其肌不屬人于汝何也

上　堯舜親親萬國與仁

萬國與仁大成仁也

丨丌　續

續子也堯父舜子二者難全與其父智寧

初　絡馬首穿牛鼻利用以早

絡馬穿牛初易馴也

二　父撥其土子終厥畝

子終厥畝能紹先也

若子賢所以舜生商均虞祚不延鯀生神禹祀夏配天

三 鱻子滿腹不如蜾蠃之不育 鱻子滿腹害厥生也

四 飯菽羹藜父母怡怡 父母怡怡善承意也

五 鷹雛匪鸞不為鴟鳶 不為鴟鳶亦似宗也

六 酒膳紛如父母頻如 父母頻如不養志也

上 體完不隳德備不虧祖考之暉 體完德備終子事也

ⅢⅢ 考

考父也君為尊矣患于不親母為親矣患于不尊能盡二者其惟父乎慈而不訓失尊之義訓而不慈害親之理慈訓曲全尊親斯備

初 老牛舐犢不如燕引其雛 燕引其雛教之飛也

二 作室無資勿壞其基以俟能為 作室無資不可強也勿壞其基亦可尚也

三 愛馬益粟肥溢而陸終不可服或授之梁 愛馬益粟秪益害也

四 散而金珠聚而詩書賢不喪志否不益愚 散而金珠賢于人也

五 囊金匣玉不畀之燭盜守之屋 不畀之燭失義誨也

六 薪火不滅錫汝圭爇貽汝聖喆無疆之慶 薪火不滅明有繼也

上 丹朱商均利用作賓 利用作賓知子明也

ⅢⅩ 范

初 易子之義責善是為惟嚴之利 惟嚴之利人知畏也

范師也天垂日星聖人象之地出圖書聖人則之漁叟之微文武是賓鄭子之陋孔子所咨若之何其無師

二　衡不平繩不直大斛短尺民莫之則　衡不平不足由也

三　章句之見授其訓傳以鑰投鍵　以鑰投鍵發蒙也

四　北指燕南指楚惟爾之取　北燕南楚使自謀也

五　準矩繩規衆法攸資　準矩繩規先自修也

六　投璧于闇或按之劍　投璧于闇人不見也

上　聖作六經萬世典型如見其人　萬世典型言作訓也

||||||||　徒

徒衆也薪以續火益之愈光江漢承流達于遐方顏閔傳業聖道以彰

初　出門擇術跬步之失之晉而粵　出門擇術慎所從也

二　巧心妙手木不雕朽　木不雕朽其質陋也

三　虎豹之能千人莫當不可服箱　不可服箱不可訓也

四　驊騮騏驥造父授轡一日千里　一日千里天才異也

五　中人不墮可以寡過　中人不墮志務學也

六　樛木之曲惟材之辱爲輪轉轂　曲木爲輪性可揉也

上　仲尼之道三傳不替以克永世　以克永世道大明也

〤〣 醜

醜友也天地相友萬彙以生日月相友羣倫以明風雨相友草木以榮君子相友道德以成

初 素絲縞如適緇適朱　適緇適朱惟所擇也

二 意氣相許不以利取　取不以利能擇交也

三 水石相親石潔水清蓬麻共植惟蓬亦直　惟蓬亦直近賢也

四 總角綢繆膠而漆投半途分流注矢操矛　注矢操矛反相賊也

五 春耕秋穫易力並作游惰勿諾　游惰勿諾不如己也

六 毛羣羽聚糧食之蠹　糧食之蠹無所益也

上 一首三尾先完後毀惟初之皐　惟初之皐不早識也

丁〣 隸

隸臣也地不天不能以生月不日不能以光臣不君不能以功

初 木養其材工則劇之玉潛于石人則琢之　木養其材以待用也

二 玉馬金牛惟邦之寶　玉馬金牛專所奉也

三 一身三首蜂蟻所醜　一身三首無所容也

四 登邱而俛置膝而遠百祿餰餰　登邱而俛不自崇也

五 股肱綴體沒世不改　股肱不改知所從也

六 顏戴其勞口揚其高挾思以驕或傳之刀　或傳之刀怙其庸也

上　秋穀既收土田之休　穀收田休不敢處功也

丅川 林

林君也三人無主不能共處一人元良萬國以康厥德惟何仁武及明備則蕃昌缺則衰亡

夫民之所資者道也不可斯須去也是以君臣相與議于朝師友相與講于野然後道存而國可治也

初　赤子之命在厥初生　赤子初生性命繫也

二　遁迹不失無喪無得　遁迹不失亦足繼也

三　姦賞忠誅臧違否依首足顛施　姦賞忠誅庶事戾也

四　巨舟峨峨濟于洪波　巨舟峨峨賴賢以濟也

五　鑑無光斧無銼股肱不從惟身之殃　光銼之無下不使也

六　天日昭如楨柱森如忠進姦誅　天日昭如明無蔽也

上　日中而移山高而危大人克終　日中而移不可不戒也

ⅢⅢ 禋

禋祀也豺知祭獸獺知祭魚忘先背本傲忽狂愚明而人責幽則鬼誅

初　聖人知幽明之故死生之說鬼神之情狀　祭祀之設非虛文也

二　謂祖無知謂天可欺謂祭何為　謂祭何為心傲忽也

三　豺獺之鑑霜露之思無失其時　無失其時不忘本也

四　匪隆匪殺惟義所在　惟義所在務適宜也

五　繭栗之角瓦登匏爵上帝是享　繭栗之角誠不必豐也

六 弗播而穀弗攻而木祀淫祭黷

祀淫祭黷佞神也

上 學匪干祿祭匪求福果時則熟

果時則熟理必至也

準

準法也為農無法黍稷不生為工無法器用不成用眾無法資敵喪兵治國無法長亂殃民

初 堇荼之萌薙則不榮燎火熒熒沃不盡瓶

堇荼之萌惡不可恣也

二 暬夫執銍蘭艾同刈上罔下畢獸駭而突

獸駭而突窮則悖也

三 罔密而微徽逃鯝繫不如其棄

徽逃鯝繫制小失大也

四 禽虎于穴百獸載栗罔目甚闊冒不可脫

禽虎于穴僃暴類也

五 槃水之盈小偏必傾庭燎之明繼其薪蒸

槃水之盈偏則敗也庭燎繼薪明不可怠也

六 稂莠之鉏嘉穀扶疏

稂莠之鉏去物害也

上 驅蠅去飯毋使污案逐之勿遠

驅蠅去飯不足追臯也

十 資

資用也何以臨人曰位何以聚民曰財有位無財斯民不來所以洪範八政食貨惟先天子四民農商居半

初 衣食貨賂生養之具爭怨之府

爭怨之府當義治也

二 子贏父單不憂饑寒

子贏父單厚于民也不憂饑寒必相養也

三 務其耕桑尊農卑商疏原道委上下均利

尊農卑商明本末也疏原道委通上下也

四 山童澤涸今笑後哭

山童澤涸其利窮也

五	璞隨之富或與或仆	或與或仆道不同也
六	大盈藏金鄙夫之心	鄙夫之心私積財也
上	勤約成風人不困窮	勤約成風身先之也

卌丨 賓

賓客也君臣燕飲有主有賓諸侯朝聘天子之賓四夷朝貢中國之賓所以周官設行人之職行葦歌序賓之禮

初	賓擇主人有禮則親	賓擇有禮主宜謹也
二	三十輻共一轂天子雍雍四門穆穆	四門穆穆無離心也
三	蔑其塗拒其戶四鄰攻之莫之或助	蔑塗拒戶不與物交也
四	重禮輕幣遠人畢至	重禮輕幣不爲利也
五	伯父伯舅惟賓惟友禮循其舊	禮循其舊國有制也
六	秦帝按劍諸侯西馳面服心違	面服心違威劫之也
上	東鄰無客西鄰之集	西鄰之集亦可畏也

卌‖ 戒

戒兵也天生五材民並用之鬭一不可孰能去兵儻憂生亂何以止亂所以樂有舞

初	不利爲寇利用禦寇	利用禦寇以自衛也
二	利劍在手不敢飲酒	利劍在手不敢飲酒知戒慎也
三	兵由貪忿民殫國燼	民殫國燼終自焚也

干燕必有射佩劍即禦敵之具井田寓營陳之法

四 節制之兵有死無犇 兵死不犇有節制也

五 公孫建議禁挾弓矢 公孫之議不窮理也

六 伐亂除凶修國省躬 修國省躬以正人也

上 戢戈橐矢憂患方始 憂患方始戒不虞也

|||| ||| 數

數教也木有材工則斲之民有性君則教之生之者天教之者人教化既美習俗乃成習俗既成運數莫奪越千百年風流不絕

初 去母從父得其途路 得其途路知尙方也

二 虎狼養子教之搏噬秦人以鷙 秦人以鷙不由義訓也

三 建其師立其規執其笞 建其師擇師長也立其規示軌物也執其笞誨以刑也

四 漢光厲俗幾亡妻績 漢光厲俗尙名節也

五 直木不令其影自正 其影自正身先之也

六 飽食嘻嘻禽犢之肥 飽食嘻嘻逸居無教也

上 契敷五教黎民時雍比屋可封 比屋可封惡人盡也

|||| |||| 乂

乂治也農夫治地種植耘除王者治國慶

初 刀斧椓器先必就礪 刀斧就礪先自知也

二 政令苛碎遺大得細上勞下敝 上勞下敝不知要也

賞刑誅衆而不治其國無制無制之國其民作慝

三　卑人爲主喪其資斧　喪其資斧任匪人也

四　欲罔之張引其綱欲絲之治振其紀　綱張紀舉賢愚從也

五　量形製衣可用爲儀　量形製衣不好大也

六　網闊而疏利以得魚鰌鰕其逋　利以得魚得民也

上　熊魚科斗惟萃于首　惟萃于首不續終也

十十　績

績功也事不見功何以爲終務學不在多能以道成爲功用兵不在多勝以亂靜爲功是故物成秋冬天地之功時底隆平帝王之功

初　先春布穀雖勞不育忍以俟時若遲若速　若遲若速需乘時也

二　帝王君臣務在安民　務在安民無奇功也

三　六子舊庸萬物以豐天地之功　天地之功不自爲也

四　有鱣悅珠人口之腴　有鱣悅珠匪其人也人口之腴祇取禍也

五　項羽日勝而亡高祖日敗而王　日敗而王需要終也

六　生事要功利己夸庸　生事要功好作爲也

上　漢宣算效優于孝文日漓我醇　日漓我醇潛有損也

十一　育

初　井渫勿羃遐邇之汲　遐邇之汲養不窮也

二　芻我黃牛婦子無憂以耕則收　芻我黃牛養賢也

三　赤子啼饑載矜載嗤觀我朵頤　載矜載嗤莫之恤也

四　吐哺餔兒母心之嘻母瘠子肥　母瘠子肥損上益下也

五　燕雀之黨解而羅網自育自養　解而羅網勿擾之也

六　發廩移粟東歌西哭　東歌西哭不偏及也

上　井田之行萬國之均何富何貧　萬國之均大成也

川十
聲

聲名也無其實聲不溢無其聲人不聞聲溢而崇德之所以終人聞而至業之所以始故曰善不積不足以成名又曰三代之王必先令聞

初　擊磬撞鐘或清或洪　或清或洪聲從實也

二　慎守而身勿爲鴞鳴　勿爲鴞鳴無惡聲也

三　蔽葉之蜩蜚鳥之招其鳴嘵嘵　蜚鳥之招聲致殃也

四　空谷來風有聲颯颯　有聲颯颯匪求之也

五　鬼嘯梁上人莫之享弗見其象　弗見其象無實也

六　非雷非霆蟄者思亨四方是聞　蟄者思亨求自奮也

上　金聲玉振始終惟令　始終惟令不變消也

十川 興

興起也仆而復起衰而更興前王之澤後王之能

初 選馬修輿辨道徐驅 選馬修輿審所寄也

二 大饗無饔撤木無工有初無終喪其故宮 大饗無饔力不副志也

三 澣垢縫裂揩敝補缺 澣垢縫裂且可衣也

四 病危得醫器敝得錘 病危得醫佐以明智也

五 椔有枿栽或爲棟材熒出于灰可以焚萊 枿栽爲棟天材異也

六 困瓠而憩望遠而唏 望遠而唏志力憊也

上 總轡操箠左右在己 總轡在上孰與替也

十川 痛

痛病也官病于上民病于下國以陵夷

初 外强中懈恃而不戒 外强中懈釁所從也

二 祛寒得熱金石之孼 孼寒得熱失中節也

三 齒拔兒傷治體得亡 治體得亡其醫庸也

四 固本以靜防微以慎天不能病 天不能病自治詳也

五 弗益弗擊輔根引日以俟明術 輔根引日未失也

六 其亡其亡劑審其方醫用其良 其亡其亡戒慎不敗也

上 膏肓不治世無良醫

膏肓之疾不可如何也

十丅 泯

泯滅也熒出于灰嘘之實難火燎于原滅之則易是故周之興也十五王而不足及其滅也一褒姒而有餘可不戒哉可不懼哉

初 蜩鳴于林袨衣絜衾

蜩鳴絜衾宜早防也

二 微子前見商祀不殄其紹如綫

微子之祀重存商也

三 緡自寶亡乃生少康

夏之不泯得少康也

四 躬顛血絕廟夷隴滅

躬顛血絕誠可傷也

五 奭志蹙躬惟運之從

奭志蹙躬無以攘也

六 水厭其原木劉其根波高葉繁目昧心昏

水厭其原何可長也

上 前車已覆瞻彼社屋

前車之覆後所懲也

丅丅 造

造始也雲雷方屯開乾闢坤肇有父子始立君臣倡之者聖和之者賢爲之者人成之者天

初 大虛渕冥開乾闢坤萬有咸敘實惟其人

萬有咸敘人所爲也

二 舜禹之禪湯武之戰天心人願

天心人願非利之也

三 用不擇術功偕惡積成艱毀疾

成艱毀疾不由德也

四 依仁附義乘時順理誅暴誅姦利物利己

能利乎物實自利也

五 量時度力田作言一規模可則

規模可則匪自棄也

六　方春不犂洎秋而饑　洎秋而饑失時極也

上　立德建名惟天之命而贊之成否則禍生　立德建名天所命也

丅丌　隆

隆盛也一陽之進必盛于夏是謂隆暑陰則生矣一陰之進必底于寒是謂隆冬陽亦形焉是故王者之業必極盛成盛成之時必貴持守可不念哉

初　其憂其勤日昇于雲　其憂其勤明日進也

二　百體四支勿增勿虧守之以祗　體支已完勿增損也守其成惟能謹也　善

三　酒肉如陵鐘鼓盈庭鑠刃墮城　鑠刃墮城守備盡也

四　視舟之濡窒之用袽　視舟之濡慮患于謹也

五　暑至陰生寒極陽萌君子畏盈小人怙成　小人怙成危禍近也

六　盛不忘衰安不忘危一日萬幾　萬事之微不可不慎也

上　累土匪易功虧一簣　一簣未成虧九仞也

丅Ⅲ　散

散消也氣散而竭族散而絕民散而滅

初　敝弓之弨益漆與膠　益漆與膠結以禮信也

二　心德之離微子去之　微子去之親戚離也

三　守業兢兢朝露春冰　朝露春冰雖凝易泮也

四　倒廩虛庫財散人聚　倒廩虛庫知所散也

五 霧闇而星離潰而平盜棄其兵
盜棄其兵禍亂釋也

六 積沙防水水至沙潰
水至沙潰不固結也

上 長夜之宴雖久必散達者先見
達者先見明始終也

丅皿 餘
餘終也天過其度日之餘也朔不滿氣月之餘也日不復次歲之餘也功德垂後聖賢之餘也故天地無餘則不能變化矣聖賢無餘則光澤不遠矣

堯舜之德禹稷之績周規孔式終天無斁
堯舜周孔垂世無窮也

乂乂 齊
齊中也陰陽不中則物不生血氣不中則體不平剛柔不中則德不成寬猛不中則政不行中之用其至矣乎

衆星拱極萬矢奏的必不可易
衆星萬矢誰能易中也

張敦實曰五行在天地之閒可以開物成務冒天下以道者也故用各有五終于五十五名其修爲之序可以治性可以修身可以齊家可以治國可以平天下故曰行者人之所務也繫之辭以明其義用之變以尚其占皆所以前民用也

又曰律呂之生始于黃鍾下生林鍾林鍾上生太蔟太蔟下生南呂南呂上生姑洗姑洗下生應鍾應鍾上生蕤賓蕤賓上生大呂

大呂下生夷則夷則上生夾鍾夾鍾下生無射無射上生中呂陽六爲律陰六爲呂以黄鍾爲宫則林鍾爲徵太蔟爲商南呂爲羽姑洗爲角應鍾爲變宫蕤賓爲變徵至十二律旋相爲宫各以七變而乘之則盡八十四調此聲之元五聲之正也至六十律旋相爲宫又以七變而乘之則變盡周期各統一日盡三百六十四變于潛虚之中始于㒚之初終于散之上以定天下之吉凶成天下之亹亹者其用大矣

命圖

	吉	臧	平	否	凶
裒	六	四	二	五	三
柔	五	四	三	六	二
剛	四	六	五	二	三
雍	三	二	五	六	四
昧	二	四	五	六	三
昭	六	四	二	五	三
容	五	四	三	六	二
言	四	六	五	二	三
慮	三	二	五	六	四
聆	二	四	五	六	三
覿	六	四	二	五	三

繇	五	四	三	六	二
懠	四	六	五	二	三
得	三	二	五	六	四
懼	二	四	五	六	三
耽	六	四	二	五	三
前	五	四	三	六	二
卻	四	六	五	二	三
庸	三	二	五	六	四
妥	二	四	五	六	三
蠢	六	四	二	五	三
訒	五	四	三	六	二
宜	四	六	五	二	三
忱	三	二	五	六	四

喆	二	四	五	六	三
戛	六	四	二	五	三
特	五	四	三	六	二
偶	四	六	五	二	三
暱	三	二	五	六	四
續	二	四	五	六	三
考	六	四	二	五	三
范	五	四	三	六	二
徒	四	六	五	二	三
醜	三	二	五	六	四
隸	二	四	五	六	三
林	六	四	二	五	三
禋	五	四	三	六	二

造	泯	痛	興	聲	育	續	乂	數	戢	賓	資	準
二	三	四	五	六	二	三	四	五	六	二	三	四
四	二	六	四	四	四	二	六	四	四	四	二	六
五	五	五	三	二	五	五	五	三	二	五	五	五
六	六	二	六	五	六	六	二	六	五	六	六	二
三	四	三	二	三	三	四	三	二	三	三	四	三

隆六	四	二	五	三	
散五	四	三	六	二	

元餘齊三者無變皆不占初上者事之始終亦不占

張敦實曰命者時之所遇也吉凶否臧雖惟命所遇然禍兮福所倚福兮禍所伏以其禍福之未定則稽疑之占不可後也茲所占者自衰至散五十二名以二三四五六之變觀其吉凶臧否平之所遇而決陽則用其顯陰則用其幽然後可以觀變而避就也

五行相乘得二十五又以三才乘之得七十五以爲策虛其五而用七十分而爲二取左之一以掛于右揲左以十而觀其餘置而扐之復合爲一而再分之掛揲其右皆如左法左爲主右爲客先主後客者陽先客後主者陰觀其所合以名命之既得其名又合蓍而復分之陽則置右而揲左陰則置左而揲右生純置右成純置左揲之以七所揲之餘爲所得之變觀其吉凶臧否平而決之陽則用其顯陰則用其幽幽者吉凶臧否與顯戾也欲知始終中者以所筮之時占之先體爲始後體爲中所得之變爲終變已主其大矣又有吉凶臧否平者于變之中復爲細別也不信不筮不疑不筮不正不筮不順

不筮不獨不筮不誠不筮必獨必誠神靈是聽

張敦實曰虛數七十有五其用七十分二挂一揲之以十先左後右徐觀其餘以命卦名分客主而定陰陽且如㝠之一卦｜爲主川爲客左揲先餘一右揲後餘二是先主後客者陽若左揲先餘二右揲後餘一是先客後主者陰陽則用其顯如㝠之六吉三凶不易也陰則用其幽與顯戻也如㝠之六吉當爲凶三凶當爲吉也假如元〢蠢〣容〤徒〥齊〸生數純者不可分陰陽當置右而揲左造丅考丌前〦乂〧續卄成數純者亦不可分陰陽當置左而揲右皆揲之以七以所揲之餘觀其吉凶臧否平爾玄以準易虛以擬玄玄且覆瓿而況虛乎其棄必矣然子雲曰後世復有楊子雲必知玄吾于子雲雖未能知固好之矣安知後世復無司馬君實乎

張敦實曰有物混成先天地生強而名之是爲道太極元氣函三爲一衍而伸之是謂數兩儀之所以奠位萬類之所以成形天下國家之所以致治悉不外乎道與數以溫公平生著述論之其考前古興衰之迹作爲通鑑自潛虛視之則筆學也留心太玄三十年既集諸說而爲註又作潛虛之書自通鑑視之則心學也今世

于筆力之所及者家傳人誦至于心思之所及則見者不傳傳者不習道極于微妙而不見于日用之間亦何貴乎道哉是故易所謂人道不過乎仁義玄所謂大訓不過乎忠孝虛所謂人務不過乎五十五行仰而推之以配三百六十五度日月不能越一度以周天人不能越一行以全德茲又述作之深意也學者盍以是求之

附錄

范純甫言公初官時年尚少家人每每見其臥齋中忽蹶起著公服執手版危坐久率以爲常竟莫識其意純甫嘗從容問之答曰吾時忽念天下事夫人以天下安危爲念豈可不敬邪 冷齋記

英宗疾既平皇太后還政公上疏言治身莫先于孝治國莫先于公其言切至皆母子間人所難言者 行狀

呂晦叔曰昨使契丹彼接伴問副使狄諮曰司馬中丞今爲何官諮曰爲翰林兼侍讀其人曰不爲中丞邪聞是人甚忠亮

上謂晦叔曰司馬光方直其如迂闊何晦叔曰孔子上聖子路猶謂之迂孟軻大賢時人亦謂之迂闊況光豈免此名大抵慮事深遠則近于迂矣願陛下更察之 並日錄

珍倣宋版印

魏公言君實初除樞副竟辭不受時公在魏聞之亟遣人齎書潞公勉之云主上倚重之厚庶幾行道道或不行然後去之可也似不須堅讓潞公以書呈君實君實云自古被這般官爵引得壞了名節爲不少矣後得寬夫書云君實作事今人所不可及須求之古人魏公語錄

蒲宗孟論人才及司馬光神宗曰未論別者卽辭樞密一節自朕卽位以來唯見此人靈武失利當宁慟哭歎曰誰爲朕言此者唯公著嘗數爲朕告用兵非好事及求宮寮曰莫如司馬光呂公著二人

梓材謹案此晁景迂初見欽宗之言

温公嘗謂金陵曰介甫行新法乃引用一副真小人或在清要或爲監司何也介甫曰方法行之初舊時人不肯向前因用一切有才力者候法行已成卽逐之卻用老成者守之所謂智者行之仁者守之温公曰介甫誤矣君子難進易退小人反是若小人得路豈可去也必成讎敵他日將悔之介甫默然後果有賣荊公者雖悔之無及

温公創獨樂園自傷不得與衆同也洛俗春日放園園丁得茶湯錢與主人平分一日園丁呂直納錢十千公令持去再三欲留公怒乃持去回顧曰只端明不愛錢餘十日呂直創一井亭問之乃用前日

公所不受十千也並元城語錄
潞公謂温公曰彥博留守北京遣人入大遼偵事回云見遼主大宴羣臣伶人劇戲作衣冠者見物必攫取懷之有從其後以鞭扑之者曰司馬端明邪君實清名在夷狄如此公愧謝
公嘗問康節曰光何如人曰君實脚踏實地人也公深以爲知言康節又曰君實九分人也其重之如此
公居洛嘗同范景仁登嵩頂由轘轅道之龍門涉伊水至香山憩石樓臨八節灘凡所經從多有詩什自作序曰遊山錄士大夫爭傳之公不喜肩輿山中亦乘馬路險策杖以行故嵩山題字云登山有道徐行則不困措足于平穩之地則不跌愼之哉並言行錄
程氏遺書曰先生每與君實說話不會放過如范堯夫十件事只爭得三四件便已先生曰君實只爲能受人盡言儘人忤逆更不怒便是好處
劉元城曰熙寧初温公諫用兵不留稾大意以富民與貧民鄰居爲喻
又曰金陵以兩府啗温公不可臺諫黨金陵者遂誣之如霍光事神廟曰司馬光豈有此元祐遂獲其用皆神廟保養成就之力

又曰微仲堯夫不知君子小人勢不兩立如冰炭故開倖門延入李清臣鄧温伯去正人易若反掌調停之說果何益乎昔温公爲相蓋知其後必有反覆之禍然生民之患如拯溺救焚何暇更顧異日一身之患

陳忠肅與龜山書曰凡温公之學主之以誠守之以謙得之十百而守之一二

又答楊游二公書曰司馬文正公最與康節善然未嘗及先天學蓋其學同而不同

汪玉山與何運使書曰温公有補文中子傳一卷比方得之其所去取略盡矣此外如所云楊素李德林見之類尤爲可笑論語于三家必云季康子孟懿子必稱孔子對曰蓋貴貴尊賢其義一也安有身爲布衣而于當時之執政曰素與吾言德林與吾言者哉

朱子曰温公可謂智仁勇他那治國救世處是甚次第其規模稍大又有學問其人嚴而正

又曰嘗得温公易說于洛人范仲彪炳文盡隨六二之中其後闕焉後數年好事者于北方互市得板本喜其復全然無以別其真僞

張南軒曰司馬温公改新法或勸其防後患公曰天若祚宋必無此

事更不論一己利害雖聖人不過如此說近于終條理者矣
劉漫堂麻城學記曰温公之學始于不妄語而成于脚踏實地學者
明乎是則暗室不可欺妻妾不可罔
魏鶴山師友雅言曰迂叟有言今人所謂文古人所謂辭也古之所
謂文觀乎天文以察時變觀乎人文以化成天下豈辭章之謂哉堯
之文思文王之所以爲文此聖人之文也下此則敏而好學不恥下
問爲孔文子之文
王深寧困學紀聞曰歐陽子之論篤矣而不以天參人之說或議其
失司馬公之學粹矣而王霸無異道之說或指其疵信乎立言之難

涑水講友

康節邵堯夫先生雍 別爲百源學案

獻公張橫渠先生載 別爲橫渠學案

純公程明道先生顥 別爲明道學案

正公程伊川先生頤 別爲伊川學案

縣令陳先生舜俞 別見安定學案

涑水學侶

祕書劉道原先生恕

劉恕字道原筠州人穎上令渙之子穎上以剛直不能事上官棄去家于廬山之陽歐陽兗公與穎上同年進士也高其節嘗作廬山高詩以美之先生少穎悟書過目即成誦八歲時坐客有言孔子無兄弟者先生應聲曰以其兄之子妻之一坐驚異未冠舉進士時有詔能講經義者別奏名先生以春秋禮記對先列註疏次引先儒異說末乃斷以己意凡二十問所對皆然主司異之擢爲第一先生強記博聞于書無所不覽精史學司馬温公修資治通鑑奏請同編修先生時爲和川令入贊史館凡魏晉以後事尤考證精詳温公悉委而取決焉與王荆公有舊欲引修三司條例先生以不習金穀爲辭因言天子方屬公大政宜恢張堯舜之道以佐明主不應以利爲先荆公怒與之絕温公出知永興軍先生以親老告歸南康乞監酒稅以就養許即官修書温公判西京御史臺先生奏請詣西京贊修道得風攣疾右手足廢然苦學如故少閒輒編次病亟乃止官至祕書丞卒年四十七先生爲學自歷數地理官職族姓至前代公府案牘皆取以審證求書不遠數百里身就之讀且鈔殆忘寢食偕温公游萬安山道旁有碑讀之乃五代列將人所不知名者先生能言其行事始終歸驗舊史信然宋次道知亳州家多書先生枉道借覽留旬日

盡其書而去目爲之翳著十國紀年四十二卷包犧至周厲王疑年譜共和至熙寧年略譜各一卷通鑑外紀十卷參史傳

謝山通鑑分修諸子攷曰胡梅磵曰温公修通鑑漢則劉攽三國迄于南北朝則劉恕唐則范祖禹此言不知其何所據予讀温公與醇夫帖子始知梅磵之言不然帖曰從唐高祖初起兵修長編至哀帝禪位止其起兵以前禪位以後事于今來所看書中見者亦請令書吏別用草紙錄出每一事中間空一行許以備翦黏隋以前與貢父梁以後與道原令各修入長編中蓋緣二君更不看此書若足下止修武德以後天祐以前則此等事迹盡成遺棄也觀于是言則貢父所修蓋自漢至隋而道原任五代明矣蓋貢父兄弟嘗著漢釋而道原有十國紀年故温公即其平日所長而用之而梅磵未之攷也貢父所修一百八十四卷醇夫所修八十一卷道原所修二十七卷而當時論者推道原之功爲多何也蓋温公平日服膺道原其通部義例多從道原商榷故分修雖止五代而實係全局副手觀道原子羲仲所紀可見也羲仲曰當時訪問疑事每卷皆數十條不能盡紀紀其質正舊史之謬者然則道原之功誠多矣

附錄

晁景迂與劉壯輿書曰十五六時在淮南立侍先丈之側蒙戒告無從妖學無讀妖言至今白首奉之不忘

祖望謹案道原每言荆公面帶妖氣

汪玉山與呂逢吉曰劉道原蘇子由皆疑周官子由以爲非周公之完書則可而道原詆之過矣孟子言諸侯去籍則所傳自非完書在愼擇之不可盡以爲不然

舍人劉公非先生攽 別見廬陵學案

涑水同調

中丞呂獻可先生誨

呂誨字獻可開封人正惠公端之孫也幼孤自力爲學家于洛陽性沈厚不妄交洛陽士人往往不之識進士及第累官權御史中丞是時王荆公以侍臣棄官家居朝野稱其材以爲古今少倫天子引參大政衆皆喜于得人先生獨以爲不然曰安石好執偏見天下必受其禍衆莫不怪之居無何荆公恃其材棄衆任己厭常爲苟多變更祖宗法專汲汲斂民財所愛信引拔多非其人天下大失望先生屢爭不能得乃抗章悉條其過失且曰誤天下蒼生必此人如久居廊

廟必無安靜之理又曰天下本無事但庸人擾之上遣使諭解先生執之愈堅乃罷中丞出知鄧州先生三居言責皆以彈奏大臣而去及荊公行新法司馬溫公始服其先見居洛病困目已瞑溫公往視之先生張目曰天下事尚可爲君實勉之參溫公傳家集

忠文范景仁先生鎮

正獻呂晦叔先生公著並爲范呂諸儒學案

龍學李公擇先生常別見范呂諸儒學案

懿簡趙先生瞻

趙瞻字大觀其先亳州永城人徙鳳翔之盩厔元祐三年累擢樞密直學士簽書樞密院事明年以中大夫同知院事五年卒贈銀青光祿大夫謚曰懿簡先生寬仁愛人色溫氣和人以爲長者紹聖中以傳會元祐諸臣追奪所贈官列于黨籍參史傳

獻簡傅先生堯俞

傅堯俞字欽之須城人徙居濟源先生十歲能文未冠登第重厚寡言遇人不設城府人不忍欺論事君前略無回隱退與人言不復有矜異色元祐四年累拜中書侍郎六年卒宣仁后謂輔臣曰傅侍郎清直一節始終不變金玉君子也方倚以爲相遽至是乎贈銀青光

祿大夫諡曰獻簡司馬温公嘗謂邵康節曰淸直勇三德人所難兼吾于欽之畏焉康節曰欽之淸而不耀直而不激勇而能温是爲難耳紹聖中以元祐黨人奪贈諡著名黨籍後黨錮解下詔褒贈錄其子同上

温靖孫先生固

孫固字和父管城人元祐二年知樞密院事累官右光祿大夫五年卒贈開府儀同三司諡曰温靖先生宅心誠粹不喜矯亢與人居久而益信故更歷夷險而不爲人所疾害嘗曰人當以聖賢爲師一節之士不足學也又曰以愛親之心愛其君則無不盡矣傅獻簡言司馬公之清節孫公之淳德蓋所謂不言而信者也世以爲確論紹聖時奪遺澤元符二年奪所贈官列元祐黨籍政和中徽宗以先生嘗爲神宗宮僚特出籍悉還所奪同上

修撰李先生周

李周字純之馮翊人登進士調長安尉轉洪洞令有善政神宗時以司馬温公薦召至訪以禦邊之術哲宗立累改集賢殿修撰紹聖中追貶賀州別駕復舊職先生自爲小官沈晦自匿未嘗私謁執政同上

涑水家學

諫議司馬先生康

司馬康字公休溫公子也雲濠案溫公無子以族人子公休爲之子見邵氏聞見錄幼端謹不妄言笑事父母至孝敏學過人博通古書以明經上第溫公修資治通鑑奏檢閱文字丁母憂勺飲不入口三日毀幾滅性溫公居洛士之從學者退與先生語未嘗不有得塗之人見其容止雖不識皆知其爲司馬氏子也以韓絳薦爲祕書由正字遷校書郎溫公薨治喪皆用禮經家法不爲世俗事得遺恩悉以與族人服除召爲著作佐郎兼侍講上疏言比年以來旱暵爲虐民多艱食若復一不稔則公私困竭盜賊可乘願及今秋熟令州縣廣糴民食所餘悉歸于官今冬來春令流民就食候鄉里豐穰乃還本土誠能捐數十萬金帛以爲天下大本則天下幸甚拜右正言以親嫌未就職爲哲宗言前世治少亂多祖宗創業之艱難積累之勤勞勸帝及時嚮學守天下大器且勸太皇太后每于禁中訓迪其言切至邇英進講又言孟子于書最醇正陳王道尤明白所宜觀覽帝曰方讀其書尋詔講官節以進先生自居父喪居廬疏食寢于地遂得腹疾至是不能朝謁賜優告疾且殆猶具疏所當言者以待曰得一

見天子極言而死無恨使召醫李積于兗積老矣鄉民聞之往告曰百姓受司馬公恩深今其子病願速往也來者日夜不絕積遂行至則不可爲矣年四十一而卒公卿嗟痛于朝士大夫相弔于家市井之人無不哀之詔贈右諫議大夫先生爲人廉潔口不言財初温公立神道碑帝遺使賜白金二千兩先生以費皆官給辭不受不聽遣家吏如京師納之乃止參史傳

梓材謹案温公令先生從學于范華陽詳見謝山所作正獻傳

附錄

姚福曰温公平生不喜孟子以爲僞書出于東漢因作疑孟論而其子公休乃曰孟子爲書最善直陳王道尤所宜觀至疾甚革猶爲孟子解二卷司馬父子同在館閣而其好尚不同乃如此然以父子至親而不爲苟同亦異乎阿其所好者矣

縣令司馬先生宏

司馬宏文正兄伯康之子也官陳留令紹聖黨事起以上書論辯得罪參史傳

司馬先生植別見百源學案

忠潔司馬先生朴

司馬朴字文季文正從孫陳留令宏之子少育于外祖范忠宣公忠宣責永州疾失明客至必令先生導以見時方七歲進退應對如成人客皆驚歎以忠宣遺恩爲官父死徒跣負柩還調晉甯參軍入爲虞部員外郎都城陷欽宗以爲兵部侍郎金人挾之北去後王倫使還言金命先生爲行臺左丞辭而止後卒于真定詔贈兵部尚書諡曰忠潔參史傳

司馬先生通國

司馬通國忠潔之子也忠潔使金金授以尚書左丞不屈然猶縱其出入而生先生名通國字武子取蘇武之意也先生有大志結北方之豪韓玉欲舉事紹興初玉南歸授江淮督府計議官玉兄璘尚在北張忠獻公因遣張蚪侯澤宻往大梁結之并致意先生次年復遣使行至亳州邏者得之先生同謀三百餘口俱死時金太子以都元帥守大梁乘十六傳而至將以三月十六日受任先生謀帥壯士劫之既得則舉事結約者二萬餘人而先生五日事已洩忠獻欲待入朝爲請卹會罷不果

涑水門人

忠定劉元城先生安世別爲元城學案

正獻范華陽先生祖禹別爲華陽學案

詹事晁景迂先生說之別爲景迂學案

節孝歐陽先生中立

歐陽中立袁州人初試部郎上書言新法不便以司馬温公門下坐廢遂不復起卒弟子私謚節孝先生參江西人物志

別駕樊先生資深

樊資深字逢源温文正公弟子也皇祐制科入仕累官潞州別駕剛介博洽居家力行任卹之惠

簽判田先生述古別見安定學案

學官尹先生材

尹材字處初洛人和靖之叔嘗遊温公康節之門温公入相先生以遺逸薦爲學官康節所謂洛中三賢之一也從黃氏補本錄入

雲濠謹案此傳蓋自和靖學案和靖傳中節錄爲傳故于彼傳删去温公入相以下二十餘字

教授張先生雲卿

張雲卿字伯紀洛陽人也學問該洽于經書無不讀時洛中三處士田述古明之尹材處初與先生也司馬温公居洛訪士于康節以三

人對已而田尹皆得遊温公之門先生未見康節以問温公曰田尹之賢信如先生言張君則或傳其旅殯父棺于和州而久不省故未敢與見康節歎曰張君孝子也其父以謫官死和州貧不能歸因寓其喪奉母歸洛貧甚府尹哀之俾爲國子監說書得月俸七千以養若爲和州之行當數月罷俸則母饑矣故不往也温公悵然曰光幾誤聽于是先生得見温公未幾先生母死徒步至和迎父柩歸葬焉温公入相田尹以遺逸先生以累舉特恩同除學官世以康節能成人文潞公之在洛也經史注疏或有遺忘必多從先生質之

李先生陶

李陶字唐父蜀人待制大臨子從司馬公于洛當時大老皆喜之在錢塘東坡送之詩云忠文文正二大老蘇李廣平三舍人喜見通家賢子弟因言得邑少風塵其趣遠矣參氏族譜

梓材謹案泰山學案馮信道傳稱先生學于温公最賢而通經是先生固涑水高第也

邢先生居實別見安定學案

牛先生師德別見百源學案

涑水私淑

忠肅陳了翁先生瓘別爲陳鄒諸儒學案

監稅唐先生廣仁別見陳鄒諸儒學案

司業黃先生隱

黃隱字從善初名降莆田人第進士甲科元豐中侍御史召對神宗問以學術時尊尙王氏而先生以司馬温公對不稱旨元祐初守國子司業力排王氏新語取三經板火之爲呂陶等所攻出守泗州歷監司郡守凡七任坐尊司馬氏學入元祐黨籍靖康初追贈直龍圖閣

梓材謹案謝山鮚埼亭集外編有記荊公三經新義篇言及先生焚書事詳見九十八卷新學略

道原家學

宣教劉漫翁先生義仲

劉義仲字壯輿筠州人道原之子也幼敏慧博洽嘗摘歐陽公五代史誤作糾繆司馬温公以其父有修通鑑功乞蔭其子補郊社齋郎清介有父風歷鉅野德安簿政和閒以蔡京薦召爲宣教郎編修官至京師絕不造謁一人昌言曰吾但知天子有命不知有薦我者竟棄官歸廬山自號漫浪翁參江西人物志

孫氏家學

學士孫先生朴

孫朴字元忠呂正獻所薦館職也嘗對滎陽公譏笑程正叔公云正叔有多少好事公都不說只揀他疑似處非笑何也元忠釋然心服不敢復議正叔蓋其服義亦少有也

梓材謹案先生爲温靖長子由滎陽學案滎陽公說移爲之傳

又案厚德錄載其官學士嘗爲呂居仁言元祐閒事與此略同

尹氏家學 涑水再傳

肅公尹和靖先生焞 別爲和靖學案

涑水續傳

隱君陸道鄉先生賀

陸賀字道鄉金溪人生有異稟端重不伐究心典籍見于躬行酌先儒冠昏喪祭之禮行之家家道之整著聞州里六子梭山復齋象山其最著者也 參象山文集

獻靖朱韋齋先生松 別見豫章學案

文簡李巽巖先生燾

李燾字仁甫丹稜人紹興八年進士第知雙流縣以餘暇力學先生

恥讀王氏書獨博極載籍披羅百氏慨然以史自任倣司馬溫公資治通鑑例斷自建隆迄于靖康爲編年一書名曰長編浩大未畢仍效溫公體爲百官公卿表史官以聞詔給札來上乾道四年上續通鑑長編自建隆至治平凡一百八卷歷權禮部侍郎請正太祖東嚮之位駕幸太學論兩學釋奠從祀孔子當升范仲淹歐陽修司馬光蘇軾黜王安石父子從祀武成王當黜李勣衆議不叶止黜王雱而已真拜侍郎兼工部出知常德遂寧長編全書成上之詔藏祕閣先生自謂此書寧失之繁無失之略故一祖八宗之事凡九百七十八卷卷第總目五卷上謂其書無愧司馬遷進敷文閣待制同修國史薦尤袤劉清之等十人爲史官淳熙十一年乞致仕病革口占遺表云臣年七十死不爲夭所恨報國缺然願陛下經遠以藝祖爲師用人以昭陵爲則辭氣舒徐乃卒贈光祿大夫先生性剛大特立獨行早著書秦檜當路檜死始聞于朝既在從列每正色以訂國論張宣公嘗曰李仁甫如霜松雪柏無嗜好無姬侍不殖產平生生死文字間長編一書用力四十年葉水心以爲春秋以後纔有此書有易學五卷春秋學十卷五經傳授尙書百篇圖大傳雜說各一卷七十二子名籍考一卷文集五十卷奏議三十卷四朝史稿十卷通論十卷

南北攻守錄三十卷七十二侯圖陶潛新傳幷詩譜各三卷歷代宰相年表唐宰相譜江左方鎭年表晉司馬光本支齊梁本支王謝世表五代將帥年表合爲四十一卷謚文簡累贈太師温國公 參史傳

黄氏續傳

侍郎黄先生黼

黄黼字元章餘杭人隱之曾孫乾道閒進士遷太常博士輪對稱旨進祕書郎尋除兩浙轉運副使時毗陵民饑取糟粃雜草根爲食郡縣不以聞先生取民食以進乞捐僧牒緡錢濟之全活甚衆仕至權兵部侍郎 參姓譜

道鄉家學

從政陸先生九思

陸九思字子彊梭山長兄也預鄉舉封從政郎有家問朱子爲之序梭山撰行狀略云家問所以訓飭其子孫者不以不得科舉爲病而深以不識禮義爲憂其慇懃懇切反覆曉譬說盡事理無一毫勉強緣飾之意而慈祥篤實之氣藹然諷味數回不能釋手云 參象山年譜

修職陸庸齋先生九皋

陸九皐字子昭梭山第三兄少力學文行俱優預鄉舉晚得官終修職郎監潭州南嶽廟先生率諸弟講學從遊者多有聞嘗名其所居齋曰庸學者因號庸齋先生卒年六十七象山表其墓稱先生持論根據經理恥穿鑿之習壯年以呂氏次序大學章句猶有未安于是自爲次序著有文集參象山文集

梓材謹案先生率諸弟講學是三陸之學固皆導于先生也

隱君陸梭山先生九韶

文達陸復齋先生九齡並爲梭山復齋學案

文安陸象山先生九淵別爲象山學案

巽巖家學

文懿李雁湖先生壁

文肅李悅齋先生埴並見嶽麓諸儒學案

庸齋門人

通判劉淳叟堯夫別見槐堂諸儒學案

宋元學案卷八

宋源學案表

邵雍

祖德新

父古

附師李之才

涑水講友

弟睦

子伯温

孫溥 別見劉李諸儒學案

趙鼎 別爲趙張諸儒學案

司馬植

王豫

張崏 並爲王張諸儒學案

呂希哲 別爲滎陽學案

呂希績

呂希純 並見范呂諸儒學案

李籲 別爲劉李諸儒學案

周純明 別見劉李諸儒學案

田述古 別見安定學案

尹材

張雲卿並見涑水學案
又九人並見王張諸儒學案
私淑晁說之別爲景迂學案
陳瓘別爲陳鄒諸儒學案
牛師德——子思純
劉衡
蔡發附見西山蔡氏學案
王湜
張行成別爲張祝諸儒學案
並百源續傳
富弼別見高平學案
程珦別見濂溪學案
並百源講友
張載別爲橫渠學案

程顥別爲明道學案

程頤別爲伊川學案

並百源學侶

宋元學案卷九

餘姚黃宗羲原本　　後學慈谿馮雲濠校刊

男百家纂輯　　鄞縣王梓材重校

鄞縣全祖望次定　　道州何紹基重刊

百源學案上

祖望謹案康節之學別爲一家或謂皇極經世秖是京焦末流然康節之可以列聖門者正不在此亦猶溫公之造九分者不在潛虛也述百源學案梓材案盧氏藏底作康節學案又有作百泉學案者本傳堯夫居蘇門山百源之上明道先生誌墓云先生始學于百原蓋原爲源之本文泉又原之省文爾

涑水講友

康節邵堯夫先生雍祖德新父古附師李之才

邵雍字堯夫其先范陽人曾祖令進以軍職逮事藝祖始家衡漳祖德新父古皆隱德不仕先生幼從父遷河南雲濠案明道誌先生墓云幼從父從共城晚遷河南今曰幼從父遷河南蓋誤卽自雄其才力慕高遠謂先王之事必可致居蘇門山百源之上布裘蔬食躬爨養父之餘刻苦自勵者有年已而嘆曰昔人尚友千古吾獨未及四

方于是踰河汾涉淮漢周流齊魯宋鄭之墟而始還時北海李之才攝共城令授以圖書先天象數之學先生探賾索隱妙悟神契多所自得蓬蓽甕牖不蔽風雨而怡然有以自樂人莫能窺也富鄭公司馬溫公呂申公退居洛中爲市園宅出則乘小車一人挽之任意所適士大夫識其車音爭相迎候童孺廝隸皆曰吾家先生至也不復稱其姓字遇人無貴賤賢不肖一接以誠羣居燕飲笑語終日不甚取異于人樂道人之善而未嘗及其惡故賢者悅其德不賢者喜其真久而益信服之嘉祐中詔舉遺逸留守王拱辰薦之授試將作監簿先生不赴熙寧初復求逸士中丞呂誨等復薦之補潁州團練推官皆三辭而後受命終不之官新法作仕州縣者皆欲解綬而去先生曰此正賢者所當盡力之時能寬一分則民受一分之賜矣王安石罷相呂惠卿參政富公憂之先生曰二人本以勢利合勢利相敵將自爲仇矣不暇害他人也未幾惠卿果叛安石先是于天津橋上聞杜鵑聲先生慘然不樂曰不二年南士當入相天下自此多事矣或問其故曰天下將治地氣自北而南將亂自南而北今南方地氣至矣禽鳥得氣之先者也至是其言乃驗疾革謂司馬公曰試與觀化一遭公曰未應至此先生笑曰死生亦常事爾橫渠問疾論命先

生曰天命則已知之世俗所謂命則不知也伊川曰先生至此他人無以爲力願自主張先生曰平生學道豈不知此然亦無可主張伊川問從此永訣更有見告乎先生舉兩手示之伊川曰何謂也曰面前路徑須令寬路窄則自無著身處況能使人行也先生居內寢議事者在外甚遠皆能聞之召其子伯温謂曰諸公欲葬我近地不可當從先塋爾墓誌必以屬吾伯淳熙寧十年七月五日卒年六十七程伯子爲銘其墓雲濠案先生既卒贈秘書省著作郎元祐中賜謚曰康節初歐陽棐過洛見先生先生自序其履歷甚詳臨別屬之曰願足下異日無忘此言棐受而疑之所謂不忘者亦何事邪後二十年棐入太常爲博士當作謚議方知先生所屬者在是也所著有觀物篇漁樵問答伊川擊壤集先天圖皇極經世等書咸淳初從祀孔子廟庭追封新安伯明嘉靖中祀稱先儒邵子

百家謹案周程張邵五子並時而生又皆知交相好聚奎之占可謂奇驗而康節獨以圖書象數之學顯攷其初先天卦圖傳自陳摶摶以授种放放授穆修修授李之才之才以授先生顧先生之教雖受于之才其學實本于自得始學于百源堅苦刻厲冬不爐夏不扇日不再食夜不就席者凡數年大名王豫嘗

于雪中深夜訪之猶見其儼然危坐蓋其心地虛明所以能推見得天地萬物之理即其前知亦非術數比明道嘗謂先生振古之豪傑又曰內聖外王之道也有問朱子康節心胸如此快活廣大安得如之答曰他是甚麼樣工夫又有問朱子學者有厭拘檢樂放舒惡精詳喜簡便者自謂慕堯夫爲人何如曰邵子這道理豈易及哉他胸襟中這箇學能包括宇宙始終古今如何不做得大放得下今人卻恃箇甚敢復如此

觀物內篇

百家謹案先生觀物內外篇內篇先生所自著外篇門弟子所記述內篇註釋先生子伯温也

物之大者無若天地然而亦有所盡也天之大陰陽盡之矣地之大剛柔盡之矣陰陽盡而四時成焉剛柔盡而四維成焉夫四時四維者天地至大之謂也凡言大者無得而過之也亦未始以大爲自得故能成其大豈不謂至偉者與天生于動者也地生于靜者也一動一靜交而天地之道盡之矣動之始則陽生焉動之極則陰生焉一陰一陽交而天之用盡之矣靜之始則柔生焉靜之極則剛生焉一剛一柔交而地之用盡之矣動之大者謂之太陽動之小者謂之少

陽靜之大者謂之太陰靜之小者謂之少陰太陽爲日太陰爲月少陽爲星少陰爲辰（辰者天之土不見而屬陰）日月星辰交而天之體盡之矣太柔爲水太剛爲火少柔爲土少剛爲石水火土石交而地之體盡之矣

或曰皇極經世舍金木水火土而用水火土石何也曰日月星辰天之四象也水火土石地之四體也金木水火土者五行也四象四體先天也五行後天也先天後天之所自出也水火土石五行之所自出也水火土石本體也金木水火土致用也以其致用故謂之五行行乎天地之閒者也水火土石蓋五行在其閒矣金出于石而木生于土有石而後有金有土而後有木金者從革而後成木者植物之一類也是豈舍五行而不用哉五行在其閒者此之謂也皇極經世用水火土石以其本體也洪範用金木水火土以其致用也皆有所主其歸則一

混成一體謂之太極太極既判初有儀形謂之兩儀兩儀又判而爲陰陽剛柔謂之四象四象又判而爲太陽少陽太陰少陰太剛少剛太柔少柔而成八卦太陽少陽太陰少陰成象于天而爲日月星辰太剛少剛太柔少柔成形于地而爲水火土石八者具備

然後天地之體備矣天地之體備而後變化生成萬物也所謂八者亦本乎四而已在天成象日也在地成形火也陽燧取于日而得火火與日本乎一體也在天成象月也在地成形水也方諸取于月而得水水與月本乎一體也在天成象星也在地成形石也星隕而爲石石與星本乎一體也在天成象辰也在地成形土也自日月星之外高而蒼蒼者皆辰也自水火石之外廣而厚者皆土也辰與土本乎一體也天地之閒猶形影聲響之相應象見乎上體必應乎下皆自然之理也蓋日月星辰猶人之有耳目口鼻水火土石猶人之有血氣骨肉故謂之天地之體陰陽剛柔則猶人之精神而所以主耳目口鼻血氣骨肉者也故謂之天地之用

日爲暑月爲寒星爲晝辰爲夜寒暑晝夜交而天之變盡之矣水爲雨水氣所化火爲風火氣所化土爲露土氣所化石爲雷石氣所化四者又交相化焉故雨有水雨有火雨有土雨有石雨水雨則爲霖霈之雨火雨則爲苦暴之雨土雨則爲霡霂之雨石雨則爲雹凍之雨所感之氣如此皆可以類推也雨風露雷交而地之化盡之矣

暑變物之性寒變物之情晝變物之形夜變物之體性情形體交而動植之感盡之矣雨化物之走風化物之飛露化物之草雷化物之

木走飛草木交而動植之應盡之矣

人之所以靈于萬物者謂其目能收萬物之色耳能收萬物之聲鼻能收萬物之氣口能收萬物之味聲色氣味者萬物之體也耳目鼻口者萬人之用也體無定用惟變是用用無定體惟化是體體用交而人物之道于是乎備矣然則人亦物也聖亦人也有一物之物有十物之物有百物之物有千物之物有萬物之物有億物之物有兆物之物生一物之物當兆物之物者豈非人乎有一人之人有十人之人有百人之人有千人之人有萬人之人有億人之人有兆人之人生一人之人當兆人之人者豈非聖乎是知人也者物之至者也聖也者人之至者也人之至者謂其能以一心觀萬心一身觀萬身一世觀萬世者焉其能以心代天意口代天言手代天工身代天事者焉其能以上識天時下盡地理中盡物情通照人事者焉其能以彌綸天地出入造化進退古今表裏人物者焉

易曰窮理盡性以至于命所以謂之理者物之理也所以謂之性者天之性也所以謂之命者處理性者也所以能處理性者非道而何是知道爲天地之本天地爲萬物之本以天地觀萬物則萬物爲物以道觀天地則天地亦爲萬物道之道盡于天矣天之道盡于地矣

天地之道盡于物矣天地萬物之道盡于人矣人能知天地萬物之道所以盡于人者然後能盡民也天之能盡物則謂之昊天人之能盡民則謂之聖人

夫昊天之盡物聖人之盡民皆有四府焉昊天之四府者春夏秋冬之謂也陰陽升降于其閒矣聖人之四府者易書詩春秋之謂也禮樂汙隆于其閒矣

孔子贊易自羲軒而下序書自堯舜而下刪詩自文武而下修春秋自桓文而下自羲軒而下祖三皇也自堯舜而下宗五帝也自文武而下子三王也自桓文而下孫五霸也

夫古今者在天地之閒猶旦暮也以今觀今則謂之今矣以後觀今則今亦謂之古矣以今觀古則謂之古矣以古自觀則古亦謂之今矣是知古亦未必爲古今亦未必爲今皆自我而觀之也安知千古之前萬古之後其人不自我而觀之也

人皆知仲尼之爲仲尼不知仲尼之所以爲仲尼則舍天地將奚之焉人皆知天地之爲天地不知天地之所以爲天地則舍動靜將奚之焉夫一動一靜者天地之至妙者與夫一動一靜之閒者天地人之至妙至妙者與是故知仲尼之所以能盡三才之道者謂其行無

轍迹也故有曰予欲無言又曰天何言哉四時行焉百物生焉其斯之謂與

夫好生者生之徒也好殺者死之徒也周之好生也以義漢之好生也亦以義秦之好殺也以利楚之好殺也亦以利周之好生也以義而漢且不及秦之好殺也以利而楚又過之天之道人之情又奚擇于周秦漢楚哉擇乎善惡而已是知善也者無敵于天下而天下共善之惡也者亦無敵于天下而天下共惡之天之道人之情又奚擇于周秦漢楚哉擇乎善惡而已矣天與人相爲表裏天有陰陽人有邪正邪正之由繫乎上之所好也上好德則民用正上好佞則民用邪邪正之由有自來矣雖聖君在上不能無小人是難其爲小人雖庸君在上不能無君子是難其爲君子自古聖君之盛未有如唐堯之世君子何其多邪時非無小人也是難其爲小人故君子多也所以雖有四凶不能肆其惡自古庸君之盛未有如商紂之世小人何其多邪時非無君子也是難其爲君子故小人多也所以雖有三仁不能遂其善是知君擇臣臣擇君者是繫乎人也君得臣臣得君者是非繫乎人也繫乎天也

夫天下將治則人必尚行也天下將亂則人必尚言也尚行則篤實

之風行焉尚言則詭譎之風行焉天下將治則人必尚義也天下將亂則人必尚利也尚義則謙讓之風行焉尚利則攘奪之風行焉三王尚行者也五霸尚言者也尚行必入于義也尚言必入于利也義利之相去一何遠之如是邪是知言之于口不若行之于身行之于身不若盡之于心言之于口人得而聞之行之于身人得而見之盡之于心神得而知之人之聰明猶不可欺況神之聰明乎是知無愧于口不若無愧于身無愧于身不若無愧于心無口過易無身過難無身過易無心過難既無心過何難之有吁安得無心過之人而與之語心哉是知聖人所以能立無過之地者謂其善事于心者也

天由道而生地由道而成人物由道而行天地人物則異也其于由道則一也夫道也者道也道無形行之則見之于事矣如道路之道坦然使千億萬年行之人知其歸者也

夫所以謂之觀物者非以目觀之也非觀之以目而觀之以心也非觀之以心而觀之以理也聖人之所以能一萬物之情者謂其能反觀也所以謂之反觀者不以我觀物也不以我觀物者以物觀物之謂也既能以物觀物又安有我于其間哉

日經天之元月經天之會星經天之運辰經天之世以日經日則元

之元可知矣以日經月則元之會可知矣以日經星則元之運可知矣以日經辰則元之世可知矣以月經日則會之元可知矣以月經月則會之會可知矣以月經星則會之運可知矣以月經辰則會之世可知矣以星經日則運之元可知矣以星經月則運之會可知矣以星經星則運之運可知矣以星經辰則運之世可知矣以辰經日則世之元可知矣以辰經月則世之會可知矣以辰經星則世之運可知矣以辰經辰則世之世可知矣元之元一元之會十二元之運三百六十元之世四千三百二十會之元十二會之會一百四十四會之運四千三百二十會之世五萬一千八百四十運之元三百六十運之會四千三百二十運之運一十二萬九千六百運之世一百五十五萬五千二百世之元四千三百二十世之會五萬一千八百四十世之運一百五十五萬五千二百世之世一千八百六十六萬二千四百

以日經日爲元之元其數一日之數一故也以日經月爲元之會其數十二月之數十二故也以日經星爲元之運其數三百六十星之數三百六十故也以日經辰爲元之世其數四千三百二十辰之數四千三百二十故也則是日爲元月爲會星爲運辰爲世

此皇極經世一元之數也一元象一年十二會象十二月三百六十運象三百六十日四千三百二十世象四千三百二十時也蓋一年有十二月三百六十日四千三百二十時故也經世一元十二會三百六十運四千三百二十世一世三十年是爲一十二萬九千六百年是爲皇極經世一元之數一元在大化之閒猶一年也自元之元更相變而至于辰之元自元之辰更相變而至于辰之辰而後數窮矣窮則變變則生生而不窮也皇極經世但著一元之數使人伸而引之可至于終而復始也其法皆以十二三十相乘十二三十日月之數也其消息盈虛之說不著于書使人得而求之蓋藏諸用也此易所謂天地之數也

太陽之體數十太陰之體數十二少陽之體數十少陰之體數十二少剛之體數十少柔之體數十二太剛之體數十太柔之體數十二進太陽少陽太剛少剛之體數退太陰少陰太柔少柔之體數是謂太陽少陽太剛少剛之用數進太陰少陰太柔少柔之體數退太陽少陽太剛少剛之體數是謂太陰少陰太柔少柔之用數太陽少陽太剛少剛之體數一百六十太陰少陰太柔少柔之體數一百九十二太陽少陽太剛少剛之用數一百一十二太陰少陰太柔少柔之

用數一百五十二以太陽少陽太剛少剛之用數倡太陰少陰太柔少柔之用數是謂日月星辰之變數以太陰少陰太柔少柔之用數和太陽少陽太剛少剛之用數是謂水火土石之化數日月星辰之變數一萬七千二十四謂之動數水火土石之化數一萬七千二十四謂之植數再倡和日月星辰水火土石之變化通數二萬八千九百八十一萬六千五百七十六謂之動植通數

日爲太陽其數十月爲太陰其數十二星爲少陽其數十辰爲少陰其數十二石爲少剛其數十土爲少柔其數十二火爲太剛其數十水爲太柔其數十二太陽少陽太剛少剛之本數四十太陰少陰太柔少柔之本數四十有八以四因四十得一百六十以四因四十八得一百九十二是謂太陽少陽太陰少陰太剛少剛太柔少柔之體數一百六十數之內退四十八得一百一十二一百九十二數內退四十得一百五十二是謂太陽少陽太陰少陰太剛少剛太柔少柔之用數也陰陽剛柔互相進退去其體數而所存者謂之用數陰陽剛柔所以相進退者陽中有陰陰中有陽剛中有柔柔中有剛天地交際之道也以一百一十二因一百五十二得一萬七千二十四謂之水火土石之化數以一百五十二因

一百一十二得一萬七千二十四謂之日月星辰之變數變數謂之動數化數謂之植數以一萬七千二十四因一萬七千二十四得二萬八千九百八十一萬六千五百七十六是謂動植之通數此易所謂萬物之數也或曰經世之數與大衍之數不同何也曰易用九六經世用十十二用十十二用極數也十去其一則九矣十二分而爲二則六矣故曰陽也止于十月陰也止于十二此之謂極數大衍經世皆本于四四者四象之數也故大衍四四因九得三十六是謂乾一爻之策數四因六得二十四是謂坤一爻之策數六因三十六得二百一十有六是謂乾一卦之策數六因二十四得一百四十有四是謂坤一卦之策數乾坤之策凡三百六十也三十二因二百一十六得六千九百一十有二是謂三十二陽卦之策數三十二因一百四十有四得四千六百有八是謂三十二陰卦之策數合二篇之策凡萬有一千五百二十也如太玄之數則用三數聖賢立法不同其所以爲數則一也

日月星辰者變乎暑寒晝夜者也水火土石者化乎雨風露雷者也暑寒晝夜者變乎性情形體者也雨風露雷者化乎走飛草木者也性情形體者本乎天者也走飛草木者本乎地者也本乎天者分陰

分陽之謂也本乎地者分柔分剛之謂也夫分陰分陽分柔分剛者天地萬物之謂也備天地萬物者人之謂也

觀物外篇

性非體不成體非性不生陽以陰爲體陰以陽爲性動者性也靜者體也在天則陽動而陰靜在地則陽靜而陰動性得體而靜體隨性而動是以陽舒而陰疾也陽不能獨立必得陰而後立故陽以陰爲基陰不能自見必待陽而後見故陰以陽爲倡陽知其始而享其成陰效其法而終其勞陽能知而陰不能知陽能見而陰不能見也能知能見者爲有故陽性有而陰性無也陽有所不徧而陰無所不徧也陽有去而陰常居也無不徧而常居者爲實故陽體虛而陰體實也自下而上謂之升自上而下謂之降升者生也降者消也故陽生于下而陰生于上是以萬物皆反陰生陽陽生陰陰復生陽陽復生陰是以循環而無窮也

天地之本其起于中乎是以乾坤交變而不離乎中人居天地之中心居人之中日中則盛月中則盈故君子貴中也

本一氣也生則爲陽消則爲陰故二者一而已矣四者二而已矣六者三而已矣八者四而已矣是以言天而不言地言君而不言臣言

父而不言子言夫而不言婦也然天得地而萬物生君得臣而萬物化行父得子夫得婦而家道成故有一則有二有二則有四有三則有六有四則有八

氣則養性性則乘氣故氣存則性存性動則氣動也堯之前先天也堯之後後天也後天乃效法耳

氣一而已主之者神也神亦一而已乘氣而變化能出入于有無死生之閒無方而不測者也

時然後言乃應變而言言不在我也

氣者神之宅也體者氣之宅也

陸中之物水中必具者猶影象也陸多走水多飛者交也是故巨于陸者必細于水巨于水者必細于陸也虎豹之毛猶草也鷹鸇之羽猶木也人之骨巨而體繁木之幹巨而葉繁應天地之數也動者體橫植者體縱人宜橫而反縱也

動物謂鳥獸體皆橫生橫者爲緯故動植物謂草木體皆縱生縱者爲經故靜非惟鳥獸草木上而列宿下而山川莫不皆然至于人亦動物體宜橫而反縱此所以異于萬物爲最貴也

天有四時地有四方人有四支是以指節可以觀天掌文可以察地

天地之理具乎指掌矣可不貴之哉

天圓而地方天南高而北下是以望之如倚蓋焉地東南下西北高是以東南多水西北多山日行陽度則盈行陰度則縮賓主之道也月去日則明生而遲近日則魄生而疾君臣之義也陽消則生陰故日下而月西出也陰盛則敵陽故日望而月東出也天爲父日爲子故天左旋日右行日爲夫月爲婦故日東出月西出也

月本無光借日光以爲光及其盛也遂與陽敵爲人君者可不愼哉

陽得陰而爲雨陰得陽而爲風剛得柔而爲雲柔得剛而爲雷無陰則不能爲雨無陽則不能爲雷雨柔也而屬陰陰不能獨立故待陽而後興雷剛也而屬體體不能自用必待陽而後發也雲有水火土石之異他類亦然

張嵲曰水火土石地之體也凡物皆具地之體先生曰水雨霖火雨暴土雨濛石雨雹水風涼火風熱土風和石風烈水雲黑火雲赤土雲黄石雲白水雷霳火雷虩土雷連石雷霹故一物必通四

象

象起于形數起于質名起于言意起于用天下之數出于理違乎理

則入于術世人以數而入術故失于理也天下之事皆以道致之則休戚不能至矣

天之神棲于日人之神發于目人之神寤則棲心寐則棲腎所以象天也晝夜之道也

夫卦各有性體然皆不離乾坤之門如萬物受性于天而各爲其性也在人則爲人之性在禽獸則爲禽獸之性在草木則爲草木之性

天以氣爲主體爲次地以體爲主氣爲次在天在地者亦如之

天之象數則可得而推如其神用則不可得而測也自然而然者天也惟聖人能索之效法者人也若時行時止雖人也亦天神者人之主將寐在脾熟寐在腎將寤在肝正寤在心

將寐在脾猶時之秋也熟寐在腎猶時之冬也將寤在肝猶時之春也正寤在心猶時之夏也

以物觀物性也以我觀物情也性公而明情偏而暗

天地之大寤在夏人之神則存于心

鮑時日午則日隨天在南子則日隨天在北一日之寤寐也夏則日正在午冬則日正在子一年之寤寐也日者天之神也人之神晝在心夏也夜在腎冬也

火無體因物以爲體金石之火烈于草木之火者因物而然也歷不能無差今之學歷者但知歷法不知歷理能布算者洛下閎也能推布者甘公石公也洛下閎但知歷法揚雄知歷法又知歷理

百家謹案細觀太玄子雲便未即知歷理

學不至于樂不可謂之學

漢儒以反經合道爲權得一端者也權所以平物之輕重聖人行權酌其輕重而行之合其宜而已故執中無權者猶爲偏也夫易者聖人長君子消小人之具也及其長也闢之于未然及其消也闔之于未然一消一長一闔一闢渾渾然無迹非天下之至神其孰能與于此

知易者不必引用講解是爲知易孟子之言未嘗及易其閒易道存焉但人見之鮮耳人能用易是爲知易如孟子所謂善用易者也

月者日之影也情者性之影也心性而膽情性神而情鬼

心爲太極又曰道爲太極

形可分神不可分

木結實而種之又成是木而結是實木非舊木也此木之神不二也此實生生之理也

以物喜物以物悲物此發而中節者也

不我物則能物物

任我則情情則蔽蔽則昏矣因物則性性則神神則明矣潛天潛地不行而至不爲陰陽所攝者神也

先天之學心也後天之學迹也出入有無死生者道也

神無所在無所不在至人與他心通者以其本于一也道與一神之强名也以神爲神者至言也

陰對陽爲二然陽來則生陽去則死天地萬物生死主于陽則歸之于一也

神無方而性有質

凡人之善惡形于言發于行人始得而知之但萌諸心發乎慮鬼神已得而知之矣此君子所以慎獨也

人之類備乎萬物之性

人之神則天地之神人之自欺所以欺天地可不慎哉

物理之學或有所不通不可以强通强通則有我有我則失理而入于術矣

心一而不分則能應萬變此君子所以虛心而不動也

君子之學以潤身爲本其治人應物皆餘事也

兌說也其他說皆有所害惟朋友講習無說于此故言其極者也

能循天理動者造化在我也

學不際天人不足以謂之學

人必內重內重則外輕苟內輕必外重好利好名無所不至

天下言讀書者不少能讀書者少若得天理眞樂何書不可讀何堅不可破何理不可精

所行之路不可不寬寬則少礙

天主用地主體聖人主用百姓主體故日用而不知

天使我有是之謂命命之在我之謂性性之在物之謂理

劉絢問無爲對曰時然後言人不厭其言樂然後笑人不厭其笑義然後取人不厭其取此所謂無爲也

金須百鍊然後精人亦如此

多聞擇其善者而從之雖多聞必擇善而從之多見而識之識別也雖多見必有以別之

鬼神者無形而有用其情狀可得而知也于用則可見之矣若人之耳目鼻口手足草木之枝葉華實顏色皆鬼神之所爲也福善禍淫

主之者誰邪聰明正直有之者誰邪不疾而速不行而至任之者誰邪皆鬼神之情狀也

太羹可和元酒可漓則是造化亦可和可漓也

易地而處則無我也

思慮一萌鬼神得而知之矣故君子不可不慎獨

漁樵問答

百家謹案黃氏日鈔云伊川至論第八卷載漁樵問答蓋世傳以爲康節書者不知何爲亦剿入其中近世昭德先生晁氏讀書記疑此書爲康節子伯温所作今觀其書惟天地自相依附數語爲先儒所取餘多膚淺子文得家庭之說而附益之明矣今去其問答浮詞并與觀物篇重出者存其略焉

祖望謹案晁氏但云邵氏言其祖之書也是蓋疑詞而亦未嘗竟以爲伯温作也但劉左史安節集中亦載此篇而頗略則更可怪左史未必爲此文也

漁者曰可以意得者物之性也可以言傳者物之情也可以象求者物之形也可以數取者物之體也用也者妙萬物爲言者也可以意得而不可以言傳

樵者曰天地之道備于人萬物之道備于身衆妙之道備于神天下之能事畢矣又何思何慮

漁者曰以我徇物則我亦物也以物徇我則物亦我也我物皆致意由是明天地亦萬物也萬物亦我也我亦萬物也何物不我何我不物如是則可以宰天地可以司鬼神而況于人乎況于物乎

樵者問漁者曰天何依曰依乎地地何附曰附乎天曰然則天地何依何附曰自相依附天依形地附氣其形也有涯其氣也無涯有無之相生形氣之相息終則有始終始之間天地之所存乎天以用爲本以體爲末地以體爲本以用爲末利用出入之謂神名體有無之謂聖惟神與聖能參乎天地者也

竊人之財謂之盜其始取之也惟恐其不多也及其敗露也惟恐其多矣夫賄之與贓一物也而兩名者利與害故也竊人之美謂之徼其始取之惟恐其不多也及其敗露也惟恐其多矣夫譽之與毀一事也而兩名者名與實故也凡言朝者萃名之所也市者聚利之地也能不以爭處乎其間雖一日九遷一貨十倍何害生實喪之有邪是知爭也者取利之端也讓也者趨名之本也利至則害生名興則實喪利至名興而無害生喪實之患唯有德者能之

樵者曰人有禱鬼神而求福者福可禱而求邪求之而可得邪敢問其所以曰語善惡者人也禍福者天也天道福善而禍淫鬼神其能違天乎自作之咎固難逃已天降之災禳之奚益修德積善君子常分安有餘事于其閒哉樵者曰有爲善而遇禍有爲惡而獲福者何也漁者曰有幸有不幸也幸不幸命也當不當分也一命一分人其逃乎曰何爲分何爲命曰小人之遇福非分也有命也當禍分也非命也君子之遇禍非分也有命也當福分也非命也

漁者謂樵者曰人之所謂親莫如父子也人之所謂疏莫如路人也利害在心則父子過路人遠矣父子之道天性也利害猶或奪之況非天性者乎夫利害之移人如是之深也可不慎乎路人之相逢則過之固無相害之心焉無利害在前故也有利害在前則路人與父子又奚擇焉路人之能相交以義又何況父子之親乎夫義者讓之本也利者爭之端也讓則有仁爭則有害仁與害何相去之遠也堯舜亦人也桀紂亦人也人與人同而仁與害異爾仁因義而起害因利而生以利不以義則臣弑其君者有焉子弑其父者有焉豈若路人之相逢一日而交袂于中逵者哉

樵者謂漁者曰无妄災也敢問其故曰妄則欺也得之必有禍斯有

妄也順天而動有禍及者非禍也災也猶農有思豐年而不勤稼穡者其荒也不亦禍乎農有勤稼穡而復敗諸水旱者其荒也不亦災乎故象言先王以茂對時育萬物者貴不妄也

漁者謂樵者曰春爲陽始夏爲陽極秋爲陰始冬爲陰極陽始則温陽極則熱陰始則涼陰極則寒温則生物熱則長物涼則收物寒則殺物皆一氣其別而爲四焉其生萬物也亦然

樵者謂漁者曰人謂死而有知有諸曰有之曰何以知其然曰以人知之曰何者謂之人曰耳目鼻口心膽脾腎之氣全謂之人心之靈曰神膽之靈曰魄脾之靈曰魂腎之靈曰精心之神發乎目則謂之視腎之精發乎耳則謂之聽脾之魂發乎鼻則謂之臭膽之魄發乎口則謂之言八者具備然後謂之人夫人者天地萬物之秀氣也然而亦有不中者各求其類也若全得人類則謂之曰全人之人夫全類者天地萬物之中氣也謂之曰全德之人也全德之人者人之人者也夫人之人者仁人之謂也惟全人然後能當之人之生也謂其氣行人之死也謂其形返氣行則神魂交形返則精魄存神魂行于天精魄返于地行于天則謂之曰陽行返于地則謂之曰陰返陽行則晝見而夜伏者也陰返則夜見而晝伏者也是故知日者月之形

也月者日之影也陽者陰之形也陰者陽之影也人者鬼之形也鬼者人之影也人謂鬼無形而無知者吾不信也

漁者問樵者曰小人可絕乎曰不可君子稟陽正氣而生小人稟陰邪氣而生無陰則陽不成無小人則君子亦不成唯以盛衰乎其間也陽六分則陰四分陰六分則陽四分陰陽相半則各五分矣由是知君子小人之時有盛衰也世治則君子六分君子六分則小人四分小人固不勝君子矣亂世則反是君君臣臣父父子子兄兄弟弟夫夫婦婦謂各安其分也君不君臣不臣父不父子不子兄不兄弟不弟夫不夫婦不婦謂各失其分也此則由世治世亂使之然也君子常行勝言小人常言勝行故世治則篤實之士多世亂則緣飾之士衆篤實鮮不成事緣飾鮮不敗事成多國興敗多國亡家亦由是而興亡也夫興國興家之人與亡國亡家之人相去一何遠哉

樵者問漁者曰人所謂才者有利焉有害焉者何也漁者曰才一也利害二也有才之正者有才之不正者才之正者利乎人而及乎身者也才之不正者利乎身而害乎人者也曰不正則安得謂之才曰人之所不能而皆能之安得不謂之才聖人所以惜乎才之難者謂其能成天下之事而歸之正者寡也若不能歸之以正才則才矣難

乎語其仁也譬猶藥之療疾也毒藥亦有時而用也可一而不可再也疾愈則速已不已則殺人矣平藥則常日而用之可也重疾非所以能治也能驅重疾而無害人之毒者古今人所謂良藥也易曰大君有命開國承家小人勿用如是則小人亦有時而用之時平治定用之則否詩云他山之石可以攻玉其小人之才乎

宋元學案卷九

宋元學案卷十

餘姚黃宗羲原本　　後學慈谿馮雲濠校刊
男百家纂輯　　鄞縣王梓材重校
鄞縣全祖望修定　　道州何紹基重刊

百源學案下

先天卦位圖

八卦次序之圖

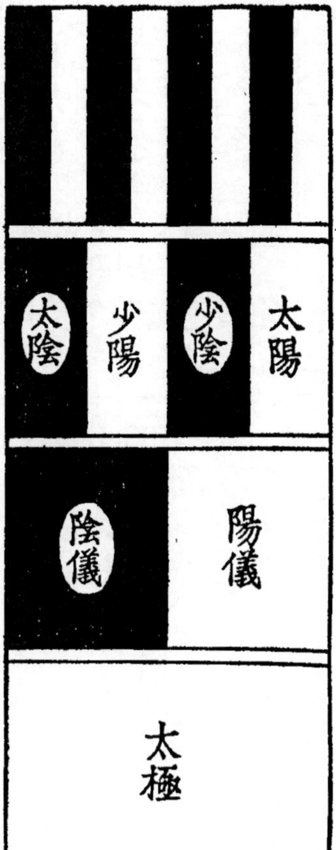

一分爲二二分爲四四分爲八也
啓蒙曰太極之判始生一奇一耦而爲一畫者二是爲兩儀其數

則陽一而陰二在圖書則奇耦是也兩儀之上各生一奇一耦而爲二畫者四是爲四象其位則太陽一少陰二少陽三太陰四其數則太陽九少陰八少陽七太陰六以河圖言之則六者一而得五者也九者四而得五者也八者三而得五者也七者二而得五者也以洛書言之則九者十分一之餘也八者十分二之餘也七者十分三之餘也六者十分四之餘也四象之上各生一奇一耦而爲三畫者八于是三才略具而有八卦之名其位則乾一兌二離三震四巽五坎六艮七坤八在河圖則乾坤離坎分居四實兌震巽艮分居四虛在洛書則乾坤離坎分居四正兌震巽艮分居四隅周禮所謂太卜掌三易之法夏曰連山商曰歸藏周曰周易其經卦皆八也大傳所謂八卦成列也

百家謹案大傳包犧氏仰觀俯察遠求近取于是始作八卦非因河圖而作也至于河圖自漢以來未有定說孔安國劉歆以八卦爲河圖洪範本文爲洛書鄭康成依緯書則云河圖九篇洛書六篇其一六居下之圖皆以爲天地之數初未嘗以此爲河圖也至劉牧謂河圖之數九洛書之數十亦以今之洛書爲河圖河圖爲洛書而朱子始反置之作啓蒙說詳先遺獻象數

論中據啓蒙以圖中虛五與十爲太極一六居下二七居上三八居左四九居右奇耦數各二十爲兩儀以一二三四爲合五而成六七八九爲四象折四方之合爲乾坤離坎補四隅之空爲兌震巽艮幷牽扯洛書入之以傅會大傳河出圖洛出書聖人則之之文而蔡氏謂伏皇但據河圖以作易不必豫見洛書而已逆與之合圖者伏皇之所由以畫卦書者大禹之所由以衍疇也其實八卦與河圖不相黏合卽朱子自于原象篇云惟皇太昊仰觀俯察奇耦既陳兩儀斯設既幹乃支一各生兩陰陽交錯以立四象兩一既分一復生兩三才在目八卦指掌其感興篇又云皇羲古神聖妙契一俯仰不待龍馬圖人文已宣朗其附錄語又謂仰觀俯察遠求近取安知河圖非其中之一事據此殆亦自悟啓蒙之失矣

八卦方位之圖

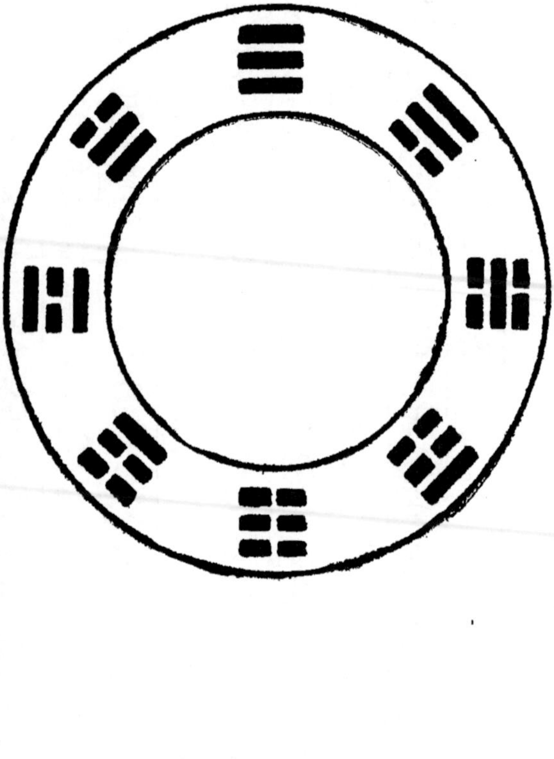

此明伏羲八卦也又曰乾南坤北離東坎西震東北兌東南巽西南艮西北自震至乾爲順自巽至坤爲逆後六十四卦方位倣此

八卦相錯明交相錯而成六十四卦也數往者順若順天而行是左

旋也皆已生之卦也故云數往也知來者逆若逆天而行是右行也皆未生之卦也故云知來也

胡庭芳曰伏羲八卦方位之圖天位乎上地位乎下日生于東月生于西山鎭西北澤注東南風起西南雷動東北自然與天地造化合先天八卦對待以立體如此八卦之在横圖則首乾次兌離震巽坎艮坤是爲生出之序及八卦之在圓圖則首震一陽次離兌二陽次乾三陽接巽一陰次坎艮二陰終坤三陰是爲運行之序

六十四卦次序之圖

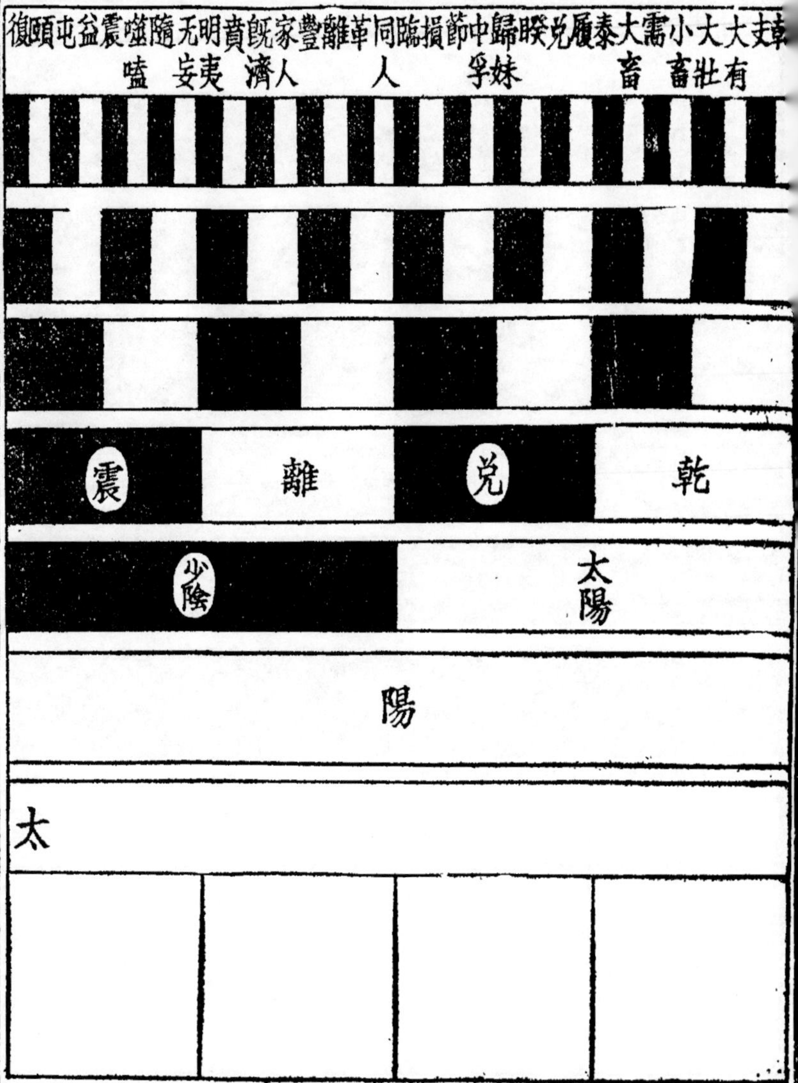
乾 夬 大有 大壯 小畜 需 大畜 泰 履 兌 睽 歸妹 中孚 節 損 臨 同人 革 離 豐 家人 既濟 賁 明夷 无妄 隨 噬嗑 震 益 屯 頤 復
乾
兌
離
震
太陽
少陰
陽
太

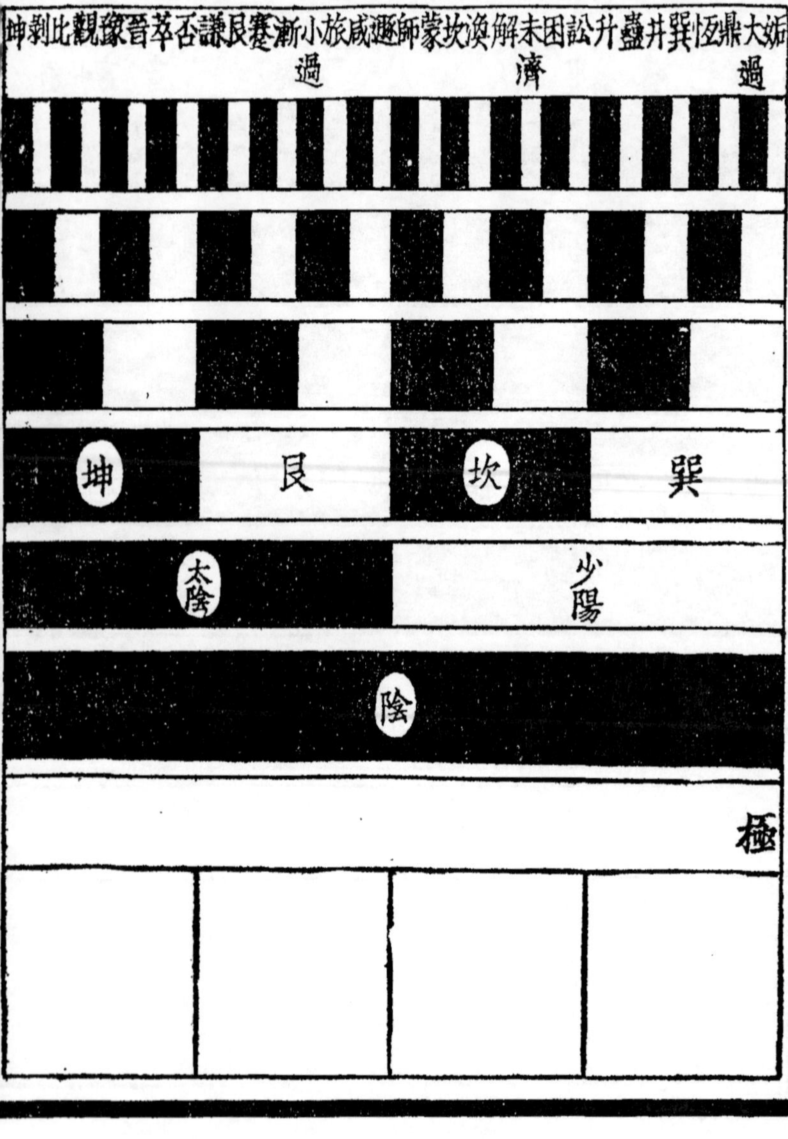
姤 大過 鼎 恆 巽 井 蠱 升 訟 困 未濟 解 渙 坎 蒙 師 遯 咸 旅 小過 漸 蹇 艮 謙 否 萃 晉 豫 觀 比 剝 坤
巽
坎
艮
坤
少陽
太陰
陰
極

八分爲十六十六分爲三十二三十二分爲六十四也

啓蒙曰八卦之上各生一奇一耦而爲四畫邵子所謂八分爲十六也是于兩儀之上各加八卦八卦之上各加兩儀也四畫之上各生一奇一耦而爲五畫邵子所謂十六分爲三十二也是于四象之上各加八卦八卦之上各加四象也五畫之上各生一奇一耦而爲六畫邵子所謂三十二分爲六十四也是八卦之上各加八卦大傳謂因而重之者此也自此以上又各生一奇一耦以至爲十二畫成四千九十六卦此卽焦贛易林卦變之數蓋以六十四乘六十四也

百家謹案此邵子所謂伏皇先天六十四卦橫圖也下三畫卽前圖之八卦上三畫則各以其序重之而下卦因亦各衍而爲八也朱子本義于橫圖用黑白以別陰陽爻畫其答袁樞有云黑白之位亦非古法但以奇耦爲之終不粲然今欲易曉固不

六十四卦圓圖方位圖

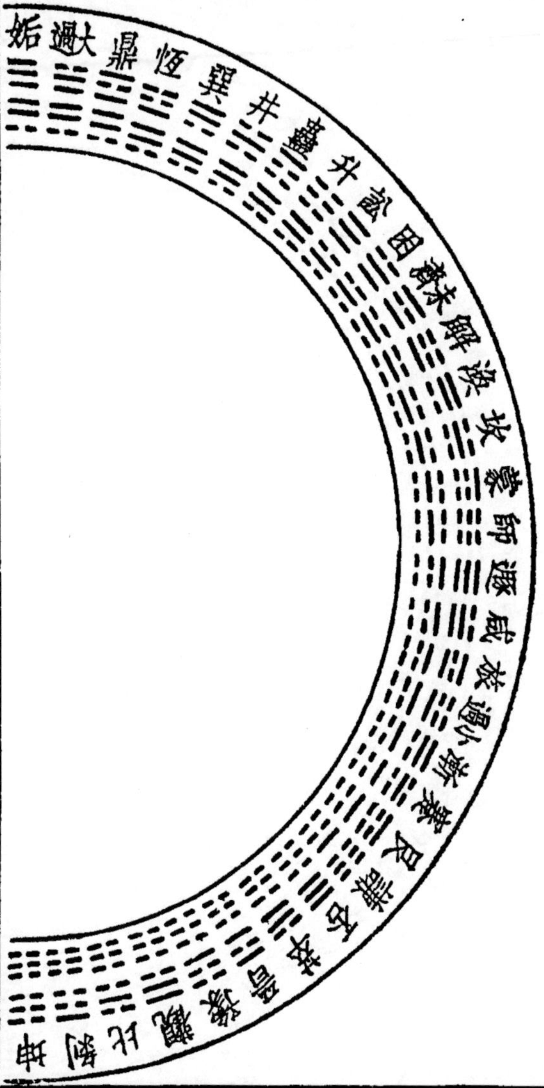

先天學心法也圖皆從中起萬化萬事生于心也
乾以分之坤以合之震以長之巽以消之長則分分則消消則翕也
乾坤定位也震巽一交也兌離坎艮再交也故震陽少而陰尚多也巽陰少而陽尚多也兌離陽浸多也坎艮陰浸多也無極之前陰含陽也有象之後陽分陰也陰爲陽之母陽爲陰之父故母孕長男而爲復父生長女而爲姤是以陽起于復而陰起于姤也自姤至坤爲陰含陽自復至乾爲陽分陰坤復之閒爲無極自坤反姤爲無極之前
乾四十八而四分之一分爲陰所克也坤四十八而四分之一分爲所克之陽也故乾得三十六而坤得十二也
陽在陰中陽逆行陰在陽中陰逆行陽在陽中陰在陰中皆順行
朱子曰圓圖左屬陽右屬陰坤無陽艮坎一陽巽二陽爲陽在陰中逆行乾無陰兌離一陰震二陰爲陰在陽中逆行震一陽離兌二陽乾三陽爲陽在陽中順行巽一陰坎艮二陰坤三陰爲陰在陰中順行此以內八卦言也若以外八卦推之右方外卦四節皆首乾終坤四坤無陽自四艮各一陽逆行而至于乾之三陽其陽皆自下而上亦陽在陰中陽逆行也左方外卦四節亦首乾終坤

四乾無陰自四兌各一陰逆行而至于坤之三陰其陰皆自上而下亦陰在陽中陰逆行也左方外卦四坤無陽自四艮各一陽順行而至于乾之三陽其陽皆自下而上亦陽在陽中陽順行也右方外卦四乾無陰自四兌各一陰順行而至于坤之三陰皆自上而下亦陰在陰中陰順行也以逆順之說推之陰陽各居本方則陽自下而上陰自上而下皆爲順若反居其位則陽自上而下陰自下而上皆爲逆

復至乾凡百一十有二陽姤至坤凡八十陽姤至坤凡百一十有二陰復至乾凡八十陰

坎離者陰陽之限也故離當寅坎當申而數常踰之者陰陽之溢也然用數不過乎中也

百家謹案邵子之說以得半爲中又不敢至于已半而以將半爲中也朱子謂邵子初只看得太極生兩儀兩儀生四象心只管在那上轉久之理透一舉眼便成四片其法四之外又有四焉凡物纔過到二之半時便煩惱了蓋以漸趨于衰也如見花方蓓蕾則謂其盛既開則謂其衰其理不過如此

方圖四分四層圖

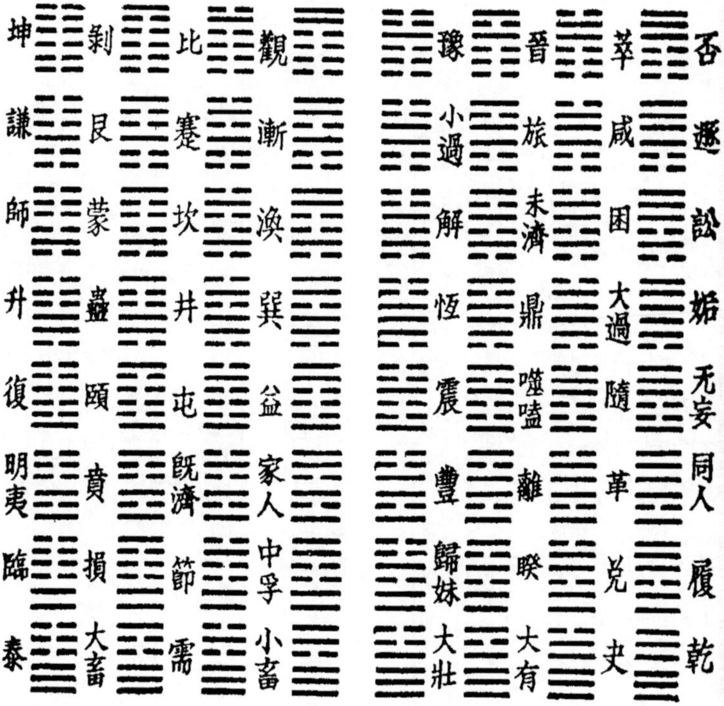
否 遯 訟 姤 无妄 同人 履 乾
萃 咸 困 大過 隨 革 兌 夬
晉 旅 未濟 鼎 噬嗑 離 睽 大有
豫 小過 解 恆 震 豐 歸妹 大壯
觀 漸 渙 巽 益 家人 中孚 小畜
比 蹇 坎 井 屯 既濟 節 需
剝 艮 蒙 蠱 頤 賁 損 大畜
坤 謙 師 升 復 明夷 臨 泰

方圖中起震巽之一陰一陽然後有坎離艮兌之二陰二陽後成乾坤之三陽三陰其序皆自內而外內四卦四震四巽相配而近有雷風相薄之象震巽之外十二卦縱橫坎離有水火不相射之象坎離之外二十卦縱橫艮兌有山澤通氣之象艮兌之外二十八卦縱橫乾坤有天地定位之象四而十二而二十而二十八皆有隔八相生之妙以交股言則乾坤否泰也兌艮咸損也坎離既未濟也震巽恆益也爲四層之四隅

朱子曰圓圖象天一順一逆流行中有對待如震八卦對巽八卦之類方圖象地有逆無順定位中有對待四角相對如乾八卦對坤八卦之類此則方圓圖之辨也

程道大曰邵子謂圖皆從中起此皆字兼方圓圖而言天地定位圓圖之從中起也雷以動之風以散之方圖之從中起也圓圖乾坤當南北之中艮居坤之右兌居乾之左爲山澤通氣震居坤之左巽居乾之右爲雷風相薄坎居正西離居正東爲水火不相射是圓圖起南北之中而分于東西也方圖震巽當圖之中故曰雷以動之風以散之坎次巽離次震故曰雨以潤之日以晅之艮次坎兌次離故曰艮以止之兌以說之乾次兌坤次艮故曰乾以君

之坤以藏之是方圖起圖之中而達乎西北東南也故曰皆從中起

百家謹案方圖不過以前大橫圖分爲八節自下而上疊成八層第一層卽橫圖自乾至泰八卦第二層卽橫圖自臨至履八卦以至第八層卽橫圖自否至坤八卦也

卦氣圖

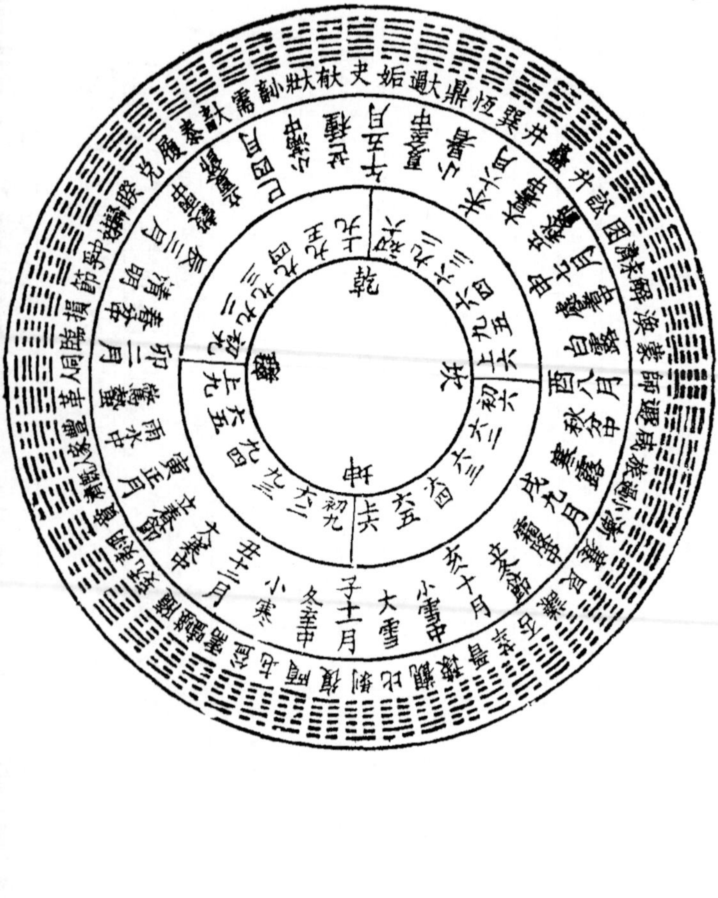

發微曰邵子先天卦氣皆中起子午卯酉爲四中二至二分當之寅申巳亥爲四孟四立當之○邵子以六十四卦分二十四氣每月二氣氣有在月初者有在月半者惟二至二分則日在中故乾坤坎離當上下左右之中其實于中亦得半故以冬至子之半一倒明之○冬至日與天會月與地會爲復天地皆在坤故坤不用春分日在卯爲大壯日月皆入離故離不用夏至日與天遇月與地遇爲姤天地皆在乾故乾不用秋分日在酉爲觀日月皆入坎故坎不用

胡玉齋曰當因邵子子半之說推之依先天卦圖以卦分配節候復爲冬至子之半頤屯益爲小寒丑之初震噬嗑隨爲大寒丑之半无妄明夷爲立春寅之初賁既濟家人爲雨水寅之半豐離革爲驚蟄卯之初同人臨爲春分卯之半損節中孚爲清明辰之初歸妹睽兌爲穀雨辰之半履泰爲立夏巳之初大畜需小畜爲小滿巳之半大壯大有夬爲芒種午之初至乾末交夏至爲午之半此左方陽儀三十二卦也姤爲夏至午之半大過鼎恆爲小暑未之初巽井蠱爲大暑未之半升訟爲立秋申之初困未濟解爲處暑申之半渙坎蒙爲白露酉之初師遯爲秋分酉之半咸旅小過

爲寒露戌之初漸蹇艮爲霜降戌之半謙否爲立冬亥之初萃晉
豫爲小雪亥之半觀比剝爲大雪子之初至坤末交冬至爲子之
半此右方陰儀三十二卦也二分二至四立總爲八節每節各計
兩卦餘十六氣每氣各計三卦合爲六十四卦以卦配氣者如此
周一敬曰邵子詩云冬至子之半天心無改移一陽初動處萬物
未生時明乎氣無中歇但有動靜屈伸幾希可會耳一歲之元以
此爲根今第取每歲冬至之日視屬何甲甲屬何干何支卽擬此
干支爲一歲之冬至矣再視此日冬至確屬何時卽擬此時爲天
心作轉定爲復卦矣自此復之一刻積而引之五日爲候或十日
或十五日爲一氣之節逐時逐日敘而數之或爲甲子或爲乙丑
本日所值之干支卽占者所值之卦爻也凡干支之一日卽卦中
之一畫以畫配日毫不得謬于是以干支詳理氣之盛衰以卦爻
詳理氣之當否理貞者吉不貞者凶氣舒者昌氣促者掩數長者
福數盡者迍消息盈虛歸于太極萬物萬事莫能遁矣○如今年
歲在辛巳筮者于六月朔問焉其日在乙巳則冬至當在庚辰歲
戊子月九日丙戌之辰時矣由丙戌日之辰時而順數之至辛巳
歲六月之朔適得二百日因就復之初爻順數之遞頤而屯而益

以至姤之上及大過初適得二百爻在姤過乘承之候其節氣爲小暑矣視所值爲姤之上邪則日爲甲辰于冬至丙戌干爲生而支爲沖姤上角剛喜觸黨助皆剛无處靜之德五月木盛陽氣將窮正乾盡午中時也視所值者其大過之初邪則日爲乙巳于冬至丙戌干既逢生支又助旺初爻白茅无咎慎德載物濟事有人正月木盛而藉之用茅又在陰候得時得朋有才有器者也消息盈虛理正如此總之視冬至之日時以順數節氣配分卦畫無不應者在學者神而明之耳

百家謹案康節卦氣圖卦主六日七分亦京房日法也而用先天圖六十四卦以分布氣候去乾坤坎離四正卦以主二至二分蓋六十四卦凡三百八十四爻去四卦二十四爻以一爻當一日恰合當期之三百六十日朱子謂康節之學似楊子雲康節謂楊雄知歷法又知歷理又曰楊子作玄可謂見天地之心者也然今觀太玄有氣而無朔有日星而無月亦便未可謂知歷理見天地之心者也康節先天卦位崇奉之者莫如朱子至舉其圖架于文王周公孔子之上然而辯之者亦不少茲略採辯圖之說于後以俟千秋論定焉

附先天圖辯

歸震川曰易圖邵子之學也昔者包犧氏之王天下也仰觀俯察觀鳥獸之文與地之宜遠稽近取于是始作八卦以通神明之德以類萬物之情蓋以八卦盡萬物之理宇宙之間洪纖巨細往來升降死生消息之故悉著之于象矣後之人苟以一說求之無所不通故雖陰陽小數納甲飛伏坎離塡補卜數隻耦之類人人自以爲易要之皆可以言易也易不離乎象數象數之變至于不可窮然而有正焉有變焉卦之明白而較著者爲正此聖者之作也旁推而衍之者爲變此明者之述也伏羲之作止于八卦因而重之如是而已矣初無一定之法亦無一定之書而剛柔上下陰陽之變態極矣今所謂易圖者列橫圖于前又規而圓之左順右逆以象天塡而方之交加八卦以象地謂出于伏羲太古無言之數何若是紛紜邪大傳曰神无方易无體夫卦散于六十四可圓可方一域于圓方之形則局矣故散圖以爲卦而卦全紐卦以爲圖而卦局邵子以步算之法衍爲皇極經世之書有分秒直事之術其自謂得先天之學固以此要其旨不叛于聖人然不可爲作易之本故曰推而衍之者變也此邵子之學也○或曰邵子所據大

傳之文也大傳易有太極節先天卦序也天地定位章先天卦位也帝出乎震節文王卦位也曰此邵子謂之云爾夫易之法自一而兩兩而四四而八其相生之序則然也八卦之象莫著于八物天地也山澤也雷風水火也八者不求爲耦而不能不爲耦者也帝之出入傳固已詳之矣以八卦配四時夫以爲四時則東南西北繫是焉非文王易置之而有此位也總之圖與傳雖無乖剌然必因傳爲此圖不當謂傳爲圖說也

附梨洲易學象數論論先天圖曰邵子先天橫圖次序以易有太極是生兩儀兩儀生四象四象生八卦爲據黃東發言生兩生四生八易有之矣生十六生三十二易有之否邪某則據易之生兩生四生八而後知橫圖之非也易有太極是生兩儀所謂一陰一陽者是也其一陽也已括一百九十二爻之奇其一陰也已括一百九十二爻之耦以三百八十四畫爲兩儀非以兩畫爲兩儀也若如朱子以第一爻而言則一陰一陽之所生者各止三十二爻而初爻以上之奇耦又待此三十二爻以生陰陽者氣也爻者質也一落于爻已有定位焉能以此位生彼位哉兩儀生四象所謂老陽老陰少陽少陰是也乾爲老陽坤爲老陰震坎艮爲少陽巽

離兌爲少陰三奇☰者老陽之象三耦☷者老陰之象一奇二耦☳☵☶者少陽之象一耦二奇☴☲☱者少陰之象是三畫八卦卽四象也故曰八卦成列象在其中矣八卦以象告此質之經文而無疑者也又曰易有四象所以示也又曰象者言乎象者也今觀象傳必發明二卦之德則象之爲三畫八卦明矣是故四象之中以一卦爲一象者乾坤是也以三卦爲一象者震坎艮與巽離兌是也必如康節均二卦爲一象乾離坎坤于四象之位得矣兌之爲老陽震之爲少陰巽之爲少陽艮之爲老陰無乃雜而越乎易言陽卦多陰陰卦多陽艮震之爲陽卦巽兌之爲陰卦可無疑矣反而置之明背經文而學者不以爲非何也至于八卦次序乾坤震巽坎離艮兌其在說卦者亦可據矣而易爲乾一兌二離三震四巽五坎六艮七坤八以緣飾圖之左陰右陽學者信經文乎信傳注乎四象生八卦者周禮太卜經卦皆八別皆六十四占人以八卦占簭之八故則六十四卦統言之皆謂之八卦也蓋內卦爲貞外卦爲悔舉貞可以該悔舉乾之貞而坤乾震乾巽乾坎乾離乾艮乾兌乾該之矣以下七卦皆然證之于易曰八卦定吉凶若三畫之八卦吉凶何從定乎曰包犧氏始作八卦其下文自益

至夬所取之十卦已在其中則八卦之該六十四卦亦明矣由是言之太極兩儀四象八卦因全體而見蓋細推八卦卽六十四卦之中皆有兩儀四象之理而兩儀四象初不畫于卦之外也其言生者卽生生謂易之生非次第而生之謂康節加一倍之法從此章而得實非此章之旨又何待生十六生三十二而後出經文之外也其謂之先天者以此章所生八卦與前章始作八卦其文相合以爲宓戲之時止有三畫而無六畫故謂之先天又以己之意生十六生三十二生六十四倣此章而爲之以補羲皇之闕亦謂之先天不知此章于六十四卦已自全具補之反爲重出易言因而重之生十六生三十二生六十四是積累而後成者豈可謂之重乎既不難明背何止如東發言非易之所有邪

其二曰邵子先天方位以天地定位山澤通氣雷風相薄水火不相射八卦相錯爲據而作乾南坤北離東坎西震東北兌東南巽西南艮西北之圖于是爲之說曰數往者順若順天而行是左旋也皆已生之卦也乾一兌二離三震四生之序也震初爲冬至離兌之中爲春分乾末交夏至故由震至乾皆已生之卦知來者逆若逆天而行是右行也皆未生之卦也巽五坎六艮七坤八生之

序也巽初爲夏至坎艮之中爲秋分坤未交冬至故由巽至坤皆未生之卦又倣此而演之以爲六十四卦方位夫卦之方位已見帝出乎震一章康節舍其明明可據者而于未嘗言方位者重出之以爲先天是謂非所據而據焉天地定位言天位乎上地位乎下未聞南上而北下也山澤通氣山必資乎澤澤必出乎山其氣相通無往不然奚取其相對乎雷風相薄震居東巽居東南遇近而合故言相薄遠之則不能薄矣東北爲寅時方正月豈雷發聲之時邪水火不相射南方炎北方寒猶之冬寒夏熱也離東坎西是指春熱秋寒誰其信之此皆先儒所已言者某則卽以邵子所據者破邵子之說帝出乎震之下文動萬物者莫疾乎雷撓萬物者莫疾乎風燥萬物者莫熯乎火說萬物者莫說乎澤潤萬物者莫潤乎水終萬物始萬物者莫盛乎艮其次序非卽上文離南坎北之位乎但除乾坤于外耳而繼之以故水火相逮雷風不相悖山澤通氣然後能變化既成萬物也然則前之天地定位四句正爲離南坎北之方位而言也何所容先天之說雜其中邪且卦爻之言方位者西南皆指坤東北皆指艮南狩南征必爲離西山西郊必爲兌使有乾南坤北之位在其先不應卦爻無闌入之者康

節所謂已生未生者因擴圖乾一兌二之序乾一兌二之序一人之私言也則左旋右行之說益不足憑耳凡先天四圖其說非盡出自邵子也朱震經筵表云陳摶以先天圖傳种放放傳穆修修傳李之才之才傳邵雍放以河圖洛書傳李溉溉傳許堅堅傳范諤昌諤昌傳劉牧故朱子云宓戲四圖其說皆出自邵氏然觀劉牧鉤深索隱圖乾與坤數九也震與巽數九也坎與離艮與兌數皆九也其所謂九數者天一地八定位山七澤二通氣雷四風五相薄水六火三不相射則知先天圖之傳不僅邵氏得之也

論天根月窟曰康節因先天圖而創爲天根月窟卽參同契乾坤門戶牝牡之論也故以八卦言者指坤震二卦之閒爲天根以其爲一陽所生之處也指乾巽二卦之閒爲月窟以其爲一陰所生之處也程前村直方謂天根在卯離兌之中是也月窟在酉坎艮之中是也引爾雅天根氐也長楊賦西壓月窟證之然與康節乾遇巽時觀月窟地逢雷處見天根之詩背矣以六十四卦言者朱子曰天根月窟指復姤二卦有以十二辟卦言者十一月爲天根五月爲月窟其三十六宮凡有六說以八卦言者三乾一兌二離三震四巽五坎六艮七坤八之次序積數爲三十六乾一對坤八

爲九兌二對艮七爲九離三對坎六爲九震四對巽五爲九四九亦爲三十六乾畫三坤畫六震坎艮畫各五巽離兌畫各四積數亦三十六以六十四卦言者二朱子曰卦之不易者有八乾坤坎離頤中孚大過小過反易者二十八合之爲三十六方虛谷回曰復起子左得一百八十日姤起午右得一百八十日一旬爲一宮三百六十日爲三十六宮以十二辟卦言者一鮑魯齋恂曰自復至乾六卦陽爻二十一陰爻十五合之則三十六自姤至坤六卦陰爻二十一陽爻十五合之亦三十六陽爻陰爻總七十二以配合言故云三十六案諸說雖異其以陽生爲天根陰生爲月窟無不同也蓋康節之意所謂天根者性也所謂月窟者命也性命雙修老氏之學也其理爲易所無故其數與易無與也

論八卦方位曰離南坎北之位見于經文而卦爻所指之方亦與之相合是亦可以無疑矣蓋卦畫之時即有此方位易不始于文王則方位亦不始于文王故不當云文王八卦方位也乃康節必欲言文王因先天乾南坤北之位改而爲此朱子則主張康節之說過當反致疑于經文曰曷言齊乎巽不可曉曰坤在西南不成東北方無地曰乾西北亦不可曉如何陰陽來此相薄曰西方肅

殺之氣如何言萬物之所說凡此數說有何不可曉巽當春夏之交萬物畢出故謂之齊觀北地少雨得風則生氣郁然可驗也夏秋之交土之所位故坤位之非言地也若如此致難則先天方位巽在西南何不疑東北無風邪其餘七卦莫不皆然乾主立冬以後冬至以前故陰陽相薄觀說卦乾之爲寒爲冰非西北何以置之萬物告成于秋如何不說朱子注元亨利貞之利曰利者生物之遂物各得宜不相妨害于時爲秋于人爲義而得其分之和非說乎顧未嘗以肅殺爲嫌也然則朱子所以致疑者由先天之說先入于中故曰主張太過也康節曰乾坤交而爲泰言文王改先天圖之意先天乾南坤北交而爲泰故乾北坤南坎離交而爲既濟先天離東坎西交而爲既濟故離南坎北乾生于子先天乾居午而其生在子故下而至北坤生于午坤居子而其生在午故上而至南坎終于寅坎當申交于離故終寅離終于申離當寅交于坎故終申所謂交者不取對待言之也卽以對待而論則乾南坤北者亦必乾北坤南而後泰之形可成也今坤在西南乾在西北離東坎西者亦必離西坎東而後既濟之形可成也今離在上坎在下于義何居藉變曰再變而後爲今位是乾南坤北之後離南

坎北之前中間又有一方位矣乾位戌坤位未坎位子離位午于
子午寅申皆無當也康節又曰震兌始交者也陽本在上陰本在
下陽下而交于陰陰上而交于陽震一陽在下兌一陰在上故爲
始交故當朝夕之位坎離交之極者也坎陽在中離陰在中故爲
交之極故當子午之位四正皆爲用位巽艮不交而陰陽猶雜也
巽一陰在下艮一陽在上適得上下本然故爲不交故當用中之
偏乾坤純陽純陰也故當不用之位東方陽主用西方陰爲不用
夫氣化周流不息無時不用若以時過爲不用則春秋不用子午
冬夏不用卯酉安在四正之皆爲用位也必以西南西北爲不用
之位則夏秋之交秋冬之交氣化豈其或息乎康節又曰乾坤縱
而六子横易之本也先天之位震兌横而六卦縱易之用也由前
之說則後自坎離以外皆横也由後之說則前自坎離以外皆縱
也圖同而說異不自知其遷就皦是故離南坎北之位本無可疑
自康節以爲從先天改出牽前曳後始不勝其支離朱子求其所
以改之之故而不可得遂至不信經文吁可怪也
附黄晦木宗炎周易象辭先天卦圖辯略曰伏皇以前初無著之
方冊代見物理之事伏皇欲以文字教天下傳後世創爲奇耦之

畫使天地雷風水火山澤八象之在兩間者煥然移于方冊之上正所謂文字也後聖師其大意變成斜正縱橫之狀而文字日增是卦畫者文字之根原文字者卦畫之支流也八卦者六書之指事象形六十四卦者六書之聲意轉借也爲陳邵之說者視此爲圖以謂不立言語文字使人靜觀以悟其神妙何異云孔孟惡訣墓不爲碑版愼毀譽不爲序記雅頌不爲樂府風人不爲長律短句也造爲文周孔子只從中半說起人至三聖恐無可復加矣何獨于演易贊易不識向上精微僅從中半說起自戾伏皇作易之大道乎有周之時編簡未繁無堆牀插架之部帙吾夫子學易韋絕窮思極其擬議必曰昔者聖人之作易也推原上古探所由來漸及于中古攷其窮變一一著明昭然日畫獨近摘糟魄遺向上根原而不顧乎後此二三千年去古愈遠注經解傳汗牛充棟乃忽遇夫天根月窟與伏皇揖遜于一堂印心于密室就使事事合符吾尙未敢信其必然況乎自相衡決彼此乖舛惟以大言壓人邪試平心靜觀文彖周爻孔翼治亂聖狂經國修身吉凶悔吝揭日月于中天無論智愚賢不肖俱可持可效循道而行外之則治國平天下致斯世于雍熙內之則窮神知化盡性以至于命陳邵

先天方位變亂無稽徒取對待橫圖乾一兌二離三震四巽五坎六艮七坤八奇耦疊加有何義理有何次序又屈而圓之矯揉造作卦義無取時令不合又交股而方之裝湊安排全昧大道帝王之修齊治平安在聖賢之知天知人安在庸衆之趨吉避凶安在反謂文周孔子所不能窺亦是老者曰孔子吾師之弟子之意耳古人命名立意有典有則可觀玩可諷詠今用橫圓方制爲名號亦覺俚俗鄙野大非修辭辭文之旨五百年來講張冕聒令紫色鼃聲奪玄黃鐘鼓之席推倒周公孔子壓于其上率天下之人而疑三聖人者非二氏之徒實儒者之徒也作先天諸圖辯

辯先天八卦方位圖曰邵堯夫引天地定位一章造爲先天八卦方位圖其說云天地定位乾南坤北也水火不相射離東坎西也雷風相薄震東北巽西南也山澤通氣艮西北兌東南也夫聖人所謂定位即如首章天高地卑乾坤定矣之義未可贅以南北也天地之閒山澤最著故次及之言山峻水深形體隔絕其氣則通山能灌澤成川澤能蒸山作雲未可指爲西北東南也雷以宣陽風以盪陰兩相逼薄其勢尤威未可指爲東北西南也水寒火熱水溼火燥物性違背非克必爭然相遇又有和合之用不相射害

未可誣以東西也八象旣出或聯或閉何莫非消息往來之運行豈必取于對待乎故總言八卦相錯謂不止于天地之交山澤之遇雷風之合水火之重也八象遞加轉展變動則成二篇之易矣明白斬截毫無藤蔓容我裝湊者其云乾南坤北也實養生家之大旨謂人身本具天地俱因水潤火炎會易交易變其本體故令☰乾之中畫損而成☲離☷坤之中畫塞而成☵坎是後天使然今有取坎塡離之法挹坎水一畫之奇歸離火一畫之耦如鍊精化氣鍊氣化神之類益其所不足離得故有也如鑿竅喪魄五色五聲五味之類損其所有餘坎去本無也離復反爲乾坎復反爲坤乃先天之南北也養生所重專在水火比之爲天地旣以南北置乾坤坎離不得不就東西坎月也水也生于西方離日也火也出自東方丹家砂火能伏汞水鉛水結成金液所謂火中水水中金混和結聚此之先後卽承上文之變易而言已不若乾坤之確矣兌居東南艮居西北巽居西南震居東北直是無可差排勉強塞責竟無義理可尋緣此四卦不過爲丹鼎備員非要道也又水火木金已盡現伏于四正位止云兌澤連接于正南之乾天兩金相倚艮山根種于正北之坤地兩土相附雷發于地風起于天云

爾安見其必然而欲以此奪三聖之大道與○附會先天方位者反疑夫子震東兌西爲少長相合于正方巽東南艮東北爲少長相合于偏方少長之合非其耦必若伏羲八卦以長合長少合少爲得其耦豈直卦畫爲男女邪父母長中少亦象爾合與耦亦象爾如必曰男女也則震坎艮不宜重巽離兌不宜錯乾坤烏可加諸六子邪固哉其爲易也

辯先天橫圖曰夫子明訓八卦旣立因而重之又曰八卦相盪又曰八卦相錯自有乾坤六子以一卦爲主各以八卦加之得三畫卽成六畫得八卦卽有六十四卦何曾有所謂四畫五畫之象十六三十二之次第也四畫五畫成何法象雖謂陰陽剛柔不可擬爲三才十六三十二何者在先何者在後其于天地雷風水火山澤貞卦不全其八悔卦無可指名視之若枯枝敗荄無理無義以逐其遞生一奇一耦之說縱其所如成乾一兌二離三震四巽五坎六艮七坤八之位置初無成見于胸中絕無關轄于象數有疑之者則大言以震撼之辭色俱厲以拒絕之使天下盡出于詖淫邪遁之一轍以反攻其父母甚矣儒者之好怪也苟掩卷而思之學易者何不以三乘三以八加八一舉而得六爻再舉而得六十

四卦明白且簡易直截且神速乎惡用是牽纏羈絆挽之不來卻之不去者爲哉聖人作易仰觀俯察近身遠物無不勘破其情狀體悉其至理若巨若細盡備于胸臆然後宣發于文字豈有漫無成見隨手畫去如小兒之搬棋砌瓦原非心思所主宰又非外緣所感觸待其自成何物然後從而名之夫子所云擬議以成其變化豈欺我哉夫焦氏易學傳數而不傳理響應于一時聲施于後世者自有變通之妙用分爲四千九十六卦實通諸六十四是一卦具六十四卦之占乾坤還其爲乾坤六子還其爲六子別卦還其爲別卦非層累而上有七畫八畫以至十二畫之卦也易林一卦中錯綜雜出變動不拘豈一畫止生一奇一耦歷千百而不改如是其頑冥不靈者歟兩間氣化自有贏縮或陰盛陽衰或陽多陰少惡得均分齊一無輕重大小往來消長之異同乎若然則天無氣盈朔虛無晝夜寒燠人無仁暴地無險夷矣若然則人皆一男一女鳥皆一雌一雄獸皆一牝一牡矣若然則續鳧斷鶴黔鵠浴烏五行運氣無偏重之性矣夫物之不齊物之情也造化之參差理義之所由以立也聽一奇一耦之自爲盤旋于教化乎何有于裁成輔相乎何有于易不可爲典要乎何有是一定也非易也

吾直曰邵氏之易欲求爲京焦而力有弗逮也○一奇一耦層累疊加是作易聖人不因天高地厚而定乾坤無取雷風動入而成震巽坎陷離麗未有水火之象艮止兌說不見山澤之形但信手堆砌然後相度揣摩贈以名號自乾至復三十二卦爲無母自坤至姤三十二卦爲無父山澤未嘗通雷風未嘗薄水火未嘗濟父與少女中女長男同時而產母與少男中男長女同時而育無三畫爲卦之限無內外貞悔之序足重半天下首偏銳一隅三十二物聯孿合體上下大小殊絕牽纏桎梏天地不能自有其身雷風水火山澤不能自完其性第一畫貫三十二爻可云廣矣奇遺姤至坤之半耦遺復至乾之半則挂漏之極也第二畫貫十六爻第三畫貫八爻始有八象吾不知天何私于澤火雷而獨與之同氣何惡于風水山而杳不相蒙也地何親于山水風何疏于雷火澤親者膠固而無彼此疏者隔塞而不相應求也古今事理惟簡能禦繁一可役萬故卦止八象爻止六位變變化化運用無窮如必物物皆備始稱大觀則七畫以至十一畫乃魑魅現形無有人道及成十二畫則頭上安頭牀上置牀徒覺壯貌之臃腫取義之贅疣若其所云日月星辰水火土石寒暑晝夜雷露風雨情性形體

草木飛走耳目口鼻聲色氣味元會運世歲月日辰皇帝王霸易書詩春秋似校說卦爲詳密而其偏僻疏罔特甚何天無霜雪雷雹虹霓也地無城隍田井海岳都鄙也時無温和旱潦也人無臟腑手足髮膚也無盜賊蠻方也經無禮樂也物無蟲魚也形體之與耳目口鼻又何其重出也卽萬舉萬當于神明化裁引伸觸類之謂何使吾夫子十翼退舍而郤行者其宗陳邵之流與

辯圓圖曰邵氏以震歷離兌乾爲順以巽歷坎艮坤爲逆順爲數往逆爲知來則震離兌乾僅能數往不能知來巽坎艮坤職在知來無煩數往夫乾知大始乃統天于知來乎何有豈可但局之數往坤以藏之承天順天成物代終于數往乎何有豈可反以爲知來亦不類矣數往順天左旋乾一兌二離三震四爲已生之卦知來逆天右旋巽五坎六艮七坤八爲未生之卦已屬鑿空又云易數由逆而成若逆知四時之謂豈震離兌乾無當于易數而漫列宂員者與聖人知來數往萬理萬物無不兼該非專爲四時而設四時節候有治歷之法千歲日至可坐而定絕無取乎卦氣也今屈橫圖而圓之云乾生子中盡午中坤生午中盡子中離盡卯中坎盡酉中皆緣冬至一陽爲復遂充類致義之盡以六十四卦分

配二十四節候然亦須一候得二卦有奇乃爲恰合何以倏多倏
少遠不相謀復之至日閉關夫子特舉象之一節若姤爲夏至未
見明訓未敢信爲必然臨泰大壯夬乾與遯否觀剝坤之配歲周
不克案圖索驥近于顓愚矧可牽引六十四卦矯揉誣罔一切不
符乎今云冬至復卦一陽生子半閱頤屯益震噬嗑隨无妄明夷
賁既濟家人豐離革同人臨凡十七卦始得二陽爲十二月已是
卯半爲春分矣損節中孚歸妹睽兌履泰凡八卦乃得三陽爲正
月已是巳初爲立夏矣大畜需小畜大壯凡四卦乃得四陽爲二
月已是巳半爲小滿矣大有夬止二卦卽得五陽爲三月已是午
初爲芒種矣至乾止一卦卽得純陽爲四月已是午半爲夏至矣
至姤亦止一卦一陰生午半閱大過鼎恆巽井蠱升訟困未濟解
渙坎蒙師遯凡十七卦始得二陰爲六月已是酉半爲秋分矣咸
旅小過蹇漸艮謙否凡八卦乃得三陰爲八月已是亥初爲立冬
矣萃晉豫觀凡四卦乃得四陰爲八月已是亥半爲小雪矣比剝
止二卦卽得五陰爲九月已是子初爲大雪矣至坤止一卦卽得
純陰爲十月已是子半爲冬至矣將六十四卦破碎割裂苦死支
吾猶然背畔若此胡見其自然哉若卦畫各義毫無統屬則精微

之正論反可姑置者也○何謂已生未生八卦如此分屬尚有全用乎既有乾一兌二離三震四巽五坎六艮七坤八之序則皆已生矣就彼而言震巽居中有長男代父長女代母爲政之象震順天左行自復頤至夬乾行三十二卦遇姤而息巽逆天右行自姤大過至剝坤行三十二卦遇復而息夫兩閒氣化轉轂循環無有端緒其來也非突然而來卽其去而來已在內其去也非決然而去卽其來而去已下伏焉得分疆畫界釐然中判其去其來若左右不相連貫者震巽東西背馳亦如人之行路畢竟先有方向然後可揚帆策馬行縢履屩焉得東行者山川原隰歷歷可指而云已生西行者悉滲瀁無憑而待行者自爲開闢乃云未生歟春夏何其逸秋冬何其勞也一二三四五六七八之數目有則俱有焉得震獨據一二三四數往而順巽獨擅五六七八知來而逆且數自一而二三四爲順今反以四三二一爲順自八而七六五爲逆今反以五六七八爲逆亦難錯說矣震長男陽也陽主創近乎未生或可云逆而反云順陽而順是不能制義者也巽長女陰也陰主隨近乎已生本可云順而反云逆陰而逆是牝雞司晨者也陰陽順逆一切顚倒矣細心體驗種種可疑

辯方圖曰邵氏又作方圖謂天圓地方置之圓圖之中謂天包地外其說曰天地定位以西北角置乾東南角置坤爲定位又非南北故武矣曰否泰反類東北角置泰西南角置否爲反類曰山澤通氣兌二斜依乾一艮七斜依坤八爲通氣曰咸損見意斜依否之咸斜依泰之損爲見意曰雷風相薄以震四斜依離三巽五斜依坎六震巽當中斜依交會爲相薄曰恆益起意恆自咸而未濟斜來益自損而既濟斜來亦交會于子中爲起意曰水火相射以坎六自艮七斜接巽五離三自兌二斜接震四爲相射曰既濟未濟既濟自巽來斜連于益未濟自咸來斜連于恆也曰四象相交成十六事夫橫圖既云陰陽老少爲四象此則明明用其六畫之卦何以又稱四象乎云十六事者乾坤否泰艮兌咸損震巽恆益坎離既濟未濟俱取老長中少陰陽正對似乎稍有可觀易卦陽爻一百九十二畫陰爻一百九十二畫奇耦停勻隨人牽引俱可布位整齊使確守乾父坤母一再三索而搬演之何嘗不繡錯絲編爛然秩然而理則較勝也大易全篇何莫非神化變通而近取否泰咸損恆益二濟爲綱領將謂此外皆附庸之國乎總之先天卦畫奇耦相加亂左陽右陰之常經方圓圖次第撮湊小巧紊四

時之敘變八方之位去君父母子之名分倒老長中少之行列曲護其說者甚至謂乾坤無生六子之理夫子所云乾父坤母乾坤易之門乾坤易之蘊一筆塗抹說卦三傳無一可宗可乎哉

百家謹案先天卦圖傳自方壺謂創自伏皇此卽雲笈七籤中云某經創自玉皇某符傳自九天玄女固道家術士假托以高其說之常也先生得之而不改其名亦無足異顧但可自成一說聽其或存或沒于天地之間乃朱子過于篤信謂程演周經邵傳犧畫掇入本義中竟壓置于文彖周爻孔翼之首則未免奉螟蛉爲高曾矣歸震川疑之謂因傳而有圖圖未必出于伏聖也豈知傳中所謂天地定位與先天八卦并初無干涉邪況邵伯温經世辯惑云希夷易學不煩文字解說止有圖以寓陰陽消長之數與卦之生變圖亦非創意以作孔子繫辭述之明矣則以此圖明明直云出自希夷也惜朱子固不之考震川亦不之疑耳

經世衍易圖

太陽⚊ 太陰⚋ 少陽⚊ 少陰⚋ 少剛⚊ 少柔⚋ 太剛⚊ 太柔⚋

陽⚊ 陰⚋ 剛⚊ 柔⚋

動⚊ 靜⚋

一動一靜之閒

蔡西山曰一動一靜之閒者易之所謂太極也動靜者易所謂兩儀也陰陽剛柔者易所謂四象也太陽太陰少陽少陰少剛少柔太剛太柔易所謂八卦也

經世天地四象圖

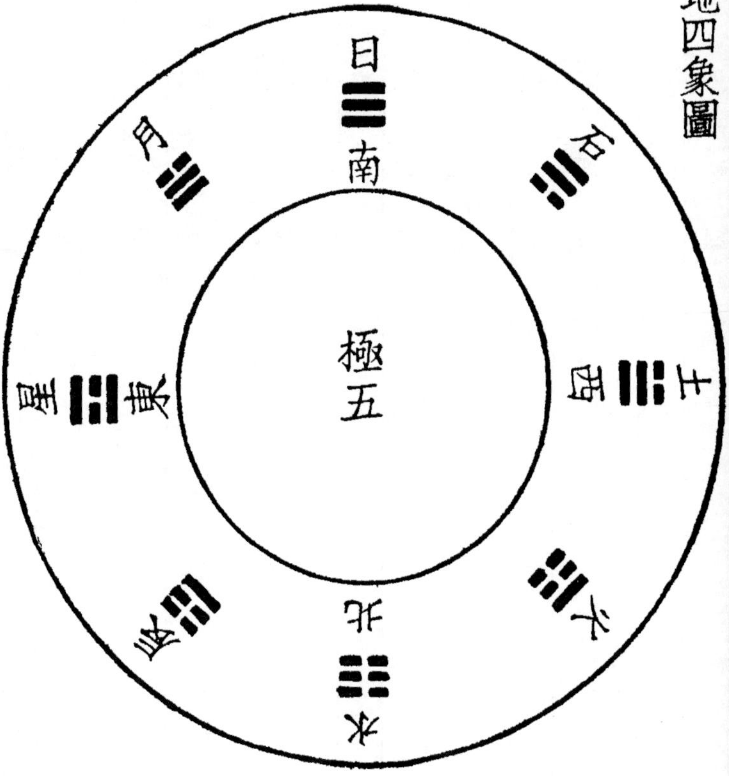

太陽 日暑性

目元皇

太陰 月寒情

耳會帝

少陽 星晝形

鼻運王

少陰 辰夜體

口世霸

少剛 石雷木

氣歲易

少柔 土露草

味月書

太剛 火 風 飛

色 日 詩

太柔 水 雨 走

聲 時 春秋

蔡西山曰動者爲天天有陰陽（陽者動之始陰者動之極）陰陽之中又各有陰陽故有太陽太陰少陽少陰太陽爲日太陰爲月少陽爲星少陰爲辰是爲天之四象日爲暑月爲寒星爲晝辰爲夜四者天之所變也暑變物之性寒變物之情晝變物之形夜變物之體萬物之所以感于天之變也靜者爲地地有柔剛（柔者靜之始剛者靜之極）剛柔之中又各有剛柔故有太剛太柔少剛少柔太柔爲水太剛爲火少柔爲土少剛爲石是爲地之四象水爲雨火爲風土爲露石爲雷四者地之所以化也雨化物之走風化物之飛露化物之草雷化物之木萬物之所以應于地之化也暑變走飛草木之性寒變走飛草木之情晝變走飛草木之形夜變走飛草木之體雨化性情形體之走風化性情形體之飛露化性情

形體之草雷化性情形體之木天地變化參伍錯綜而生萬物也萬物之感于天之變性者善目情者善耳形者善鼻體者善口萬物應于地之化飛者善色走者善聲木者善氣草者善味蓋其所感應有不同故其所善亦有異至于人則得天地之全暑寒晝夜無不變雨風露雷無不化性情形體無不感走飛草木無不應目善萬物之色耳善萬物之聲鼻善萬物之氣口善萬物之味蓋天地萬物皆陰陽剛柔之分人則兼備乎陰陽剛柔故靈于萬物而能與天地參也人而能與天地參故天地之變有元會運世而人事之變亦有皇帝王霸元會運世有春夏秋冬爲生長收藏皇帝王霸有易書詩春秋爲道德功力是故元會運世春夏秋冬生長收藏各相因而爲十六皇帝王霸易書詩春秋道德功力亦各相因而爲十六十六者四象相因之數也凡天地之變化萬物之感應古今之因革損益皆不出乎十六十六而天地之道畢矣故物之巨細人之聖愚亦以一十百千四者相因而爲十六千千之物爲細物千千之民爲至愚一一之物爲巨物一一之民爲聖人蓋人者萬物之最靈聖人者又人倫之至也自天地觀萬物則萬物爲物自太極觀天地則天地亦物也人而盡太極之道則能範圍

天地曲成萬物而造化在我矣故其說曰一動一靜天地之至妙歟一動一靜之閒天地人之至妙歟一動一靜之閒者非動非靜而主乎動靜所謂太極也又曰思慮未起鬼神莫知不由乎我更由乎誰所謂範圍天地曲成萬物造化在我者也蓋超乎形器非數之能及矣雖然是亦數也伊川先生曰數學至康節方及理康節之數先生未之學至其本原則亦不出乎先生之說矣 補

百家謹案先儒云經世全書六十二篇及弟子所記外篇上下通六十四篇內元會運世三十四篇橫列甲子起堯元年甲辰終五代周顯德九年己未繫歲紀事以驗天時人事之得失十六篇以聲音律呂更唱迭和爲圖三千八百四十以窮萬物之數又有皇極體要內外觀象數十篇子文又著一元消息等圖書甚浩繁近世不能得其全書無傳其學者茲載入先遺獻象數論中所論皇極五篇幷掛一既濟陰陽三圖及聲音論數篇其文雖約大體已備觸類引伸一隅可三反矣

經世掛一圖

元之元	元之元之元之元 泰 冬至	元之元之元之會 損	元之元之元之運 大畜	元之元之元之世 節
	元之元之會之元 需	元之元之會之會 中孚	元之元之會之運 小畜	元之元之會之世 歸妹
	元之元之運之元 大壯	元之元之運之會 睽	元之元之運之運 大有 小寒	元之元之運之世 兌
	元之元之世之元 夬	元之元之世之會 履	元之元之世之運 乾	元之元之世之世 困
元之會	元之會之元之元 咸	元之會之元之會 未濟	元之會之元之運 旅	元之會之元之世 解
	元之會之會之元 小過	元之會之會之會 渙 大寒	元之會之會之運 漸	元之會之會之世 坎
	元之會之運之元 蹇	元之會之運之會 蒙	元之會之運之運 艮	元之會之運之世 師
	元之會之世之元 臨	元之會之世之會 謙	元之會之世之運 坤	元之會之世之世 遯

元之運				元之世				會之元
元之運之元之元 晉 立春	元之運之會之元 巽	元之運之運之元 井	元之運之世之元 恒	元之世之元之元 離	元之世之會之元 家人	元之世之運之元 既濟	元之世之世之元 復	會之元之元之元 損 春分
元之運之元之會 觀	元之運之會之會 升	元之運之運之會 豐	元之運之世之會 蠱	元之世之元之會 大過	元之世之會之會 震 驚蟄	元之世之運之會 頤	元之世之世之會 同人	會之元之元之會 大畜
元之運之元之運 比	元之運之會之運 否	元之運之運之運 屯 雨水	元之運之世之運 訟	元之世之元之運 姤	元之世之會之運 鼎	元之世之運之運 萃	元之世之世之運 无妄	會之元之元之運 節
元之運之元之世 剝	元之運之會之世 豫	元之運之運之世 革	元之運之世之世 益	元之世之元之世 隨	元之世之會之世 噬嗑	元之世之運之世 明夷	元之世之世之世 賁	會之元之元之世 需

			會之會				會之運	
會之元之會之元 中孚	會之元之運之元 大有	會之元之世之元 乾	會之會之元之元 旅	會之會之會之元 漸	會之會之運之元 艮	會之會之世之元 謙	會之運之元之元 蠱 立夏	會之運之會之元 姤
會之元之會之會 小畜	會之元之運之會 兌	會之元之世之會 困	會之會之元之會 解	會之會之會之會 坎 穀雨	會之會之運之會 師	會之會之世之會 小過	會之運之元之會 井	會之運之會之會 訟
會之元之會之運 大壯	會之元之運之運 夬 清明	會之元之世之運 咸	會之會之元之運 歸妹	會之會之會之運 蹇	會之會之運之運 泰	會之會之世之運 觀	會之運之元之運 屯	會之運之會之運 无妄
會之元之會之世 睽	會之元之運之世 履	會之元之世之世 未濟	會之會之元之世 渙	會之會之會之世 蒙	會之會之運之世 臨	會之會之世之世 剝	會之運之元之世 遯	會之運之會之世 大過

		會之世				運之元		
會之運之運之元 豫	會之運之世之元 坤	會之世之元之元 晉	會之世之會之元 革	會之世之運之元 豐	會之世之世之元 既濟	運之元之元之元 大畜 夏至	運之元之會之元 小畜	運之元之運之元 兌
會之運之運之會 鼎	會之運之世之會 升	會之世之元之會 噬嗑	會之世之會之會 頤 芒種	會之世之運之會 震	會之世之世之會 賁	運之元之元之會 節	運之元之會之會 歸妹	運之元之運之會 夬
會之運之運之運 比 小滿	會之運之世之運 萃	會之世之元之運 否	會之世之會之運 復	會之世之運之運 家人	會之世之世之運 明夷	運之元之元之會 需	運之元之會之運 睽	運之元之運之運 履 小暑
會之運之運之世 巽	會之運之世之世 隨	會之世之元之世 離	會之世之會之世 恆	會之世之運之世 益	會之世之世之世 同人	運之元之元之世 中孚	運之元之會之世 大有	運之元之運之世 乾

	運之會				運之運			
元之運 世之 之元 困	元之運 元之 之會 恆	元之運 會之 之會 姤	元之運 運之 之會 小過	元之運 世之 之會 益	元之運 元之 之運 漸 立秋	元之運 會之 之運 蹇	元之運 運之 之運 師	元之運 世之 之運 无妄
會之運 世之 之元 未濟	會之運 元之 之會 鼎	會之運 會之 之會 隨 大暑	會之運 運之 之會 震	會之運 世之 之會 井	會之運 元之 之運 晉	會之運 會之 之會 豫	會之運 運之 之運 艮	會之運 世之 之運 離
運之運 世之 之元 解	運之運 元之 之會 大過	運之運 會之 之會 旅	運之運 運之 之會 渙	運之運 世之 之會 屯	運之運 元之 之運 萃	運之運 會之 之運 遯	運之運 運之 之運 剝 處暑	運之運 世之 之運 豐
世之運 世之 之元 大壯	世之運 元之 之會 訟	世之運 會之 之會 噬嗑	世之運 運之 之會 巽	世之運 世之 之會 坎	世之運 元之 之運 泰	世之運 會之 之運 咸	世之運 運之 之運 觀	世之運 世之 之運 復

運之世	運之世之元之元 蠱	運之世之元之會 革	運之世之元之運 家人	運之世之元之世 否
	運之世之會之元 比	運之世之會之會 升 白露	運之世之會之運 頤	運之世之會之世 賁
	運之世之運之元 蒙	運之世之運之會 謙	運之世之運之運 坤	運之世之運之世 同人
	運之世之世之元 明夷	運之世之世之會 臨	運之世之世之運 損	運之世之世之世 既濟
世之元	世之元之元之元 升 秋分	世之元之元之會 蒙	世之元之元之運 蠱	世之元之元之世 井
	世之元之會之元 坎	世之元之會之會 巽	世之元之會之運 渙	世之元之會之世 解
	世之元之運之元 恆	世之元之運之會 未濟	世之元之運之運 鼎 寒露	世之元之運之世 困
	世之元之世之元 大過	世之元之世之會 姤	世之元之世之運 訟	世之元之世之世 隨
世之會	世之會之元之元 兌	世之會之元之會 乾	世之會之元之運 萃	世之會之元之世 噬嗑

			世之運				世之世	
世之會之會之元 夬	世之會之運之元 咸	世之會之世之元 履	世之運之元之元 益 立冬	世之運之會之元 小過	世之運之運之元 既濟	世之運之世之元 家人	世之世之元之元 坤	世之世之會之元 離
世之會之會之會 否 霜降	世之會之運之會 革	世之會之世之會 泰	世之運之元之會 豐	世之運之會之會 臨	世之運之運之會 晉	世之運之世之會 需	世之世之元之會 謙	世之世之會之會 比 大雪
世之會之會之運 无妄	世之會之運之運 遯	世之會之世之運 剝	世之運之元之運 歸妹	世之運之會之運 賁	世之運之運之運 損 小雪	世之運之世之運 大畜	世之世之元之運 漸	世之世之會之運 蹇
世之會之會之世 睽	世之會之運之世 大有	世之會之世之世 頤	世之運之元之世 大壯	世之運之會之世 中孚	世之運之運之世 節	世之運之世之世 小畜	世之世之元之世 艮	世之世之會之世 豫

世之世之運之元 師
世之世之運之會 同人
世之世之運之運 旅
世之世之運之世 屯

世之世之世之元 觀
世之世之世之會 震
世之世之世之運 復
世之世之世之世 明夷

世三十
運三百六十
會一萬八百
元十二萬九千六百
世之世九百
世之運一萬八百
世之會三十二萬四千
世之元三百八十八萬八千
運之世一萬八百
運之運十二萬九千六百
運之會三百八十八萬八千
運之元四千六百六十五萬六千
會之世三十二萬四千
會之運三百八十八萬八千
會之會一億一千六百六十四萬
會之元十三億九千九百六十八萬
元之世三百八十八萬八千
元之運四千六百六十五萬六千
元之會十三億九千九百六十八萬
元之元一百六十七億九千六百十六萬

元會運世本數四互相乘則變爲十六

世之世之世之世八十一萬以九百乘九百而得

世之世之世之運九百七十二萬以九百乘一萬八百

世之運之世之運一億一千六百六十四萬以一萬八百乘一萬八百

世之世之世之會二億九千一百六十萬以九百乘三十二萬四千

世之運之運之運一十三億九千九百六十八萬以一萬八百乘十二萬九千六百

世之世之世之元三十四億九千九百二十萬以九百乘三百八十八萬八千

運之運之運之運一百六十七億九千六百一十六萬以十二萬九千六百自乘

世之世之運之元四百一十九億九千四十萬以九百乘四千六百六十五萬六千

世之世之會之會一千四十九億七千六百萬以九百乘一億一千六百六十四萬

世之運之運之元五千三十八億八千四百八十萬以一萬八百乘

四千六百六十五萬六千

世之世之會之元一萬二千五百九十七億一千二百萬以九百乘十三億九千九百六十八萬

運之運之運之元六萬四百六十六億一千七百六十萬以十二萬九千六百乘四千六百六十五萬六千

世之世之元之元一十五萬一千一百六十五億四千四百萬以九百乘一百六十七億九千六百十六萬

世之會之會之會三十七萬七千九百十三億六千萬以三十二萬四千乘一億一千六百六十四萬

世之運之元之元一百八十一萬三千九百八十五億二千八百萬以一萬八百乘一百六十七億九千六百十六萬

世之會之會之元四百五十三萬四千九百六十三億二千萬以三十二萬四千乘十三億九千九百六十八萬

運之運之元之元二千一百七十六萬七千八百二十三億三千六百萬以十二萬九千六百乘一百六十七億九千六百十六萬

世之會之元之元五千四百四十一萬九千五百五十八億四千萬以三十二萬四千乘一百六十七億九千六百十六萬

會之會之會之會一兆三千六百四萬八千八百九十六億以一億一千六百六十四萬自乘

運之會之元之元六兆五千三百三萬四千七百億八千萬以三百八十八萬八千乘一百六十七億九千六百十六萬

會之會之會之元十六兆三千二百五十八萬六千七百五十二億以一億一千六百六十四萬乘十三億九千九百六十八萬

運之元之元之元七十八兆三千六百四十一萬六千四百九億六千萬以四千六百六十五萬六千乘一百六十七億九千六百十六萬

會之會之元之元一百九十五兆九千一百四萬一千二十四億以一億一千六百六十四萬乘一百六十七億九千六百十六萬

會之元之元之元二千三百五十兆九千二百四十九萬二千二百八十八億以十三億九千九百六十八萬乘一百六十七億九千六百十六萬

元之元之元之元二萬八千二百十一兆九百九十萬七千四百五十六億以一百六十七億九千六百十六萬自乘

又以十六數互相乘如元之會爲一數其下之運之世爲一數乘

之變爲二百五十六數分配二百五十六卦自泰起元之元之元
之元得二萬八千二百十一兆九百九十萬七千四百五十六億
至明夷卦終爲世之世之世之世得八十一萬今舉二十五條爲
例

經世既濟陽圖

元之元

元之元[illegible][illegible]泰 水水音八八坤 日日聲一一乾	元之會[illegible][illegible]損 水火音八七謙 日日聲一一乾	元之運[illegible][illegible]大畜 水土音八六師 日日聲一一乾	元之世[illegible][illegible]節 水石音八五升 日日聲一一乾
會之元[illegible][illegible]需 火水音七八剝 日日聲一一乾	會之會[illegible][illegible]中孚 火火音七七艮 日日聲一一乾	會之運[illegible][illegible]小畜 火土音七六蒙 日日聲一一乾	會之世[illegible][illegible]歸妹 火石音七五蠱 日日聲一一乾
運之元[illegible][illegible]大壯 土水音六八比 日日聲一一乾	運之會[illegible][illegible]睽 土火音六七蹇 日日聲一一乾	運之運[illegible][illegible]大有 土土音六六坎 日日聲一一乾	運之世[illegible][illegible]兌 土石音六五井 日日聲一一乾
世之元[illegible][illegible]夬 石水音五八觀 日日聲一一乾	世之會[illegible][illegible]履 石火音五七漸 日日聲一一乾	世之運[illegible][illegible]乾 石土音五六渙 日日聲一一乾	世之世[illegible][illegible]困 石石音五五巽 日日聲一一乾

元之會

元之元[illegible][illegible]咸 水水音八八坤 日月聲一二履	元之會[illegible][illegible]未濟 水火音八七謙 日月聲一二履	元之運[illegible]困旅 水土音八六師 日月聲一二履	元之世[illegible]大過解 水石音八五升 日月聲一二履
會之元[illegible][illegible]小過 火水音七八剝 日月聲一二履	會之會[illegible][illegible]渙 火火音七七艮 日月聲一二履	會之運[illegible]困漸 火土音七六蒙 日月聲一二履	會之世[illegible]大過坎 火石音七五蠱 日月聲一二履
運之元[illegible][illegible]蹇 土水音六八比 日月聲一二履	運之會[illegible][illegible]蒙 土火音六七蹇 日月聲一二履	運之運[illegible]困艮 土土音六六坎 日月聲一二履	運之世[illegible]大過師 土石音六五井 日月聲一二履
世之元[illegible][illegible]臨 石水音五八觀 日月聲一二履	世之會[illegible][illegible]謙 石火音五七漸 日月聲一二履	世之運[illegible]困坤 石土音五六渙 日月聲一二履	世之世[illegible]大過遯 石石音五五巽 日月聲一二履

元之運

元之元否晉晉 水水音八八坤 日星聲一三同人	元之會否旅觀 水火音八七謙 日星聲一三同人	元之運否未濟比 水土音八六師 日星聲一三同人	元之世否鼎剝 水石音八五升 日星聲一三同人
會之元遯晉巽 火水音七八剝 日星聲一三同人	會之會遯旅升 火火音七七艮 日星聲一三同人	會之運遯未濟否 火土音七六蒙 日星聲一三同人	會之世遯鼎豫 火石音七五蠱 日星聲一三同人
運之元訟晉井 土水音六八比 日星聲一三同人	運之會訟旅豐 土火音六七蹇 日星聲一三同人	運之運訟未濟屯 土土音六六坎 日星聲一三同人	運之世訟鼎革 土石音六五井 日星聲一三同人
世之元姤晉恆 石水音五八觀 日星聲一三同人	世之會姤旅蠱 石火音五七漸 日星聲一三同人	世之運姤未濟訟 石土音五六渙 日星聲一三同人	世之世姤鼎益 石石音五五巽 日星聲一三同人

元之世

元之元[illegible][illegible]離　會之元[illegible][illegible]家人　運之元[illegible][illegible]既濟　世之元[illegible][illegible]復
水水音八八坤　火水音七八剝　土水音六八比　石水音五八觀
日辰聲一四无妄　日辰聲一四无妄　日辰聲一四无妄　日辰聲一四无妄

元之會[illegible][illegible]大過　會之會[illegible][illegible]震　運之會[illegible][illegible]頤　世之會[illegible][illegible]同人
水火音八七謙　火火音七七艮　土火音六七蹇　石火音五七漸
日辰聲一四无妄　日辰聲一四无妄　日辰聲一四无妄　日辰聲一四无妄

元之運[illegible][illegible]姤　會之運[illegible][illegible]鼎　運之運[illegible][illegible]萃　世之運[illegible][illegible]无妄
水土音八六師　火土音七六蒙　土土音六六坎　石土音五六渙
日辰聲一四无妄　日辰聲一四无妄　日辰聲一四无妄　日辰聲一四无妄

元之世[illegible][illegible]隨　會之世[illegible][illegible]噬嗑　運之世[illegible][illegible]明夷　世之世[illegible][illegible]賁
水石音八五升　火石音七五蠱　土石音六五井　石石音五五巽
日辰聲一四无妄　日辰聲一四无妄　日辰聲一四无妄　日辰聲一四无妄

會之元

元之元[illegible][illegible]損 水水音八八坤 月日聲二一史	元之會[illegible][illegible]大畜 水火音八七謙 月日聲二一史	元之運[illegible]訟節 水土音八六師 月日聲二一史	元之世[illegible][illegible]需 水石音八五升 月日聲二一史
會之元[illegible][illegible]中孚 火水音七八剝 月日聲二一史	會之會[illegible][illegible]小畜 火火音七七艮 月日聲二一史	會之運[illegible]訟大壯 火土音七六蒙 月日聲二一史	會之世[illegible][illegible]睽 火石音七五蠱 月日聲二一史
運之元困[illegible]大畜 土水音六八比 月日聲二一史	運之會困[illegible]兌 土火音六七蹇 月日聲二一史	運之運困訟夬 土土音六六坎 月日聲二一史	運之世困[illegible]履 土石音六五井 月日聲二一史
世之元大過[illegible]乾 石水音五八觀 月日聲二一史	世之會大過[illegible]困 石火音五七漸 月日聲二一史	世之運大過訟咸 石土音五六渙 月日聲二一史	世之世大過[illegible]未濟 石石音五五巽 月日聲二一史

會之會

元之元[illegible][illegible]旅 水水音八八坤 月月聲二二兌	元之會[illegible][illegible]解 水火音八七謙 月月聲二二兌	元之運[illegible]困歸妹 水土音八六師 月月聲二二兌	元之世[illegible][illegible]渙 水石音八五升 月月聲二二兌
會之元[illegible][illegible]漸 火水音七八剝 月月聲二二兌	會之會[illegible][illegible]坎 火火音七七艮 月月聲二二兌	會之運[illegible]困蹇 火土音七六蒙 月月聲二二兌	會之世[illegible][illegible]蒙 火石音七五蠱 月月聲二二兌
運之元困[illegible]艮 土水音六八比 月月聲二二兌	運之會困[illegible]師 土火音六七蹇 月月聲二二兌	運之運困困泰 土土音六六坎 月月聲二二兌	運之世困[illegible]臨 土石音六五井 月月聲二二兌
世之元[illegible][illegible]謙 石水音五八觀 月月聲二二兌	世之會[illegible][illegible]小過 石火音五七漸 月月聲二二兌	世之運[illegible]困觀 石土音五六渙 月月聲二二兌	世之世[illegible][illegible]剝 石石音五五巽 月月聲二二兌

會之運

元之元（升離）蠱 水水音八八坤 月星聲二一三革	元之會（升旅）井 水火音八七謙 月星聲二一三革	元之運（升未濟）屯 水土音八六師 月星聲二一三革	元之世（升鼎）遯 水石音八五升 月星聲二一三革
會之元（咸離）姤 火水音七八剝 月星聲二一三革	會之會（咸旅）訟 火火音七七艮 月星聲二一三革	會之運（咸未濟）无妄 火土音七六蒙 月星聲二一三革	會之世（咸鼎）大過 火石音七五蠱 月星聲二一三革
運之元（困離）豫 土水音六八比 月星聲二一三革	運之會（困旅）鼎 土火音六七蹇 月星聲二一三革	運之運（困未濟）比 土土音六六坎 月星聲二一三革	運之世（困鼎）巽 土石音六五井 月星聲二一三革
世之元（大過離）坤 石水音五八觀 月星聲二一三革	世之會（大過旅）升 石火音五七漸 月星聲二一三革	世之運（大過未濟）萃 石土音五六渙 月星聲二一三革	世之世（大過鼎）隨 石石音五五巽 月星聲二一三革

會之世

元之元[illegible][illegible]晉 水水音八八坤 月辰聲二四隨	元之會[illegible][illegible]噬嗑 水火音八七謙 月辰聲二四隨	元之運[illegible][illegible]否 水土音八六師 月辰聲二四隨	元之世[illegible][illegible]離 水石音八五升 月辰聲二四隨
會之元[illegible][illegible]革 火水音七八剝 月辰聲二四隨	會之會[illegible][illegible]頤 火火音七七艮 月辰聲二四隨	會之運[illegible][illegible]復 火土音七六蒙 月辰聲二四隨	會之世[illegible][illegible]恆 火石音七五蠱 月辰聲二四隨
運之元困[illegible]豐 土水音六八比 月辰聲二四隨	運之會困[illegible]震 土火音六七蹇 月辰聲二四隨	運之運困[illegible]家人 土土音六六坎 月辰聲二四隨	運之世困[illegible]益 土石音六五井 月辰聲二四隨
世之元[illegible][illegible]既濟 石水音五八觀 月辰聲二四隨	世之會[illegible][illegible]賁 石火音五七漸 月辰聲二四隨	世之運[illegible][illegible][illegible] 石土音五六渙 月辰聲二四隨	世之世[illegible][illegible]同人 石石音五五巽 月辰聲二四隨

運之元

元之元[illegible][illegible]大畜	會之元[illegible][illegible]小畜	運之元[illegible][illegible]兌	世之元[illegible][illegible]困
水水音八八坤	火水音七八剝	土水音六八比	石水音五八觀
星日聲三一大有	星日聲三一大有	星日聲三一大有	星日聲三一大有
元之會[illegible][illegible]節	會之會[illegible][illegible]歸妹	運之會[illegible][illegible]夬	世之會[illegible][illegible]未濟
水火音八七謙	火火音七七艮	土火音六七蹇	石火音五七漸
星日聲三一大有	星日聲三一大有	星日聲三一大有	星日聲三一大有
元之運[illegible][illegible]需	會之運[illegible][illegible]睽	運之運[illegible][illegible]履	世之運[illegible][illegible]解
水土音八六師	火土音七六蒙	土土音六六坎	石土音五六渙
星日聲三一大有	星日聲三一大有	星日聲三一大有	星日聲三一大有
元之世[illegible][illegible]中孚	會之世[illegible][illegible]大畜	運之世[illegible][illegible]乾	世之世[illegible][illegible]大壯
水石音八五升	火石音七五蠱	土石音六五井	石石音五五巽
星日聲三一大有	星日聲三一大有	星日聲三一大有	星日聲三一大有

運之會

元之元恆 水水音八八坤 星月聲三二睽	元之會鼎 水火音八七謙 星月聲三二睽	元之運大過 水土音八六師 星月聲三二睽	元之世訟 水石音八五升 星月聲三二睽
會之元姤 火水音七八剝 星月聲三二睽	會之會隨 火火音七七艮 星月聲三二睽	會之運旅 火土音七六蒙 星月聲三二睽	會之世噬嗑 火石音七五蠱 星月聲三二睽
運之元小畜 土水音六八比 星月聲三二睽	運之會震 土火音六七蹇 星月聲三二睽	運之運渙 土土音六六坎 星月聲三二睽	運之世巽 土石音六五井 星月聲三二睽
世之元益 石水音五八觀 星月聲三二睽	世之會井 石火音五七漸 星月聲三二睽	世之運屯 石土音五六渙 星月聲三二睽	世之世坎 石石音五五巽 星月聲三二睽

運之運

元之元[illegible][illegible]漸
水水音八八坤
星星聲三三離

會之元[illegible][illegible]蹇
火水音七八剝
星星聲三三離

運之元[illegible][illegible]師
土水音六八比
星星聲三三離

世之元[illegible][illegible]旡妄
石水音五八觀
星星聲三三離

元之會[illegible][illegible]晉
水火音八七謙
星星聲三三離

會之會[illegible][illegible]豫
火火音七七艮
星星聲三三離

運之會[illegible][illegible]艮
土火音六七蹇
星星聲三三離

世之會[illegible][illegible]離
石火音五七漸
星星聲三三離

元之運[illegible][illegible]萃
水土音八六師
星星聲三三離

會之運[illegible][illegible]遯
火土音七六蒙
星星聲三三離

運之運[illegible][illegible]剝
土土音六六坎
星星聲三三離

世之運[illegible][illegible]豐
石土音五六渙
星星聲三三離

元之世[illegible][illegible]泰
水石音八五升
星星聲三三離

會之世[illegible][illegible]咸
火石音七五蠱
星星聲三三離

運之世[illegible][illegible]觀
土石音六五井
星星聲三三離

世之世[illegible][illegible]復
石石音五五巽
星星聲三三離

運之世

元之元豐泰蠱 水水音八八坤 星辰聲三四噬嗑	元之會豐鼎革 水火音八七謙 星辰聲三四噬嗑	元之運豐無家人 水土音八六師 星辰聲三四噬嗑	元之世豐亟否 水石音八五升 星辰聲三四噬嗑
會之元旅泰比 火水音七八剝 星辰聲三四噬嗑	會之會旅鼎升 火火音七七艮 星辰聲三四噬嗑	會之運旅無頤 火土音七六蒙 星辰聲三四噬嗑	會之世旅亟賁 火石音七五蠱 星辰聲三四噬嗑
運之元未濟泰蒙 土水音六八比 星辰聲三四噬嗑	運之會未濟鼎謙 土火音六七蹇 星辰聲三四噬嗑	運之運未濟無坤 土土音六六坎 星辰聲三四噬嗑	運之世未濟亟同人 土石音六五井 星辰聲三四噬嗑
世之元節泰巽 石水音五八觀 星辰聲三四噬嗑	世之會節鼎臨 石火音五七漸 星辰聲三四噬嗑	世之運節無損 石土音五六渙 星辰聲三四噬嗑	世之世節亟既 石石音五五巽 星辰聲三四噬嗑

世之元

元之元[illegible][illegible]升 水水音八八坤 辰日聲四一大壯	元之會[illegible][illegible]蒙 水火音八七謙 辰日聲四一大壯	元之運[illegible][illegible]蠱 水土音八六師 辰日聲四一大壯	元之世[illegible][illegible]井 水石音八五升 辰日聲四一大壯
會之元[illegible][illegible]坎 火水音七八剝 辰日聲四一大壯	會之會[illegible][illegible]巽 火火音七七艮 辰日聲四一大壯	會之運[illegible][illegible]渙 火土音七六蒙 辰日聲四一大壯	會之世[illegible][illegible]解 火石音七五蠱 辰日聲四一大壯
運之元[illegible][illegible]恆 土水音六八比 辰日聲四一大壯	運之會[illegible][illegible]未濟 土火音六七蹇 辰日聲四一大壯	運之運[illegible][illegible]鼎 土土音六六坎 辰日聲四一大壯	運之世[illegible][illegible]困 土石音六五井 辰日聲四一大壯
世之元[illegible][illegible]大畜 石水音五八觀 辰日聲四一大壯	世之會[illegible][illegible]姤 石火音五七漸 辰日聲四一大壯	世之運[illegible][illegible]訟 石土音五六渙 辰日聲四一大壯	世之世[illegible][illegible]隨 石石音五五巽 辰日聲四一大壯

世之會

元之元[illegible]兌 水水音八八坤 辰月聲四二歸妹	元之會[illegible]乾 水火音八七謙 辰月聲四二歸妹	元之運[illegible]困萃 水土音八六師 辰月聲四二歸妹	元之世[illegible]大[illegible]蠱 水石音八五升 辰月聲四二歸妹
會之元[illegible]夬 火水音七八剝 辰月聲四二歸妹	會之會[illegible]否 火火音七七艮 辰月聲四二歸妹	會之運[illegible]困无妄 火土音七六蒙 辰月聲四二歸妹	會之世[illegible]大[illegible]睽 火石音七五蠱 辰月聲四二歸妹
運之元[illegible]咸 土水音六八比 辰月聲四二歸妹	運之會[illegible]革 土火音六七蒙 辰月聲四二歸妹	運之運[illegible]困遯 土土音六六坎 辰月聲四二歸妹	運之世[illegible]大[illegible]大有 土石音六五井 辰月聲四二歸妹
世之元[illegible]履 石水音五八觀 辰月聲四二歸妹	世之會[illegible]泰 石火音五七漸 辰月聲四二歸妹	世之運[illegible]困剝 石土音五六渙 辰月聲四二歸妹	世之世[illegible]大[illegible]頤 石石音五五巽 辰月聲四二歸妹

世之運

元之元豫晉益	水水音八八坤	辰星聲四三豐	元之會豫旅豐	水火音八七謙	辰星聲四三豐	元之運豫未濟歸妹	水土音八六師	辰星聲四三豐	元之世豫鼎大壯	水石音八五升	辰星聲四三豐
會之元小畜晉小過	火水音七八剝	辰星聲四三豐	會之會小畜旅臨	火火音七七艮	辰星聲四三豐	會之運小畜未濟賁	火土音七六蒙	辰星聲四三豐	會之世小畜鼎中孚	火石音七五蠱	辰星聲四三豐
運之元解晉既濟	土水音六八比	辰星聲四三豐	運之會解旅晉	土火音六七蹇	辰星聲四三豐	運之運解未濟損	土土音六六坎	辰星聲四三豐	運之世解鼎節	土石音六五井	辰星聲四三豐
世之元困晉家人	石水音五八觀	辰星聲四三豐	世之會困旅需	石火音五七漸	辰星聲四三豐	世之運困未濟大畜	石土音五六渙	辰星聲四三豐	世之世困鼎小畜	石石音五五巽	辰星聲四三豐

世之世

元之元元元坤
水水音八八坤
辰辰聲四四震

會之元會元離
火水音七八剝
辰辰聲四四震

運之元運元師
土水音六八比
辰辰聲四四震

世之元世元觀
石水音五八觀
辰辰聲四四震

元之會元會謙
水火音八七謙
辰辰聲四四震

會之會會會比
火火音七七艮
辰辰聲四四震

運之會運會同人
土火音六七蹇
辰辰聲四四震

世之會世會震
石火音五七漸
辰辰聲四四震

元之運元運漸
水土音八六師
辰辰聲四四震

會之運會運蹇
火土音七六蒙
辰辰聲四四震

運之運運運旅
土土音六六坎
辰辰聲四四震

世之運世運復
石土音五六渙
辰辰聲四四震

元之世元世艮
水石音八五升
辰辰聲四四震

會之世會世豫
火石音七五蠱
辰辰聲四四震

運之世運世屯
土石音六五井
辰辰聲四四震

世之世世世巽
石石音五五巽
辰辰聲四四震

經世既濟陰圖

歲之歲

水水音一一坤
日日聲八八乾
歲之歲泰泰

水水音一一坤
月日聲七八夬
月之歲臨泰

水水音一一坤
星日聲六八大有
日之歲剝泰

水水音一一坤
辰日聲五八大壯
時之歲復泰

水水音一一坤
日月聲八七履
歲之月泰臨

水水音一一坤
月月聲七七兌
月之月臨臨

水水音一一坤
星月聲六七睽
日之月剝臨

水水音一一坤
辰月聲五七歸妹
時之月復臨

水水音一一坤
日星聲八六同人
歲之日泰剝

水水音一一坤
月星聲七六革
月之日臨剝

水水音一一坤
星星聲六六離
日之日剝剝

水水音一一坤
辰星聲五六豐
時之日復剝

水水音一一坤
日辰聲八五无妄
歲之時泰復

水水音一一坤
月辰聲七五隨
月之時臨復

水水音一一坤
星辰聲六五噬嗑
日之時剝復

水水音一一坤
辰辰聲五五震
時之時復復

歲之月

水火音一二謙 日日聲八八乾 歲之歲泰大畜	水火音一二謙 日月聲八七履 歲之月泰損	水火音一二謙 日星聲八六同人 歲之日泰賁	水火音一二謙 日辰聲八五无妄 歲之時泰頤
水火音一二謙 月日聲七八夬 月之歲臨大畜	水火音一二謙 月月聲七七兌 月之月臨損	水火音一二謙 月星聲七六革 月之日臨賁	水火音一二謙 月辰聲七五隨 月之時臨頤
水火音一二謙 星日聲六八大有 日之歲明夷大畜	水火音一二謙 星月聲六七睽 日之月明夷損	水火音一二謙 星星聲六六離 日之日明夷賁	水火音一二謙 星辰聲六五噬嗑 日之時明夷頤
水火音一二謙 辰日聲五八大壯 時之歲復大畜	水火音一二謙 辰月聲五七歸妹 時之月復損	水火音一二謙 辰星聲五六豐 時之日復賁	水火音一二謙 辰辰聲五五震 時之時復頤

歲之日

水土音一三師
日日聲八八乾
歲之歲泰需

水土音一三師
日月聲八七履
歲之月泰節

水土音一三師
日星聲八六同人
歲之日泰既濟

水土音一三師
日辰聲八五无妄
歲之時泰屯

水土音一三師
月日聲七八夬
月之歲臨需

水土音一三師
月月聲七七兌
月之月臨節

水土音一三師
月星聲七六革
月之日臨既濟

水土音一三師
月辰聲七五隨
月之時臨屯

水土音一三師
星日聲六八大有
日之歲剝需

水土音一三師
星月聲六七睽
日之月剝節

水土音一三師
星星聲六六離
日之日剝既濟

水土音一三師
星辰聲六五噬嗑
日之時剝屯

水土音一三師
辰日聲五八大壯
時之歲復需

水土音一三師
辰月聲五七歸妹
時之月復節

水土音一三師
辰星聲五六豐
時之日復既濟

水土音一三師
辰辰聲五五震
時之時復屯

歲之時

水石音一四升 日日聲八八乾 歲之歲泰小畜	水石音一四升 月日聲七八夬 月之歲臨小畜	水石音一四升 星日聲六八大有 日之歲觀小畜	水石音一四升 辰日聲五八大壯 時之歲復小畜
水石音一四升 日月聲八七履 歲之月泰中孚	水石音一四升 月月聲七七兌 月之月臨中孚	水石音一四升 星月聲六七睽 日之月觀中孚	水石音一四升 辰月聲五七歸妹 時之月復中孚
水石音一四升 日星聲八六同人 歲之日泰同人	水石音一四升 月星聲七六革 月之日臨同人	水石音一四升 星星聲六六離 日之日觀同人	水石音一四升 辰星聲五六豐 時之日復同人
水石音一四升 日辰聲八五无妄 歲之時泰大有	水石音一四升 月辰聲七五隨 月之時臨大有	水石音一四升 星辰聲六五噬嗑 日之時觀大有	水石音一四升 辰辰聲五五震 時之時復大有

月之歲

火水音二一一翕 日日聲八八乾 歲之歲大畜泰	火水音二一一翕 日月聲八七履 歲之月大畜臨	火水音二一一翕 日星聲八六同人 歲之日大畜明夷	火水音二一一翕 日辰聲八五无妄 歲之時大畜復
火水音二一一翕 月日聲七八夬 月之歲損泰	火水音二一一翕 月月聲七七兌 月之月損臨	火水音二一一翕 月星聲七六革 月之日損明夷	火水音二一一翕 月辰聲七五隨 月之時損復
火水音二一一翕 星日聲六八大有 日之歲賁泰	火水音二一一翕 星月聲六七睽 日之月賁臨	火水音二一一翕 星星聲六六離 日之日賁明夷	火水音二一一翕 星辰聲六五噬嗑 日之時賁復
火水音二一一翕 辰日聲五八大壯 時之歲頤泰	火水音二一一翕 辰月聲五七歸妹 時之月頤臨	火水音二一一翕 辰星聲五六豐 時之日頤明夷	火水音二一一翕 辰辰聲五五震 時之時頤復

月之月

火火音二二艮	火火音二二艮	火火音二二艮	火火音二二艮
日日聲八八乾	月日聲七八夬	星日聲六八大有	辰日聲五八大壯
歲之歲大畜大畜	月之歲損大畜	日之歲賁大畜	時之歲頤大畜
火火音二二艮	火火音二二艮	火火音二二艮	火火音二二艮
日月聲八七履	月月聲七七兌	星月聲六七睽	辰月聲五七歸妹
歲之月大畜損	月之月損損	日之月賁損	時之月頤損
火火音二二艮	火火音二二艮	火火音二二艮	火火音二二艮
日星聲八六同人	月星聲七六革	星星聲六六離	辰星聲五六豐
歲之日大畜賁	月之日損賁	日之日賁賁	時之日頤賁
火火音二二艮	火火音二二艮	火火音二二艮	火火音二二艮
日辰聲八五无妄	月辰聲七五隨	星辰聲六五噬嗑	辰辰聲五五震
歲之時大畜頤	月之時損頤	日之時賁頤	時之時頤頤

月之日

火土音二二三蒙	日日聲八八乾	歲之歲大畜泰	火土音二二三蒙	日月聲八七履	歲之月大畜臨	火土音二二三蒙	日星聲八六同人	歲之日大畜明夷	火土音二二三蒙	日辰聲八五无妄	歲之時大畜屯
火土音二二三蒙	月日聲七八夬	月之歲損泰	火土音二二三蒙	月月聲七七兌	月之月損臨	火土音二二三蒙	月星聲七六革	月之日損明夷	火土音二二三蒙	月辰聲七五隨	月之時損屯
火土音二二三蒙	星日聲六八大有	日之歲賁泰	火土音二二三蒙	星月聲六七睽	日之月賁臨	火土音二二三蒙	星星聲六六離	日之日賁明夷	火土音二二三蒙	星辰聲六五噬嗑	日之時賁屯
火土音二二三蒙	辰日聲五八大壯	時之歲頤泰	火土音二二三蒙	辰月聲五七歸妹	時之月頤臨	火土音二二三蒙	辰星聲五六豐	時之日頤明夷	火土音二二三蒙	辰辰聲五五震	時之時頤屯

月之時

火石音二一四蠱 日日聲八八乾 歲之歲大畜小畜	火石音二一四蠱 日月聲八七履 歲之月大畜中孚	火石音二一四蠱 日星聲八六同人 歲之日大畜家人	火石音二一四蠱 日辰聲八五无妄 歲之時大畜益
火石音二一四蠱 月日聲七八夬 月之歲損小畜	火石音二一四蠱 月月聲七七兌 月之月損中孚	火石音二一四蠱 月星聲七六革 月之日損家人	火石音二一四蠱 月辰聲七五隨 月之時損益
火石音二一四蠱 星日聲六八大有 日之歲賁小畜	火石音二一四蠱 星月聲六七睽 日之月賁中孚	火石音二一四蠱 星星聲六六離 日之日賁家人	火石音二一四蠱 星辰聲六五噬嗑 日之時賁益
火石音二一四蠱 辰日聲五八大壯 時之歲頤小畜	火石音二一四蠱 辰月聲五七歸妹 時之月頤中孚	火石音二一四蠱 辰星聲五六豐 時之日頤家人	火石音二一四蠱 辰辰聲五五震 時之時頤益

日之歲

土水音三一比 日日聲八八乾 歲之歲需泰	土水音三一比 日月聲八七履 歲之月需臨	土水音三一比 日星聲八六同人 歲之日需明夷	土水音三一比 日辰聲八五无妄 歲之時需復
土水音三一比 月日聲七八夬 月之歲節泰	土水音三一比 月月聲七七兌 月之月節臨	土水音三一比 月星聲七六革 月之日節明夷	土水音三一比 月辰聲七五隨 月之時節復
土水音三一比 星日聲六八大有 日之歲既濟泰	土水音三一比 星月聲六七睽 日之月既濟臨	土水音三一比 星星聲六六離 日之日既濟明夷	土水音三一比 星辰聲六五噬嗑 日之時既濟復
土水音三一比 辰日聲五八大壯 時之歲屯泰	土水音三一比 辰月聲五七歸妹 時之月屯臨	土水音三一比 辰星聲五六豐 時之日屯明夷	土水音三一比 辰辰聲五五震 時之時屯復

日之月

土火音三二一蹇 日日聲八八乾 歲之歲蠱大畜	土火音三二一蹇 日月聲八七履 歲之月蠱損	土火音三二一蹇 日星聲八六同人 歲之日蠱賁	土火音三二一蹇 日辰聲八五无妄 歲之時蠱頤
土火音三二一蹇 月日聲七八夬 月之歲[illegible]大畜	土火音三二一蹇 月月聲七七兌 月之月[illegible]損	土火音三二一蹇 月星聲七六革 月之日[illegible]賁	土火音三二一蹇 月辰聲七五隨 月之時[illegible]頤
土火音三二一蹇 星日聲六八大有 日之歲[illegible]大畜	土火音三二一蹇 星月聲六七睽 日之月[illegible]損	土火音三二一蹇 星星聲六六離 日之日[illegible]賁	土火音三二一蹇 星辰聲六五噬嗑 日之時[illegible]頤
土火音三二一蹇 辰日聲五八大壯 時之歲升大畜	土火音三二一蹇 辰月聲五七歸妹 時之月升損	土火音三二一蹇 辰星聲五六豐 時之日升賁	土火音三二一蹇 辰辰聲五五震 時之時升頤

日之日

土土音三三坎
日日聲八八乾
歲之歲[illegible][illegible]

土土音三三坎
月日聲七八夬
月之歲[illegible][illegible]

土土音三三坎
月日聲六八大有
日之歲[illegible][illegible]

土土音三三坎
辰日聲五八大壯
時之歲[illegible][illegible]

土土音三三坎
日月聲八七履
歲之月[illegible][illegible]

土土音三三坎
月月聲七七兌
月之月[illegible][illegible]

土土音三三坎
星月聲六七睽
日之月[illegible][illegible]

土土音三三坎
辰月聲五七歸妹
時之月[illegible][illegible]

土土音三三坎
日星聲八六同人
歲之日[illegible][illegible]

土土音三三坎
月星聲七六革
月之日[illegible][illegible]

土土音三三坎
星星聲六六離
日之日[illegible][illegible]

土土音三三坎
辰星聲五六豐
時之日[illegible][illegible]

土土音三三坎
日辰聲八五无妄
歲之時[illegible][illegible]

土土音三三坎
月辰聲七五隨
月之時[illegible][illegible]

土土音三三坎
星辰聲六五噬嗑
日之時[illegible][illegible]

土土音三三坎
辰辰聲五五震
時之時[illegible][illegible]

日之時

土石音三四井 日日聲八八乾 歲之歲[illegible]	土石音三四井 日月聲八七履 歲之月[illegible]	土石音三四井 日星聲八六同人 歲之日[illegible]	土石音三四井 日辰聲八五无妄 歲之時[illegible]
土石音三四井 月日聲七八夬 月之歲[illegible]	土石音三四井 月月聲七七兌 月之月[illegible]	土石音三四井 月星聲七六革 月之日[illegible]	土石音三四井 月辰聲七五隨 月之時[illegible]
土石音三四井 星日聲六八大有 日之歲[illegible]	土石音三四井 星月聲六七睽 日之月[illegible]	土石音三四井 星星聲六六離 日之日[illegible]	土石音三四井 星辰聲六五噬嗑 日之時[illegible]
土石音三四井 辰日聲五八大壯 時之歲[illegible]	土石音三四井 辰月聲五七歸妹 時之月[illegible]	土石音三四井 辰星聲五六豐 時之日[illegible]	土石音三四井 辰辰聲五五震 時之時[illegible]

時之歲

石水音四一觀
日日聲八八乾
歲之歲小畜泰

石水音四一觀
日月聲八七履
歲之月小畜臨

石水音四一觀
日星聲八六同人
歲之日小畜剝

石水音四一觀
日辰聲八五无妄
歲之時小畜復

石水音四一觀
月日聲七八夬
月之歲中孚泰

石水音四一觀
月月聲七七兌
月之月中孚臨

石水音四一觀
月星聲七六革
月之日中孚剝

石水音四一觀
月辰聲七五隨
月之時中孚復

石水音四一觀
星日聲六八大有
日之歲家人泰

石水音四一觀
星月聲六七睽
日之月家人臨

石水音四一觀
星星聲六六離
日之日家人剝

石水音四一觀
星辰聲六五噬嗑
日之時家人復

石水音四一觀
辰日聲五八大壯
時之歲益泰

石水音四一觀
辰月聲五七歸妹
時之月益臨

石水音四一觀
辰星聲五六豐
時之日益剝

石水音四一觀
辰辰聲五五震
時之時益復

時之月

石火音四二漸 日日聲八八乾 歲之歲小畜大畜	石火音四二漸 日月聲八七履 歲之月小畜損	石火音四二漸 日星聲八六同人 歲之日小畜賁	石火音四二漸 日辰聲八五无妄 歲之時小畜頤
石火音四二漸 月日聲七八夬 月之歲中孚大畜	石火音四二漸 月月聲七七兌 月之月中孚損	石火音四二漸 月星聲七六革 月之日中孚賁	石火音四二漸 月辰聲七五隨 月之時中孚頤
石火音四二漸 星日聲六八大有 日之歲家人大畜	石火音四二漸 星月聲六七睽 日之月家人損	石火音四二漸 星星聲六六離 日之日家人賁	石火音四二漸 星辰聲六五噬嗑 日之時家人頤
石火音四二漸 辰日聲五八大壯 時之歲益大畜	石火音四二漸 辰月聲五七歸妹 時之月益損	石火音四二漸 辰星聲五六豐 時之日益賁	石火音四二漸 辰辰聲五五震 時之時益頤

時之日

石土音四三渙
日日聲八八乾
歲之歲[illegible]

石土音四三渙
月日聲七八夬
月之歲[illegible]

石土音四三渙
星日聲六八大有
日之歲[illegible]

石土音四三渙
辰日聲五八大壯
時之歲[illegible]

石土音四三渙
日月聲八七履
歲之月[illegible]

石土音四三渙
月月聲七七兌
月之月[illegible]

石土音四三渙
星月聲六七睽
日之月[illegible]

石土音四三渙
辰月聲五七歸妹
時之月[illegible]

石土音四三渙
日星聲八六同人
歲之日[illegible]

石土音四三渙
月星聲七六革
月之日[illegible]

石土音四三渙
星星聲六六離
日之日[illegible]

石土音四三渙
辰星聲五六豐
時之日[illegible]

石土音四三渙
日辰聲八五无妄
歲之時[illegible]

石土音四三渙
月辰聲七五隨
月之時[illegible]

石土音四三渙
星辰聲六五噬嗑
日之時[illegible]

石土音四三渙
辰辰聲五五震
時之時[illegible]

時之時

石石音四四巽 日日聲八八乾 歲之歲[illegible]	石石音四四巽 日月聲八七履 歲之月[illegible]	石石音四四巽 日星聲八六同人 歲之日[illegible]	石石音四四巽 日辰聲八五无妄 歲之時[illegible]
石石音四四巽 月日聲七八夬 月之歲[illegible]	石石音四四巽 月月聲七七兌 月之月[illegible]	石石音四四巽 月星聲七六革 月之日[illegible]	石石音四四巽 月辰聲七五隨 月之時[illegible]
石石音四四巽 星日聲六八大有 日之歲[illegible]	石石音四四巽 星月聲六七睽 日之月[illegible]	石石音四四巽 星星聲六六離 日之日[illegible]	石石音四四巽 星辰聲六五噬嗑 日之時[illegible]
石石音四四巽 辰日聲五八大壯 時之歲[illegible]	石石音四四巽 辰月聲五七歸妹 時之月[illegible]	石石音四四巽 辰星聲五六豐 時之日[illegible]	石石音四四巽 辰辰聲五五震 時之時[illegible]

以方圖裂爲四片每片十六卦西北十六卦爲天門乾主之東南十
六卦爲地戸坤主之東北十六卦爲鬼方泰主之西南十六卦爲人
路否主之陽圖以天門十六卦爲律每一位各唱地戸呂卦十六位
謂之動數律左呂右從右横觀上體與上體互下體與下體互又成
兩卦每一位變西南之卦三十二共成一千二十四卦陰圖以地戸
十六卦爲呂每一位各唱天門律卦十六位謂之植數呂右律左從
左横觀又成兩卦每一位變東北之卦三十二共成一千二十四卦

經世聲音圖

正聲　　正音

	平	上	去	入		開	發	收	閉
	日	月	星	辰		水	火	土	石
一聲	多	可	个	舌	音一	古	甲	九	癸
	禾	火	化	八		□	□	近	揆
	開	宰	愛	○		坤	巧	丘	弃
	回	每	退	○		□	□	乾	虯
二聲	良	兩	向	○	音二	黑	花	香	血
	光	廣	況	○		黃	華	雄	賢
	丁	井	亘	○		五	瓦	仰	□
	兄	永	瑩	○		吾	牙	月	堯
三聲	千	典	旦	○	音三	安	亞	乙	一
	元	犬	半	○		□	爻	王	寅
	臣	引	艮	○		母	馬	美	米
	君	允	巽	○		目	皃	眉	民
四聲	刀	早	孝	岳	音四	夫	法	□	飛

毛寶報霍　父凡□吠
牛斗奏六　武晚□尾
○○○玉　文萬□未

五聲
妻子四日　音五　卜百丙必
衰○帥骨　步白葡鼻
○○○德　普扑品匹
龜水貴北　旁排平瓶

六聲
宮孔衆○　音六　東丹帝■
龍甬用○　兌大弟■
魚鼠去○　土貪天■
烏虎兔○　同覃田■

七聲
心審禁○　音七　乃妳女■
○○○十　內南年■
男坎欠○　老冷呂■
○○○妾　鹿犖離■

八聲
●●●●　音八　走哉足■
●●●●　自在匠■

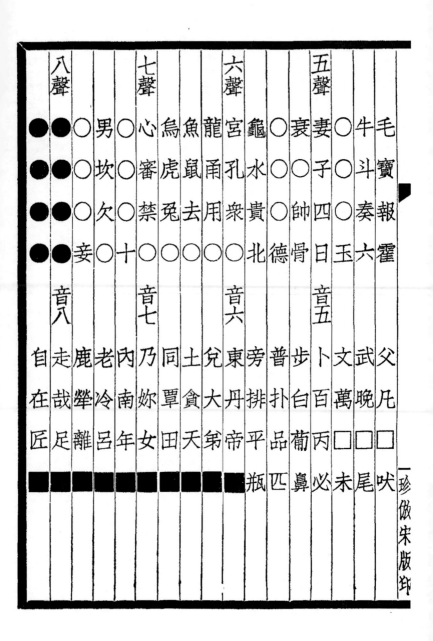

●●●●　草采七■
●●●●　曹才全■
九聲　●●●●　音九　思三星■
●●●●　寺□象■
●●●●　□□□■
●●●●　□□□■
十聲　●●●●　音十　■山手■
●●●●　■士石■
●●●●　■□耳■
●●●●　■□二■
音十一　■莊震■
■乍□■
■乂赤■
■崇辰■
音十二　■卓中■
■宅直■
■拆丑■

附聲音論

邵伯溫曰物有聲色氣味可考而見唯聲爲甚有一物則有一聲有聲則有音有律則有呂故窮聲音律呂以窮萬物之數數亦以四爲本本乎四象故也自四象而爲八卦自八卦而爲六十四天下萬物之數備于其閒矣此與前元會運世其法同日日聲卽元之元日之日也日月聲卽元之會日之月也日星聲卽元之運日之星也日辰聲卽元之世日之辰也其餘皆可類推

鍾過曰天之體數四十地之體數四十八天數以日月星辰相因爲一百六十地數以水火土石相因爲一百九十二于天數內去地之體數四十八得一百一十二是爲天之用聲于地數內去天之體數四十得一百五十二是爲地之用音凡日月星辰四象爲聲水火土石四象爲音聲有清濁音有闢翕遇奇數則聲爲清音爲闢遇耦數則聲爲濁音爲翕聲皆爲律音皆爲呂以律唱呂以呂和律天之用聲別以平上去入者一百一十二皆以開發收閉之音和之地之用音別以開發收閉者一百五十二皆以平上去入之聲唱之

又曰東方之音在齒舌南方之音在脣舌西方之音在齶舌北方之音在喉舌便于喉者不利于脣便于齒者不利于齶由是訛正牽乎僻論是非出乎曲說繁然殽亂于天下矣不有正聲正音烏能正之哉

又曰天有陰陽地有剛柔律有闢翕呂有唱和一陰一陽交而日月星辰備焉一柔一剛交而金土火水備焉一闢一翕交而平上去入備焉一唱一和交而開發收閉備焉日月星辰備而萬情生焉金土火水備而萬形成焉平上去入備而萬聲出焉開發收閉備而萬音生焉律隨天而變呂隨地而化闢隨陽而出翕隨陰而入唱隨剛而上和隨柔而下然後律呂隨音宮徵角羽之道各得其正矣陽生日陰生月剛生星柔生辰剛生金柔生土陽生火陰生水日月星辰金土火水正而天地正焉是知律呂聲音之道可以行天地矣日生目月生耳星生鼻辰生口金生氣土生味火生色水生聲目耳鼻口氣味色聲正而人道正焉是知律呂聲音之道可以行人事矣目之體數十耳之體數十二色之體數十聲之體數十二進目鼻氣色之體數退耳口味聲之體數是爲正律之用數進耳口味聲之體數退目鼻氣色之體數是爲正呂之用數

以正律之用數協正呂之用數是爲正音之用數以正呂之用數和正律之用數是爲正聲之用數正律之用數一百一十二正呂之用數一百五十二正聲之用數萬有七千二十四正音之用數萬有七千二十四律感呂而聲生焉呂感律而音生焉律呂與天地同和聲音與律呂同順是故古之聖王見天地萬物之情暢然後作樂以崇之命工以和之以詩言志以歌永言以聲依永以律和聲此所謂八音克諧而百獸率舞人神以和而鳳凰來儀則是學也豈直言釋音文義而已哉

祝子涇曰宮商角徵羽分太少爲十聲管以十干六律六呂合爲十二音管以十二支攝之以聲音之字母二百六十四聲分平上去入音分開發收閉鋪布悉備以爲三千八百四十圖各十六聲十六音總三萬四千四十八音聲蓋取天聲有字無字與無聲字一百六十位地音有字無字與無音字一百九十二位衍忒而成之聲之位去不用之四十八止百十二所以括唐韻之內外八轉而分平上去入也音之位去不用之四十止百五十二所以括切字母脣舌牙齒喉而分開發收閉也何謂無聲百六十位中有位而調不出者何謂無音百九十二位中有位而切不出者以聲音

統攝萬物之變及于無聲無音則備矣其間有聲有音雖無字皆洪纖高下遂其生育者也若有聲而無音有音而無聲則天地不相唱和獨陽不生獨陰不成徒有其位實無其物也聲音字母二百六十四相交而互變始于一萬七千二十四極于二萬八千九百八十一萬六千五百七十六以取掛一之二百五十六卦以觀天地萬物之進退盈虛消長也

上官萬里曰自胡僧了義以三十六字爲翻切母奪造化之功司馬公指掌圖爲四聲等字蒙古韻以一聲該四聲皆不出了義區域蓋但欲爲翻切用而未及于物理也惟皇極用聲音之法超越前古以聲起數以數合卦而萬物可得而推矣詳見祝氏鈐而祝氏又或與康節有異同處

彭長庚曰鄭夾漈云四聲爲經七音爲緯江右之儒爲韻書知縱有四聲而不知衡有七音縱成經衡成緯經緯不交所以失立韻之原今考經世書聲爲律音爲呂律爲唱呂爲和一經一緯一縱一橫而聲音之全數具矣聲有十音有十二者如甲至癸十子至亥十二也于聲之用數中去音之體數四十八于音之用數中去聲之體數四十者知天數無十地數無一也以聲配音而切韻生

焉翕闢清濁辨焉三萬四千四十八音聲在其中矣天下之聲既具而天下之若色若臭若味皆在其中矣此所以爲萬物之數也袁清容答高舜元問邵子聲音之學及字母淵源曰縱爲四聲橫爲七音鄭漁仲之說備矣邵子聲音之學出于其父名古號伊川丈人有圖譜行于世温公切韻皆源于此然此學由西域來今所謂三十六字母亦從彼出中國四聲甚拙至沈約始明七音先儒嘗言中聲合于天籟若如近世祝泌觀物解中韻譜卻又入樂工清濁之拘莊子謂樂出虛乃邵子心法但得伊川丈人圖子一觀方得髣髴後漢風角鳥占亦不出此然非至靜工夫未易能通也

附梨洲皇極經世論

皇極之數一元十二會爲三百六十運一會三十運爲三百六十世一運十二世爲三百六十年一世三十年爲三百六十月一年十二月爲三百六十日一月三十日爲三百六十時一日十二時爲三百六十分一時三十分爲三百六十秒蓋自大以至于小總不出十二與三十之反覆相承而已以掛一圖之二百五十六卦分配凡一運一世一年一月一日一時各得四爻其爲三百六十者盡二百四十卦餘十六卦分于二十四氣亦每氣得四爻以寓

閏法于其閑不論運世年月日時皆有閏也然推求其說多有可疑夫自一年成數言之爲三百六十日自十二月言之爲三百五十四日自二十四氣言之爲三百六十五日三時自閏歲言之爲三百八十四日今以康節之術案之于歷辰法三百六十其數皆以秒言日法四千三百二十月法十二萬九千六百歲法一百五十五萬五千二百世法四千六百六十五萬六千運法五千九百八十七萬二千會法一百六十七億九千六百十六萬元法二千一十五億五千三百九十二萬皆成數也在一月爲三十日于朔策強二千一百六十于氣策弱一千八百九十在一年爲三百六十日于歲實弱二萬二千六百八十于十二朔實強二萬五千九百二十既不可施之歷矣乃于二氣相接之際各增一日以爲閏以準一年三百八十四之數可謂巧矣然三百八十四日有閏之歲也閏雖每歲有之亦必積之三歲兩歲而後滿于朔實故有三百八十四日之歲若一歲之閏策只四萬八千六百今概之三百八十四日是歲歲有閏月也豈可通乎且所謂閏者見之于年月日時者也就如其說增此四爻亦當增于三百六十之中徒增之于卦其爲三百六十者如故是有閏之名而無閏之實矣是故運

世歲無閏而月日時有閏六者不可一例一年之日三百五十四以運準之則少六日一月之時三百五十四以世準之則少六時康節必欲以十二與三十整齊之其奇零豈可抹殺乎如以康節之數而立法歲實一百五十七萬七千八百八十朔策一十二萬七千四百四十氣策六萬五千七百四十五閏法四萬八千六百由此推而上之爲元會運世庶乎可通耳康節之爲此書其意總括古今之歷學盡歸于易柰易之于歷本不相通硬相牽合所以其說愈煩其法愈巧終成一部鶻突歷書而不可用也皇極一口

口

乾兌離震爲天之四卦四卦自交成十六卦十六而十六之得二百五十六卦謂之掛一圖以之分配元會運世年月日時然在一元會止十二止以辟卦配之一元之中有三百六十運一會之中有三百六十世一運之中有三百六十年一世之中有三百六十月一年之中有三百六十日一月之中有三百六十時凡此六者則以掛一圖配之皆用四爻直一三百六十盡二百四十卦餘十六卦每氣之首各用四爻二十四氣恰盡餘卦顧六者起卦各有不同一曰運卦張文饒得牛無邪之傳以爲堯當賁之六五堯即

位在日甲月巳星癸辰未之甲辰年已歷一百八十運若起元之元之元之元泰卦至此在會之世之世之世其卦爲同人與無邪之傳異矣惟起于世之元之元之元升卦則至此是元之世之世之世始合于無邪之賁直三四五上爻一爻直三世其世在己未則是五爻以來四十一年也故文饒據此遂起升卦番陽祝氏謂起泰者未然之卦運世用之起升者已然之卦歲月日時用之直以堯當同人然無邪有所授受祝氏以意逆之故不舍無邪而從祝氏也二曰世卦起于會首所當之卦子會起升丑會起否寅會起損卯會起泰辰會起渙巳會起屯午會起損未會起坎申會起比酉會起大畜戌會起隨亥會起剝夏禹八年入午會祝氏起卦用泰午會之首在大畜故以大畜六五至節九二爲世之始其卦雖異損其起于午會同也但以堯之己未世直賁歷明夷同人與午會之大畜相接續不知逆推而上則巳會甲子世一千八百一亦起于大畜矣以巳會而用午會之起卦何所取義蓋祝氏聞堯運在賁之說用元之元以推運卦既不能合而午會世起大畜其上適與賁接遂謂無邪所言爲堯之世卦非運卦也亦未嘗逆推知其乖戾耳文饒言世卦隨大運消長遇奇卦則取後卦遇耦卦

則取前卦并二卦以當十二世據之是世卦不煩別起只在運卦左右如己未世之運卦是賁爲耦卦則取前卦之无妄合之分配癸亥運內之十二世可也三曰年卦所謂小運也以世當月以年當日視其世所當之辰而起子起冬至丑起大寒寅起雨水卯起春分辰起穀雨巳起小滿午起夏至未起大暑申起處暑酉起秋分戌起霜降亥起小雪所謂中朔同起三十日分二氣一氣分三候一月六候甲己孟季仲各值五日子午卯酉爲仲辰戌丑未爲季寅申巳亥爲孟仲孟逆生先候五日季順行後候五日卽如唐堯以己未世爲月甲辰年爲日甲辰是大暑以甲己季日當後五日起卦直師之三四五上至十一年甲寅得蠱之初六爲立秋節己未世之季氣卽庚申世之初氣也若漢高小運以己未爲月甲午爲日亦是大暑以甲己仲日當先五日起卦直歸妹初九祝氏用元之元卦圖其起卦皆氣後月十五日非世四曰月卦以甲子甲午年年之正月起升蒙三十年而一周文饒又言月卦隨小運進退如世卦之法如堯時師爲甲辰年耦卦則取前卦艮合之一爻配一月也五曰日卦從氣不從月以立春起升蒙一年而周六曰時卦以朔日之子起升蒙一月而周康節當時有數鈐私相授受

後之爲學者多失其傳余爲攷定如此即如十二會之辟卦朱子曰經世書以十二辟卦管十二會綳定時節卻就中推吉凶消長堯時正是乾卦九五案一會得一卦會有三十運是五運得一爻也巳會當星之巳一百七十六巳入乾上九唐堯在星之癸一百八十是上爻將終安得云九五哉于其易明者且然況科條煩碎孰肯究心于此乎

皇極二起運

卦氣圖二百五十六位之序雖曰乾兌離震四卦自交而成然案之方圖又錯雜時有出入則別立取卦之法于通數中除極數以謂即見聖人畫卦之旨通數二萬八千九百八十一萬六千五百七十六陽剛太少其數十凡四位爲四十以四因之得一百六十陰柔太少其數十二凡四位爲四十八以四因之得一百九十二以二數相唱和各得三萬七百二十謂之動植體數于一百六十陽數之中除去陰數四十八得一百十二于一百九十二陰數之中除去陽數四十得一百五十二以一百五十二與一百十二相唱和各得一萬七千二十四謂之動植用數以用數自乘得通數極數元之元一元之會十二元之運三百六十元之世四千三百二十會之元十二會之會一百四十四會之運四千三百二十會

之世五萬一千八百四十運之元三百六十運之會四千三百二十運之運一十二萬九千六百運之世一百五十五萬五千二百世之元四千三百二十世之會五萬一千八百四十世之運一百五十五萬五千二百世之世一千八百六十六萬二千四百假令元之元置通數（從左起至右六凡九位）以其中位之一萬分列于右四位爲九千九百九十九（其通數萬下之六千五百七十六除去不用以此列之）除卦身八算（在千位除之）又除元之元極數一餘二萬八千九百八十萬九千九百九十九以中位（萬爲中位）左見八八屬坤右見一一屬乾左爲外卦右爲內卦成地天泰其第二卦卽以第一卦餘算除卦身除極數滿六十四卦方去餘算再置通數如在元之會卽以十二餘起凡除卦身動中萬除右卦身進動百萬除左卦身然取卦往往不能相合則別有五法一法退陰于右卦減一算或二算二法進陽于左卦增一算或二算進退不過三三法虛張奇畫虛張五則爲乾六畫四法分布耦畫分布十則爲坤十二畫五法消息移右算補左謂之消陰息陽移左算補右謂之消陽息陰數不過牛無邪亦傳如此又謂退陰而不合則又進陽進陽而又不合則又虛張以至于消息而止皆必先右

而後左以某推之則不然有不合者方用五法若右合而左不合當竟用其法于左安得先陰而後陽乎左爲陽右爲陰右不合者進退可合則用進退虛張分布可合則用虛張分布消息可合則用消息不須從進退以至于消息也此無邪之說胡庭芳所以謂之繁晦皺然用此五法以增減則無卦不可附會故必知卦而後可算卦若欲從卦以定算則五法俱不可用而通極二數有時而窮也圖之爲序當必有說張祝二家皆影響矣皇極三卦氣序

七十二蓍合一曰太極分爲二以象兩置左不用揲右以四視其餘數一爲元二爲會三爲運四爲世既得象矣元會運世爲四象復合而分之取左之四并于右既分之後從左手取四策入于右手置左不用揲右以八視其餘數爲上卦之體復合而分之取右之四并于左取右手四策入于左手置右不用揲左以八視其餘數爲下卦之體二體相附既得卦矣復合而分之置右不用揲左以六視其餘數自一爲初訖六爲上以定直事之爻假令初揲餘一于象爲元再揲餘五上體爲巽三揲餘七下體爲艮巽艮合爲漸在卦氣圖得元之漸卦終揲餘六則上九爲直事之爻漸當元之會之會之運以律呂圖求之元之會爲日月聲卦當履會之運

爲火土音卦當蒙合而爲物數則卦當遯因以觀物之象準之爲皇之帝之帝之王皇帝王霸飛之走之走之木飛走草木士之農之農之工士農工商一之二之七之六之類是也上九爻變陰則爲蹇爻自下而上奇位爲陽耦位爲陰當位則不變不當位則變以九處上爲不當位故變上體巽變震則爲小過乾兌離震居上坤艮坎巽居下爲當位反是爲不當位當位則不變不當位則變以巽居上體故變卦爻皆以當位爲吉不當位爲凶漸者艮歸魂之卦以九三爲世爻上九爲應爻今上九爲當世直事之爻則應復爲世與本爻相敵此占之大略也康節本無蓍法張文饒立之以配易玄包虛易玄包虛有辭而經世無辭有辭者以辭占無辭者占其陰陽之進退卦爻之當否時日之早暮五行之盛衰爻者時用也卦者定體也爻之變不變以觀其隨時卦之變不變以觀其大定變不變者數也利不利者命也辨其邪正則有理制其從違則有義若愛惡之思不忘于胸中則吉凶亦情遷矣雖專心致志不可謂之誠也皇極四蓍法

致用之法以一定之卦推治亂以聲音數取卦占事物凡占一卦視其卦之當位與否當位則不變不當位則變卦既變矣視其所

直之爻當位與否當位則不變不當位則變以終變之卦爲準終變之卦卽不當位亦不變本卦爲貞變卦爲悔當位則吉不當位則凶視其卦爲奇爲耦于方圖中奇卦在右爲陽中陽在左爲陰中陽耦卦在左爲陰中陰在右爲陽中陰陽爲順陰爲逆視其卦在某會其運某世大運以會當月以運當日以世當辰如堯之巳會癸亥運己未世卽一歲之五月三十日未時也小運以世當月以年當日以月當時如堯之己未世甲辰年卽一歲之六月十一日也視其卦之納甲與所當之年月日時有無生剋視其卦之世應與所值之爻有無倫奪又以律圖求之運在四大象中某所得天門唱卦居左世在四大象中某所得地戶和卦居右合兩卦並觀在既濟圖第幾位合掛一圖何卦然後以其卦變化進退之而推其時運之吉凶若用年配世則以世求天門唱卦居左以年求地戶和卦居右與上一例取卦之時視算位中餘數以六位配六爻元自一起世至九終無間十百千萬皆以當一爲甲二爲辛三爲丙四爲癸五爲戊六爲乙七爲庚八爲丁九爲壬十爲己甲乙爲木爲鐖鏟爲曲直之物庚辛爲金爲兵戈爲刃物丙丁爲火爲大旱爲銳物壬癸爲水爲淫潦爲流溼之物戊己爲土爲中興爲

重滯之物此致用之大凡也皇極包羅甚富百家之學無不可資以爲用而其要領在推數之無窮朱景濂作溟涬生贊記蜀道士杜可大之言曰宇宙大虛一塵耳人生其閒爲塵幾何是茫茫者倘了然心目閒此一言已盡皇極之秘能者自有冥契則予言亦說鈴也（皇極五致用）

百家謹案以上均先遺獻皇極經世論見易學數論中

康節語（補）

山川風俗人情物理有益吾學者必取諸（語鄭史）

道滿天下何物不有豈容人關健邪（語秦玠）

附錄

二程嘗侍太中公訪先生于天津之廬先生移酒飲月坡上歡甚語其平生學術出處之大致明日明道謂周純明曰昨從堯夫先生遊聽其議論振古之豪傑也惜其無所用于世周曰所言何如曰內聖外王之道也

居洛四十年安貧樂道自云未嘗攢眉所居寢息處名安樂窩自號安樂先生又爲甕牖讀書燕居其下旦則焚香獨坐晡時飲酒三四甌微醺便止不使至醉嘗有詩云斟有淺深存燮理飲無多少係經

綸莫道山翁拙于用也能康濟自家身

先生與富鄭公早相知富初爲相屬大卿田棐挽之出先生不答以詩謝之文潞公尹洛以兩府禮召見先生先生不往既王拱辰尹洛以先生與常秩同薦俱不起至熙寧二年詔舉遺逸呂誨吳充祖無擇交薦先生歐陽文忠薦常秩除先生祕書省校書郎穎川團練推官辭不許既受命即引疾以詩答鄉人曰平生不作皺眉事天下應無切齒人斷送落花安用雨裝添舊物豈須春幸逢堯舜爲真主且放巢由作老臣六十病夫宜揣分監司無用苦開陳常秩就官依附安石盛言新法之便天下薄之較之先生一龍一豬矣

先生爲隱者之服烏帽縚褐見卿相不易也

司馬溫公見先生曰明日僧修顒開堂說法富公晦叔欲偕往聽之晦叔貪佛已不可勸富公果往于理未便光後進不敢言先生曷不止之先生曰恨聞之晚矣明日富果往後先生見富謂曰聞上欲用裴晉公禮起公富笑曰先生以謂某衰病能起否先生曰固也或人言上命公公不起一僧開堂公乃出無乃不可乎富驚曰某未之思也富以先生年高勸學修養先生曰不能學人胡亂走也

圖數之學由陳圖南摶种明逸放穆伯長修李挺之之才遞傳于先

生伯長剛躁多怒罵挺之事之甚謹先生居百源挺之知先生事父孝謹勵志精勤一日叩門勞苦之曰好學篤志何如先生曰簡策之外未有適也挺之曰君非迹簡策者其如物理之學何他日又曰不有性命之學乎先生再拜願受業其事挺之也亦猶挺之之事伯長雖野店飯必襴坐必拜

一日雷起先生謂伊川曰子知雷起處乎伊川曰某知之堯夫不知也先生愕然曰何謂也曰既知之安用數推之以其不知故待推而知先生曰子云知以爲何處起曰起于起處先生咥然

晁以道問先生之數于伊川答云某與堯夫同里巷居三十餘年世閒事無所不問惟未嘗一字及數

明道云堯夫欲傳數學于某兄弟某兄弟那得工夫要學須是二十年工夫堯夫初學于李挺之師禮甚嚴雖在野店飯必襴坐必拜欲學堯夫亦必如此

明道聞先生之數既久甚熟一日因監試無事以其說推算之皆合出謂先生曰堯夫之數只是加一倍法以此知太玄都不濟事

先生與商州趙守有舊時章惇作商州令一日守請先生與惇會惇縱橫議論不知敬先生也因語及洛中牡丹之盛守因謂惇曰先生

洛人也知花甚詳先生因言洛人以見根撥而知花之高下者爲上見枝葉而知者次之見蓓蕾而知者下也惇默然後從先生遊欲傳數學先生謂須十年不仕乃可蓋不之許也

邵子文云邢和叔亦欲從先君學先君略爲開其端倪和叔援引古今不已先君曰姑置是此先天學未有許多言語且當虛心滌慮然後可學此和叔留別詩有圯下每慚呼孺子牀前時得拜龐公之句先君和云觀君自比諸葛亮顧我殊非黃石公斷章云出人才業尤須惜慎弗輕爲西晉風

百家謹案先生數學不待二程求而欲與之及章惇邢恕則求而不與蓋兢兢乎慎重其學必慎重其人也上蔡云堯夫之數邢七要學堯夫不肯曰徒長奸雄章惇不必言矣

伊川云邵堯夫臨終時只是諧謔須臾而去以聖人觀之則亦未是蓋猶有意也比之常人甚懸絕矣他疾革頤往視之因警之曰堯夫平生所學今日無事否他氣微不能答次日見之卻有聲如絲髮來大答云你道生薑樹上生我亦只得依你說是時諸公都在廳上議後事他在房閒便聞得諸公恐喧他盡之外說話他皆聞得一人云有新報云云堯夫問有甚事曰有某事堯夫曰我將謂收卻幽州也

以他人觀之便以爲怪此只是心虛而明故聽得問堯夫未病時不如此何也曰此只是病後氣將絶心無念慮不昏便如此又問釋氏亦先知死何也曰只是一箇不動心釋氏平生只學這箇事將這箇做一件大事學者不必學他但燭理明自能之只如堯夫事他自如此亦豈嘗學也

張崏述行略曰先生治易書詩春秋之學窮意言象數之藴明皇帝王霸之道著書十餘萬言研精極思三十年觀天地之消長推日月之盈縮攷陰陽之度數察剛柔之形體故經之以元紀之以會始之以運終之以世又斷自唐虞訖于五代本諸天道質以人事興廢治亂靡所不載其辭約其義廣其書著其旨隱嗚呼美矣至矣天下之能事畢矣

明道銘其墓曰嗚呼先生志豪力雄闊步長趨淩高厲空探幽索隱曲暢旁通在古或難先生從容有問有觀以沃以豐天不憖遺哲人之凶嗚臯在南伊流在東有寧一宮先生所終

百家謹案晁氏客語邵堯夫墓誌後題云前葬之月河南尹賈昌衡言于朝既刻石詔至以著作佐郎告先生第賻粟帛熙寧丁巳歲也

元祐中韓康公尹洛請諡于朝常博歐陽棐議曰君少篤學有大志久而後知道德之歸且以爲學者之患在于好惡先成乎心而挾其私智以求于道則蔽于所好而不得其真故求之至于四方萬里之遠天地陰陽屈伸消長之變無所不可而必折衷于聖人雖深于象數先見默識未嘗以自名也其學純一而不雜居之而安行之而成平夷渾大不見圭角其自得深矣云云案諡法温良好樂曰康能固所守曰節

百家謹案棐字叔弼文忠公之子官至大理評事梓材案叔弼歷官吏部右司二郎中不僅至大理評事考晁說之集叔弼謂以道曰棐從母王宣徽夫人得疾洛陽先妣夫人亟以棐入洛時先公參大政臨行告戒曰洛中有邵堯夫吾獨不識汝爲吾見之棐旣至洛求教先生特爲棐徐道其立身本末甚詳出門揖送猶曰足下其無忘鄙野之人于異日棐伏念先生未嘗辱教一言雖欲不忘亦何事邪歸白大人則喜曰幸矣堯夫有以處吾兒也後二十年棐入太常爲博士次當作諡議乃恍然回省先生當時之言落筆若先生之自序無待其家所上文字也

楊龜山曰皇極之書皆孔子所未言者然其論古今治亂成敗之變

若合符節故不敢略之恨未得其門而入耳
謝上蔡曰堯夫直是豪才在風塵時節便是偏霸手段
又曰堯夫詩天向一中分體用此句有病 補
又曰堯夫見得天地萬物進退消長之理便敢做大于下學上達底事更不施功 補
又曰堯夫精易然二程不貴其術 補
或問邵堯夫詩云廓然心境大無倫盡此規模有幾人我性卽天天卽我莫于微處起經綸此理說得盡橫浦曰孟子已說了已說了則無說其第一句云廓然心境大無倫料得堯夫于體認中忽然有見故輒爲此語不然又是尋影子畢竟于活處難摸索起經綸之語決亦不是摸索不著者然亦須自家體認得可也他人語言不可準擬 橫浦心傳
朱子曰康節爲人須極會處置事爲他神閑氣定不動聲色須處置得別蓋他氣質本來清明又養得純厚又不曾枉用了心他用心都在緊要上爲他靜極了看得天下事理精明
又曰康節本是要出來有爲底人然又不肯深犯手做凡事直待可做處方試爲之纔覺難便拽身退正張子房之流

又曰伊川之學于大體上瑩徹于小小節目上猶有疏處康節能盡得事物之變卻于大體上有未瑩處

又曰程邵之學固不同然二程所以推尊康節者至矣蓋以其信道不惑不雜異端班于溫公橫渠之閒則亦未可以其道不同而遽貶之也

葉水心習學記言曰初分大道非常道纔有先天未後天大道常道孔安國語先天後天易師傳之辭也三墳今不傳且不經孔氏莫知其爲何道而師傳先後天乃義理之見于形容者非有其實山人隱士輒以意附益別爲先天之學且天不以言命人卦畫爻象皆古聖知所爲寓之于物以濟世用未知其于天道孰先孰後而先後二字亦何繫損益山人隱士以此玩世自足則可矣而儒者信之遂有參用先後天之論夫天地之道常與人接奈何舍實事而希影象也補

又曰邵某以玩物爲道非是孔子之門惟曾晳此亦山人隱士所以自樂而儒者信之故有雲淡風輕傍花隨柳之趣補

又曰獨立孔門無一事惟傳顏氏得心齋案顏氏立孔門其傳具在博我以文約我以禮欲罷不能既竭吾才非無事也心齋莊列之寓言也無聽以耳而聽以心無聽以心而聽以氣蓋寓言之無理者非

所以言顏子也補

又曰邵某無名公傳尊己自譽失古人爲學之本意山林玩世之異迹也補

魏鶴山曰邵子平生之書其心術之精微在皇極經世其宣寄情意在擊壤集凡歷乎吾前皇帝王霸之興替春秋冬夏之代謝陰陽五行之變化風雷雨露之霽曀山川草木之榮悴惟意所驅周流貫徹融液攡落蓋左右逢源略無毫髮凝滯倚著之意嗚呼真所謂風流人豪者歟或曰揆以聖人之中若勿合也天何言哉四時行焉百物生焉聖人之動靜語默無非至教雖常以示人而平易坦明不若是之多言也老者安之朋友信之少者懷之聖人之心量直與天地萬物上下同流雖無時不樂而寬舒和平不若是之多言也曰是則然矣宇宙之閒飛潛動植晦明流峙夫孰非吾事若有以察之參前倚衡造次顛沛觸處呈露凡皆精義妙道之發焉者脫斯須之不在則芸芸並驅日夜雜糅相代乎前顧于吾何有焉若邵子者使猶得從遊于舞雩之下浴沂詠歸毋寧使曾皙獨見稱于聖人也歟洙泗已矣秦漢以來諸儒無此氣象讀者當自得之

熊勿軒祀典議曰或謂涑水之學不由師傳其德言功烈之所就亦

不過盡其天資之所到而已若康節則先天一圖皇極一書謂之無聞于斯道則不可又何以不進之于五賢乎曰康節之高明涑水之平實蓋各具是道之一體要其所見則涑水之于康節固不可以同日語也康節先天圖心法與濂溪太極圖實相表裏至于皇極一書則其志直欲以道經世而自處蓋欲作雍熙泰和以上人物此豈易以世俗窺測但其制行不免近于高曠若使進之聖門則曾皙非不高明子貢非不穎悟終不可謂與顏曾同得其傳百世以俟不易吾言矣

又曰閑嘗以此求正于鄉先生福清林若存謂此論直可質無疑而俟不惑且謂康節作長歷書建成元吉作亂秦王世民誅之可與溫公作通鑑書諸葛入寇同科此亦一證寧德陳子芳謂此說已是程子亦曰堯夫直是不恭又曰堯夫根本不帖帖地其不滿溫公處亦多更以此參之當益明矣姑識于此以俟來者

胡敬齋曰程子言康節空中樓閣朱子言其四通八達須實地上安脚更好

又曰明道作康節墓誌言七十子同尊聖人所因以入者門戶亦衆矣是未嘗以聖學正門庭許他言先生之道可謂安且成矣是康節

自成一家

問高忠憲明道許康節內聖外王之學何以後儒論學只說程朱忠憲曰伊川言之矣康節如空中樓閣他天資高胸中無事日日有舞雩之趣未免有玩世意

宗羲案康節反爲數學所掩而康節數學觀物外篇發明大旨今載之性理中者註者既不能得其說而所存千百億兆之數目或脫或訛遂至無條可理蓋此學得其傳者有張行成祝泌廖應淮今寥寥無繼者余嘗于易學象數論中爲之理其頭緒抉其根柢

百源講友

文忠富彥國先生弼 別見高平學案

太中程先生珦 別見濂溪學案

百源學侶

獻公張橫渠先生載 別爲橫渠學案

純公程明道先生顥 別爲明道學案

正公程伊川先生頤 別爲伊川學案

百源家學

布衣邵先生睦

邵睦康節先生異母弟也少于康節二十餘歲力學孝謹其事康節如父三十三歲暴卒嘗賦東籬之詩竟殯後圃東籬下論者以爲其有前知之鑒焉 補

修撰邵子文先生伯温

邵伯温字子文康節之子也二程司馬温公吕申公俱屈名位輩行與再世交先生入聞庭訓出友長者故學益博尤熟當世之務元祐中以薦授大名助教調潞州長子縣尉蔡確之罷相也邢恕亦被黜知河陽附道謁確于鄧謀定策事恕出司馬温公之門又與其子康同登第及是康免父喪赴闕恕邀康至河陽先生力止之曰恕傾巧必有事要兄將爲異日之悔既恕果勸公休作書稱確有定策功後爲梁燾劉安世所論始歎先生之前知悔不用其言也逮公休卒子植幼宣仁后憫之呂汲公曰康素謂伯温可託請以爲西京教授教之先生至誨植曰温公之孫大諫之子賢愚在天下可畏也植因力學有成立章惇嘗師事康節及爲相欲引先生百計避之徽宗初以日食上書懇切言當復祖宗制度辯宣仁誣謗解元祐黨錮別君子小人戒勞民用兵又爲書曰辯誣爲小人所忌後置先生于邪等中以此書也元符末有旨復元祐后位號或曰上于后叔嫂也叔無復

嫂之禮伊川亦疑之曰論者未爲未說先生曰不然禮曰子不宜其妻父母以爲善子不敢言出今皇太后同聽政于哲宗母也于后姑也母之命姑之命何爲不可非以叔復嫂也伊川喜曰子之言得之矣歷主管永興軍耀州三白渠公事聞童貫爲宣撫出他州避之除知果州擢提點成都路刑獄除利路轉運副使紹興四年卒年七十八初康節言世將亂惟蜀安可避居宣和末先生載家徙蜀得免于難丞相趙忠簡公少嘗從先生遊追贈祕閣修撰又表其墓曰以學行起元祐以名節居紹聖以言廢于崇寧世以三語足盡其出處先生嘗曰二程先生教某最厚某初除服宗丞謂曰人之爲學忌標準若循循不已自有所立及某入仕侍講謂曰凡作官雖所部公吏有罪立案而後決或出于私怒莫倉卒每決人有未經杖責者宜慎之恐其或有所立也某終身行之著有易辯惑一卷河南集聞見錄皇極系述皇極經世序觀物內外篇解三子溥博傳

語錄

道生一一爲太極一生二二爲兩儀二生四四爲四象四生八八爲八卦八生六十四六十四具而後天地萬物之道備矣天地萬物莫不以一爲本原于一而衍之以爲萬窮天下之數而復歸于一一者

何也天地之心也造化之原也

備天地兼萬物而合德于太極者其唯人乎日用而不知者百姓也反身而誠之者君子也因性而由之者聖人也故聖人以天地爲一體萬物爲一身

一動一靜者天地之妙用也一動一靜之閒者天地人之妙用也陽闢而爲動陰合而爲靜所謂一動一靜者也不役乎動不滯乎靜非動非靜而主乎動靜者一動一靜之閒者也自靜而觀動自動而觀靜則有所謂動靜方靜而動方動而靜不拘于動靜則非動非靜者也易曰復其見天地之心乎天地之心蓋于動靜之閒有以見之夫天地之心于此而見之聖人之心卽天地之心也亦于此而見之雖顚沛造次未嘗離乎此也中庸曰道不可須臾離也可離非道也退藏于密則以此洗心也吉凶與民同患則以此齋戒也夫所謂密所謂齋戒者其在動靜之閒乎此天地之至妙至妙者也聖人作易蓋本乎此世儒昧于易本不見天地之心見其一陽初復遂以動爲天地之心乃謂天地以生物爲心噫天地之心何止于動而生物哉見其五陰在上遂以靜爲天地之心乃謂動復則靜行復則止噫天地之心何止于靜而止哉爲虛無之論者則曰天地以無心爲心噫天

地之心一歸于無則造化息矣蓋天地之心不可以有無言而未嘗有無亦未嘗離乎有無者也不可以動靜言而未嘗動靜亦未嘗離乎動靜者也故于動靜之閒有以見之然動靜之閒閒不容髮豈有閒乎惟其無閒所以爲動靜之閒也

夫太極者在天地之先而不爲先在天地之後而不爲後終天地而未嘗終始天地而未嘗始與天地萬物圓融和會而未嘗有先後始終者也有太極則兩儀四象八卦以至于天地萬物固已備矣非謂今日有太極而明日方有兩儀後日乃有四象八卦也雖謂之曰太極生兩儀兩儀生四象四象生八卦其實一時具足如有形則有影有一則有二有三以至于無窮皆然是故知太極者有物之先本已混成有物之後未嘗虧損自古及今無時不存無時不在萬物無所不稟則謂之曰命萬物無所不本則謂之曰性萬物無所不主則謂之曰天萬物無所不生則謂之曰心其實一也古之聖人窮理盡性以至于命盡心知性以知天存心養性以事天皆本乎此也

待制邵澤民溥 別見劉李諸儒學案

百源門人

王天悅先生豫

常簿張先生嵋 並爲王張諸儒學案

侍講呂原明先生希哲 別爲滎陽學案

庶官呂先生希績

待制呂先生希純 並見范呂諸儒學案

校書李端伯先生籲 別爲劉李諸儒學案

進士周先生純明 別見劉李諸儒學案

簽判田先生述古 別見安定學案

學官尹先生材

教授張先生雲卿 並見涑水學案

梓材謹案百源弟子自別見諸學案外並見王張諸儒學案

百源私淑

詹事晁景迂先生說之 別爲景迂學案

忠肅陳了齋先生瓘 別爲陳鄒諸儒學案

牛先生師德 附子思純

牛師德者不知何許人也雲濠案先生字祖仁晁公武曰師德自言從温公傳康節之學未知其信然否所著有先天易鈐太極寶局二卷陳直齋曰蓋爲邵子而專于術數者子思純傳其學或曰易鈐師

德所著寶局則思純所著也補

謝山跋槁簡贅筆曰章淵乃惇子援之後此一卷其所著也其曰邵堯夫精易數嘗云惟先丞相申公與司馬温公可傳申公以敏温公以專此言可爲失笑淵欲躋其先人于温公之列不知幽厲之難揜也且温公康節老友非傳學也當時如牛師德之徒妄託言康節傳之温公温公傳之師德淵信之耳惇求附于康節弟子而不得乃謂與温公並蒙許可至謂康節之母自江鄰幾家得此書出爲民妾而生康節則猶誣妄之言蓋憤伯温聞見錄中有詆惇語故爲此以報之也惇之後如傑附會秦檜興獄于趙豐公鼎謫死之後汪玉山幾爲所陷而范炳文以淳夫之孫至避地避之世濟凶德淵溥有文采亦復謬誕至此

子文門人百源再傳

忠簡趙得全先生鼎別爲趙張諸儒學案

司馬先生植

司馬植字子立温公孫公休子也公休卒方數歲公休素以屬邵伯温如范純夫內翰輩皆曰將以成温公之後者非伯温不可朝廷知之伯温自長子縣尉移西京國子監教授俾得以卒業既長其賢如

公休天下謂真温公門戶中人也亦早卒參邵氏聞見錄

百源續傳

庶官劉先生衡

劉衡字兼道崇安人建炎初以勤王補官從韓世忠敗敵于濠累功遷秩晚年棄官歸依郭爲樓扁曰大隱閉門謝客潛心康節之學久乃徙武夷爲小隱堂又爲奪秀亭與胡致堂遊涉其中先生吹鐵笛或慷慨舞劍浩如也補

蔡牧堂先生發附見西山蔡氏學案

王先生湜

王湜同州人也潛心康節之學其易學一卷自序曰康節有云理有未見不可強求使通故愚于觀物篇之所得旣推其所不疑又存其所可疑亦以先生之言自愼不敢輕有去取故也補

郎中張觀物先生行成別爲張祝諸儒學案

宋元學案卷十

西元二〇二一年六月一日重製一版

宋元學案　冊一（清黃宗羲撰　全祖望補訂）

平裝六冊基本定價伍仟伍佰元正
（郵運匯費另加）

發行人：張敏君
發行處：中華書局
臺北市內湖區舊宗路二段一八一巷八號五樓（5FL., No. 8, Lane 181, JIOU-TZUNG Rd., Sec 2, NEI HU, TAIPEI, 11494, TAIWAN）
客服電話：886-8797-8396
公司傳真：886-8797-8909
匯款帳戶：華南商業銀行西湖分行
179100026931
印刷：維中科技有限公司
海瑞印刷品有限公司

No. N2044-1

國家圖書館出版品預行編目(CIP)資料

宋元學案/(清)黃宗羲撰 ; 全祖望補訂. -- 重製一
版. -- 臺北市 : 中華書局, 2021.06
冊 ; 公分
ISBN 978-986-5512-60-6(全套 : 平裝)

1.宋元哲學 2.學術思想

125 110009152